本書爲内江師範學院校級科研項目

"（唐）《元包經傳》點校與整理"（X20B0011）的成果

唐《元包經傳》《關氏易傳》研究

梁明玉 著

本書受內江師範學院科研資助項目及內江師範學院一流學科建設項目經費資助

廣陵書社

圖書在版編目（ＣＩＰ）數據

唐《元包經傳》《關氏易傳》研究 / 梁明玉著. --
揚州 ： 廣陵書社, 2021.12
ISBN 978-7-5554-1825-2

Ⅰ. ①唐… Ⅱ. ①梁… Ⅲ. ①迷信術數－中國－古代
②《周易》－研究 Ⅳ. ①B992②B221.5

中國版本圖書館CIP數據核字(2021)第274365號

書　　名	唐《元包經傳》《關氏易傳》研究
著　　者	梁明玉
責任編輯	胡　珍

出版發行　廣陵書社
　　　　　揚州市四望亭路 2-4 號　　　郵編　225001
　　　　　（0514）85228081（總編辦）　85228088（發行部）
　　　　　http://www.yzglpub.com　　E-mail:yzglss@163.com

印　　刷	揚州皓宇圖文印刷有限公司
開　　本	889 毫米 × 1194 毫米　1/32
印　　張	8.625
字　　數	210 千字
版　　次	2021 年 12 月第 1 版
印　　次	2021 年 12 月第 1 次印刷
標準書號	ISBN 978-7-5554-1825-2
定　　價	58.00 元

子部七

元包經傳

術數類一　數學之屬

提要

臣等謹案元包經傳五卷附元包數總義二卷

北周衛元嵩撰唐蘇源明傳李江注宋韋漢卿

釋音其總義二卷則張行成所補撰也楊楫

嘗序其書云元嵩益州成都人明陰陽歷算

獻策後周賜爵持節蜀郡公胡應麟四部正

四庫本《元包經傳》書影一

元包經傳卷二

後周　衛元嵩　述

唐　蘇源明　傳

唐　李江　注

少陰第三

兌下
兌上　兌

諏之謀諤之訓與酬同
諤之訏謠之謳訓荅

傳曰諏之謀先言以詢也諤之訓後言以荅
也諤直
謠歌也

四庫本《元包經傳》書影二

關氏易傳

天水趙蕤注

四明范欽訂

蕤非聖人五十安知天命然從事於易雖亂離中未嘗釋卷蓋天命深微莫研其極而子明之傳蕤粗通之然恨此書亡篇過半今所得者無能詮次但隨文義解注庶學者觸類而長當自知之爾

傳張晞河東先賢傳與此傳文義畧同蕤爲此傳蓋關氏門人弟子紀師事迹於易傳首尊

四庫本《關氏易傳》書影一

關氏易傳

卜百年義第一

同州刺史王彥問於關子曰夫治亂損益各以

前　言

　　自唐《元包經傳》《關氏易傳》相繼流傳後，後世學者對兩書毀譽參半。譽之者多認爲兩書在易學史上具有重要地位，如宋人楊楫評《元包經傳》云：“《包》之爲書，其學《易》之至者歟！辭簡義奥，殆未可以象數盡也。”胡應麟《四部正訛》亦稱之“文頗雅馴，字雖奇而旨不晦”。元人吳萊評《關氏易傳》云：“關氏之學，蓋深于《易》者也。”他們都肯定了兩書在易學發展史上的重要地位。毀之者多認爲兩書價值不大，如黄宗羲評《元包經傳》云：“其書因卦兩體，詁以僻字，義實庸淺，何所用著，而好事者爲之張皇也。”《四庫全書總目》也以爲：“文多詰屈，又好用僻字，難以猝讀，及究其傳、注、音釋，乃别無奥義，以艱深而文淺易，不過效《太玄》之顰。”潘雨廷在《讀易提要》中評價《關氏易傳》云：“然晦澀附會之處難免，且佚篇已多，又經後人之增補，故得失叢雜，讀是書者宜擇善而從，庶可免爲不經之説所誤也。”又都認爲兩書存在諸多缺點。

　　明清時，有人開始將兩書聯繫起來研究，認爲兩書均爲宋人僞作。如明人袁黄在《群書備考》中提出：“至唐孔穎達作《正義》，獨取王弼之學；李鼎祚之《集解》，則取鄭而捨王；陸德明之釋文，則宗京而尚數。及宋程子之《傳》，朱子之《本義》出，而後理與象兩明焉。他若衛元嵩之《元包》，關子明之《易傳》，其

僭妄而畔《易》者乎？"明方以智《通雅》卷三云："因仲尼傾蓋
有《子華》，因柱史出關有《尹喜》《鬻》《文》《鶡冠》之類往往而
然。葛洪之托劉歆，衛元嵩之托蘇源明，趙蕤之托關朗，慶虬之
托相如。"清毛奇齡《推易始末》卷一中也提出："其時，好事諸君
間作偽《關朗傳》以實圖書之言，作偽衛元嵩《元包》以實先後天
卦變之旨。而文殘義闕，世多未信，于是元儒朱升作十辟卦變。"
都認爲兩書是宋人偽作。正是因兩書在成書及流傳過程、易學
史上的地位等方面有相似性，且後世學者對兩書的真偽、作者等
方面存在較大爭論，因此對兩書進行系統研究，不僅有助於發現
兩書所蘊藏的資料價值，也有助于發掘兩書在易學史上獨特的
思想價值。

在兩書創作流傳的初唐和盛唐時期，統治者重視發揮經籍
治世的功用。早在唐初，太宗就鑒于經籍文字的錯訛及對儒家
經典闡釋各執一端的現象，詔命國子祭酒孔穎達等人撰述《五
經疏義》，以定一尊。《貞觀政要·崇儒學》載："太宗又以文學多
門，章句繁雜，詔師古與國子祭酒孔穎達等諸儒，撰定《五經疏
義》。"另《舊唐書·孔穎達傳》載："先是，與顏師古、司馬才章、
王恭、王琰等諸儒，受詔撰定《五經》義訓，凡一百八十卷，名曰
《五經正義》。"此書成書的經過，據《新唐書·藝文志》記："國
子祭酒孔穎達、顏師古、司馬才章、王恭，太學博士馬嘉運，太學
助教趙乾叶、王談、于志寧等奉詔撰，四門博士蘇德融、趙弘智
覆審。"可見此書是歷經多年，經多人合作，直至高宗永徽四年
（653）纔刊定完成。《周易正義》是《五經正義》之首，此書係孔
穎達等人在正經基礎上，融合眾多經學家觀點，主要取魏王弼注
和晋韓康伯注，對原有經、注進行疏證。此書的完成對統一易學

注疏有積極作用，但也在客觀上造成了易學思想的僵化。故《四庫提要》評價："然疏家之體，主于詮解注文，不欲有所出入。故皇侃《禮疏》或乖鄭義，穎達至斥爲'狐不首丘，葉不歸根'，其墨守專門，固通例然也。至于詮釋文句，多用空言，不能如諸經《正義》根據典籍，源委粲然，則由王注掃弃舊文，無古義之可引，亦非考證之疏矣。"

高宗時，《五經正義》正式成爲明經考試的必考書目，必然會受到士子們的重視。《舊唐書·高宗紀》載："三月壬子朔，頒孔穎達《五經正義》于天下，每年明經令依此考試。"至玄宗開元、天寶年間，易學越發受到朝廷重視，隨着科考制度及考試內容的不斷完善，在易學研究方面也出現了求新思潮。據《册府元龜》《唐會要》等文獻記載，天寶十三載（754）"道舉停習《道德經》，加《周易》，宜以來載爲始"。這促使很多在國子監、集賢院任職者，要編著相關書籍給士子應試以指導。據筆者統計，從武后至代宗朝，除了蘇源明《元包經傳》、趙蕤《關氏易傳》外，還有多種易學著作相繼問世，主要有崔良佐的《易忘象》、陳憲的《周易注》、釋一行的《易傳》、康子元的《周易异義》、王隱的《周易要削》、東鄉助的《周易物象釋疑》、侯果的《易注》、李鼎祚的《周易集解》、陸善經的《周易注》、李德初的《周易正義》和元載的《周易集注》等。這些易學著作中，除《關氏易傳》《元包經傳》和《周易集解》外，大部已經失傳，祇是在有些文獻中有簡略記載或介紹。

這些易著的編著者及傳、注者以在國子監、集賢院等機構任職者爲多。據《舊唐書·職官志》載："司業二員。祭酒、司業之職，掌邦國儒學訓導之政令。"正是因他們要擔負起"掌邦國儒學訓導之政令"的責任,所以就要求他們對易學著作有所鑽研,最好能親自編著相關經注給士子以指導。如玄宗朝任國子司業的蘇源明爲《元包經傳》作傳,有"流于睿監,講于太學"的目的,四門助教李江作注,也有"欲并于五經,齊于三易"的目的。另如《侯氏周易注》的作者侯果也先後任國子司業、麗正院學士、集賢殿直學士等職,《周易异義》的作者康子元曾任集賢殿侍講學士,《周易注》的作者陸善經也曾爲集賢院學士。這些編著者因多來自國子監、集賢院等機構,又因在科舉考試中加考《周易》,就促使在士子中形成了學易、注易的思潮。這也可視爲在開、天盛世背景下,文人積極參與政治活動,表達政治思想的産物。

《元包經傳》及《關氏易傳》的傳、注者,主要是想通過"理明于心"來闡釋自己的經世思想。如《元包經傳·原序》中提出:"包者,藏也,言善惡、是非、吉凶、得失,皆藏其書也。觀乎囊括萬有,籠罩八紘,執陶鑄之鍵,啓乾坤之扃,孕覆育載,通幽洞冥,窮天人之秘,研造化之精,推興亡之理,察禍福之萌,與鬼神齊奧,將日月并明,謂六五經而四三易,雖《太玄》莫之與京。"任國子司業的蘇源明爲之修傳,也有"解紛以釋之,索隱以明之,帝王之道,昭然著見,有以見理亂之兆,有以見成敗之端"的意味。四門助教李江作注也基本貫徹了作者及傳者之意。如在爲卷一中傳文"質文相化"作注時,注云:"文質之道,自太古始,觀衛先生《三易异同論》,則文質之義昭矣。"另如"夬卦"爻辭爲"夬,謂之訐,鏨之喆。剛正伸,柔佞闋",蘇源明所作的傳文爲:"謂之訐,言之決也;鏨之喆,行之直也。剛正伸,陽之長也;柔佞闋,陰之消也。昔王由是斥詭譎,徵諫諍。獻乃可,替乃否。以納言王庭，以司直天門。"李江所作注文云："乾爲剛，又爲直。兑爲決，又爲言。下進其忠，上悦其諫。故云獻可替否，納言司直。"可見，此類傳、注文都能體現出"理明于心"的著文思想。《關氏易傳》中也多次提出了"重視人事"的觀點，目的是希望統治者能够重視對人才的選用，施行仁政。如在"卜百年義第一"中，趙蕤用"隋文帝雖混一天下，而任非賢才，不行三五之道，齪齪於驕亢之政，果煬帝篡立，復大亂焉"的歷史事例，提出了"得天命者，必得人事。苟人事不修其道，則天亦廢之"的觀點，就有希望統治者能够關注百姓疾苦、施行仁政的意味。

　　較爲可惜的是，《元包經傳》及《關氏易傳》出現後并没能在社會上廣泛流傳。如中唐李鼎祚《周易集解》自序中說："歷觀炎漢，迄今巨唐，采群賢之遺言，議三聖之幽賾，集虞翻、荀爽三十餘家。"據筆者考察，《周易集解》未見采用《元包經傳》及《關氏易傳》的內容，可見在中唐時兩書已不常見。其原因主要有三：一是安史之亂的突然爆發與艱難平定，使人們對象數易學中的經世思想產生了懷疑，對于艱深的象數易學著作失去了興趣。同時也與中唐朝廷尊崇王學、冷落象數易學的整體風氣相關。二是安史之亂造成了書籍的大量損毀，導致很多作品失傳。《元包經傳》及《關氏易傳》的傳注文字，均完成于安史之亂前不久，當時或許并未廣泛傳抄，經過八年之久的安史之亂後，社會動亂，民生艱難，書籍流通更加不易，使大量書籍没能流傳下來。作爲可能并未刊刻的《元包經傳》及《關氏易傳》，不爲人知則是完全可能的。三是《元包經傳》及《關氏易傳》的內容分別具有"文多詰屈"和"率多奇字"的特點，使得人們閱讀理解不易，加之兩書有些論斷過于武斷不能被後世學者所接受。這都造成了兩書并未在後世廣泛傳播。

　　正是針對《元包經傳》《關氏易傳》兩書在易學史上占有一定地位,但目前學界重視不够的問題,本書在前人研究的基礎上,據文淵閣《四庫全書》本點校《元包經傳》,據《續修四庫全書》影印上海圖書館藏明范氏天一閣本點校《關氏易傳》,并分别對兩書的作者、流傳過程、思想内容、價值等進行了相對系統的研究,希望對揭示兩書的價值及深入研究唐代象數易學有所助益。鑒于本人學識有限,在整理及研究過程中難免有錯漏之處,望識者能够批評指正。

目　録

《元包經傳》研究

《元包經傳》由北周衛元嵩撰，唐玄宗時國子司業蘇源明傳，四門助教李江注，後經宋人韋漢卿釋音得以流傳。其書體例近《太玄》，序次用《歸藏》，内容多言“善惡是非，吉凶得失”，傳、注多關涉治亂之理，具有“陳理亂於邦家”“冀裨帝業”之目的。後因戰亂損毀、此書“自繫以辭，文多詰屈”等，中唐以後已不常見。對此書進行系統研究，不僅有助於發現其所蘊藏的資料價值，也有助於發掘其獨特的思想價值。

一、《元包經傳》之體例
與後世評價

現存《元包經傳》題名有《元包》《玄包》《元包經傳》《周易元包》《元命包》等。如《四庫全書》本作《元包》,《津逮秘書》本、《學津討源》本、《叢書集成》本等均作《元包經傳》,《宋史·藝文志一》作《周易元包》。關于《元包經傳》的命名,有人認爲取于《春秋孝經緯》。明胡應麟《少室山房筆叢·九流緒論》云:"謂衛元嵩《元命包》襲《春秋孝經緯》之名,然元嵩書名《玄包》,不名《玄命包》,且《春秋》有元命苞,苞字從草,《孝經》并無《玄命包》也。"對此説提出質疑。

《元包經傳》的卷數,原爲十卷。《新唐書·藝文志一》載:"衛元嵩《元包》十卷,蘇源明傳,李江注。"宋晁公武《郡齋讀書記》卷一《易類》載:"《元包》十卷,……坤爲首,因八卦世變爲六十四卦之次。又著《運蓍》《説源》二篇。統言卦體,不列爻位,自云《周易元包》,一也。"宋陳振孫《直齋書録解題》卷一《易類》"《元包》"條載:"《元包》十卷……其書以八卦爲八篇首,而'一世'至'歸魂'各附其下。先坤,次乾,次兑、艮、離、坎、巽、震。坤曰太陰,乾曰太陽,餘六子有孟、仲、少之目。每卦之下,各爲數語。用意僻怪,文意險澀,不可深曉也。"今存《四庫全書》

本、《津逮秘書》本、《學津討源》本等均作五卷,已非唐時十卷本,"其或并、或佚,蓋不可考"。另清錢曾《讀書敏求記》卷一有宋本《元包經傳》五卷,清丁丙《善本書室藏書志》卷一七也載明覆宋本五卷。可知,此書在宋代時存世者已多爲五卷本,唯寧波天一閣刊本爲十卷本,但後三卷缺失不傳。據駱兆平《天一閣叢談》"元包總義"條載:"卷首紹興庚辰五月晦張行成序,正文首頁題蜀臨邛張行成述。半頁八行,行十六字,白口,四周單邊,刻工有郭完等六人。"[①] 此書現有明刻本《元包經傳》五卷本存世。

《元包經傳》體例近《太玄》,序次則用《歸藏》,據《四庫全書總目·子部·術數類一》"元包"條載:"體例近《太元》,序次則用《歸藏》,首坤而繼以乾、兑、艮、離、坎、巽、震卦,凡七變,合本卦共成八八六十四。"[②]《易學象數論》卷四載:"《元包》祖京氏以爲書,分純卦爲八宮,一世、二世爲地易,三世、四世爲人易,五世、六世爲天易,游魂、歸魂爲鬼易。但更其次序,先陰而後陽,則《歸藏》之旨也。"[③]《直齋書録解題》"《元包》"條載:"其書以八卦爲八篇首,而'一世'至'歸魂'各附其下。先坤,次乾,次兑、艮、離、坎、巽、震。坤曰太陰,乾曰太陽,餘六子有孟、仲、少之目,每卦之下,各爲數語,用意僻怪,文意險澀,不可深曉也。"以上都指出《元包》體例近《太玄》,序次用《歸藏》的特點。

《四庫全書總目》將《元包經傳注》歸入子部術數類,與卷五的"運蓍第九"中有大量的術數類內容相關。如"運蓍第九"云:

---

① 駱兆平:《天一閣叢談》,寧波出版社 2012 年版,第 52 頁。
② 〔清〕永瑢等:《四庫全書總目》卷一〇八,中華書局 1965 年版,第 915 頁。
③ 〔清〕黄宗羲撰,譚德貴校注:《易學象數論》,九州出版社 2007 年版,第 187 頁。

"五位相得,而各有合。"下注:"謂一與六,二與七,三與八,四與九,五與十,各有合也。"又:"陽之策一十有二。"下注:"象乾三爻,震、坎、艮各一爻,巽、離、兌各二爻,共一十有二也。"又:"陰之策二十有四。"下注:"象坤六爻,巽、離、兌各二爻,震、坎、艮各四爻,共二十有四也。"該書在《新唐書・藝文志》中則被歸入經易類,《六家詩名物疏》"引用書目"中也歸入"《周易》"類。考全書,應歸入"經易類"爲佳。

《元包經傳》自宋代流傳後,世人對此書評價褒貶不一,有些易學著作對此書評價不高。如明王世貞在《讀書後》中説:"《讀元命苞》一篇所言乃衛元嵩之《元包》,尤爲荒謬,則猶早年盛氣,不及檢校之作。"清黃宗羲《易學象數論》卷四云:"其書因卦兩體,詁以僻字,義實庸淺,何所用著,而好事者爲之張皇也。"①《四庫全書總目・子部・術數類一》"元包"條也以爲:"自繫以辭,文多詰屈,又好用僻字,難以猝讀。及究其傳、注、音釋,乃別無奧義,以艱深而文淺易,不過效《太元》之顰。"②祗是因"徒以流傳既久",所以纔"姑録存之"。另外清毛奇齡《易小帖》卷二載:"若衛元嵩作《元包》,亦以先天後天、太少陰陽立卦。一如干寶所言,爲宋人竊襲僞造之始,然亦冒名《歸藏易》,以坤先乾,此則倚傍不足道者。"王宏《周易筮述》卷三"變占第五"載:"變釋云變也者,其生生不息之理歟,是以聖人化而裁之,裁此變也。神而明之,明此變也……其他如李之才相生圖,邵康節反對升降之説,義皆幾近。若朱漢上所載虞仲翔卦變,則錯雜而無統。《左

---

① 〔清〕黃宗羲撰,譚德貴校注:《易學象數論》,九州出版社2007年版,第187頁。

② 〔清〕永瑢等:《四庫全書總目》,中華書局1965年版,第915頁。

傳》蔡墨所舉，止爲一爻變之例。一世二世之變，流于術矣。衛元嵩取之爲《元包》，又其末也。"以上作品對此書評價不高，主要是因此書存在"詁以僻字"和"義實庸淺"兩個方面的問題。

當然，也有些著作對此書評價較高，如宋章如愚《山堂考索》別集卷三《經籍門》中評價此書云："《元包》擬易之作……《元包》有卦無爻，何義也？……後學崢嶸，亦未可以淺議《元包》云。"再如《蜀中廣記》卷九一引知漢州什邡縣事楊楫語："《包》之爲書，其學《易》之至者歟！辭簡義奧，殆未可以象數盡也。"對此書評價極高。還有《易像鈔》卷一四載："焦贛《易林》、衛元嵩《元包》，敢于弃置文王象辭，而自支離，其説不勝杜撰，不勝畫蛇添足，即坐舞文之誅，何過？"胡應麟《四部正訛》稱其"文頗雅馴，字雖奇而旨不晦"。也都認爲此書有一定的研究價值。

針對此書"五百餘年世莫得聞"的情況，明人王世貞認爲此書很可能是宋人僞作，《經義考》卷二七〇《擬經三》載："王世貞曰：《元包》一書，楊元素由秘翰傳本鋟行，而張升以授楊楫者也。予疑此即元素撰，或張升撰，而托者也。經與傳、注若出一人手。"王世貞在《讀書後》卷五《讀元命苞》中，除了提出此書"五百餘年世莫得聞"的理由外，進一步闡述了另外三條理由：首先，"卦下每作重叠文難字，而考之諸字書，則易曉，其旨甚淺，而于理不甚悖"。其次，"傳、注若出一人手"。再次，"凡唐以前僞書，其理駁，而時有精旨。其文雜而古，其字奇而有不可識者，今皆反之"。針對王世貞提出的此書係宋人僞作的觀點，《四庫全書總目》卷一〇八"《元包》五卷附《元包數總義》二卷"則提出批評云："此書《唐志》《崇文總目》并著録，何以云'五百餘年世莫得聞'？王世貞疑爲依托，似非無見。"①對于王世貞所提出的"傳、注若出一人手"的問題，主要是蘇源明和李江兩人同在國子監，雖是一人作傳，一人作注，但也有可能是兩人合作完成，所以纔會"傳、注若出一人手"。對于文字"其旨甚淺，而于理不甚悖"的問題，主要是此書經宋代人韋漢卿釋音的結果。下文將對此書的相關作者進行詳細考論以明其旨。

---

① 〔清〕永瑢等：《四庫全書總目》，中華書局 1965 年版，第 915 頁。

二、《元包經傳》作者及相關者考

　　《元包經傳》在《隋書·經籍志》《舊唐書·經籍志》等正史目錄中未見記載。至宋代對此書記載漸多，《新唐書·藝文志》易類著錄："衛元嵩《元包》十卷，蘇源明傳，李江注。"[①] 另《崇文總目》卷一載："《元包》十卷，衛元嵩撰。元嵩，唐人。武功蘇源明傳，趙郡李江注。"[②]《直齋書錄解題》載："《元包》十卷。唐衛元嵩撰，秘書少監武功蘇源明傳，四門助教趙郡李江注。"[③] 再如《北溪大全集》《義海》《易裨傳》《易通變》等書亦有相似記載。據以上文獻資料可知，《元包經傳》爲北周衛元嵩撰，唐蘇源明傳，李江注。而《崇文總目》《直齋書錄解題》等書將衛元嵩誤認唐人則有失考證。

1. 衛元嵩生平及思想

　　衛元嵩爲北周蜀郡人，少出家，師事亡名法師，居成都野安寺，好言將來之事，曾預論周、隋廢興及皇家受命之事，并有徵驗。其生平事迹在《周書》《北史》等史籍中有簡略記載，如《周

---

　　① 〔宋〕歐陽修、〔宋〕宋祁：《新唐書》，中華書局 1975 年版，第 1426 頁。

　　② 〔宋〕王堯臣等編次：《崇文總目》，中華書局 1985 年版，第 2 頁。

　　③ 〔宋〕陳振孫：《直齋書錄解題》，臺灣廣文書局有限公司 1979 年版，上冊第 26—27 頁。

書》卷四七載："蜀郡衛元嵩者,亦好言將來之事,蓋江左寶志之流。天和中,著詩預論周、隋廢興及皇家受命,并有徵驗。性尤不信釋教,嘗上疏極論之。史失其事,故不爲傳。"①《北史》卷八九亦載:"又有蜀郡衛元嵩者,亦好言將來事,蓋江左寶志之流。天和中,遂著詩,預論周隋廢興及皇家受命,并有徵驗。尤不信釋教,嘗上疏極論之。"②兩書所説"寶志"是位喜言讖緯之僧人,《高僧傳》稱其"常跣行街巷……與人言語,始若難曉,後皆效驗。時或賦詩,言如讖記"。③可推知元嵩以讖緯之言名于當時。

對元嵩師事亡名之事的記載,當以《續高僧傳》卷三五《感通篇中·益州野安寺衛元嵩傳》最爲詳細,文云:"釋衛元嵩,益州成都人。少出家。爲亡名法師弟子,聰穎不偶。嘗以夜静侍傍,曰:'世人洶洶,貴耳賤目,即知皂白,其可得哉?'名曰:'汝欲名聲,若不佯狂,不可得也。'嵩心然之,遂佯狂漫走,人逐成群,觸物擒咏,周歷二十餘年。亡名入關,移住野安。自制琴聲爲天女怨、心風弄,亦有傳其聲者。嘗謂兄曰:'蜀土狹小,不足展懷,欲游上京,與國士抗對。兄意如何?'兄曰:'當今王褒、庾信名振四海。汝何所知,自取折辱。'答曰:'彼多讀書,自爲文什,至于天才大略,非其分也。兄但聽看。'即輕爾造關,爲無過所,乃着俗服,關中却回,防者執之。嵩詐曰:'我是長安于長公家人,欲逃往蜀耳。'關家迭送至京。于公曾在蜀,忽得相見,與

①〔唐〕令狐德棻:《周書》,中華書局1971年版,第851頁。

②〔唐〕李延壽:《北史》,中華書局1974年版,第2947頁。

③〔梁〕釋慧皎撰,湯用彤校注:《高僧傳》,中華書局1992年版,第394—395頁。

之交游,貴勝名士,靡所不詣。"①元嵩師亡名事又見宋孤山沙門智圓《閑居編》第十六《對友人問》,文云:"若以面授,則可傳道者,苟卿面授于李斯,而相秦始也,焚書坑儒。亡名師而面授于元嵩,而佞周武也,滅釋毀佛。豈面授能傳道哉!"

北周天和二年(567),元嵩向武帝上《省寺減僧疏》,力勸武帝禁佛。據《隋書》卷三五載:"至周武帝時,蜀郡沙門衛元嵩上書,稱僧徒猥濫,武帝出詔,一切廢毀。"②《少林寺碑》中載:"周武帝建德中,納元嵩之說,斷佛老之教,率土伽藍,咸從廢毀。"③正是他曾向周武帝上書禁佛,故被後人認爲是武帝禁佛的重要推手之一。如大象元年(579)鄴城居士王明廣在《上書宣帝請重興佛法》中云:"爲益州野安寺僞道人衛元嵩,既鋒辨天逸,抑是飾非,請廢佛圖,滅壞僧法。此乃偏辭惑上,先主難明,大國信之,諫言不納,普天私論,逃庶怪望,是誠哉不便,莫過斯甚。廣學非幼敏,才謝生知,嘗覽一志之言,頗讀多方之論,訪求百氏,覆合六經,驗考嵩言,全不符會。"④批評衛元嵩上書毀佛之舉。

元嵩因獻策,被武帝賜爵蜀郡公。據宋高承《事物紀原》卷七"道封"條記:"後周武帝時,衛元嵩封蜀郡公,蓋道士受封之始也。"另《蜀中廣記》卷九一云:"先生名元嵩,……潛心至道,明陰陽曆算,時人鮮知之。獻策後周,賜爵持節蜀郡公,武帝尊

---

①〔唐〕道宣:《續高僧傳》(下),《四朝高僧傳》(第3册),中國書店2018年版,第180頁。

②〔唐〕魏徵、〔唐〕令狐德棻:《隋書》,中華書局1973年版,第397頁。

③ 周紹良主編:《全唐文新編》(第2部第1册),吉林文史出版社2000年版,第3164頁。

④〔清〕嚴可均輯,史建橋審訂:《全後周文》,商務印書館1999年版,第279頁。

禮，不敢臣之。"清人嚴可均所輯《全後周文》卷二四"釋氏（三）"中考論衛元嵩生平事迹云："元嵩，俗姓衛，……天和二年上書，賜爵蜀郡公，後竟廢佛還俗，有《元包數》五卷。"①

對于元嵩由僧還俗時間，後人多認爲在北周天和二年左右，即"上書而後還俗，非還俗而始上書"。據《續高僧傳》卷三五《感通篇中·益州野安寺衛元嵩傳》載："乃着俗服……上廢佛法事，自此還俗，周祖納其言。"②《厄林》"衛元嵩"條也同意此説，文載："謐曰：《續高僧傳》：'釋衛元嵩，成都人，少出家。至京，上廢佛法事，自此還俗。周祖納其言。嵩制《千字詩》，并符讖緯，事後知之。'據此則與元瑞所疑先爲沙門後還俗者合。然元嵩乃上書而後還俗，非還俗而始上書也。"③

元嵩還俗後，曾當過道士，在什邡建有道觀，名紫極觀。北周靜帝時死于什邡。據南宋洪邁《夷堅丙志》載："什邡縣風俗，每以正月作衛真人生日，道衆皆會。"《蜀中廣記》卷七三《神仙記第三》"川西道三"條載："元嵩道觀在什邡縣城内，名紫極觀。其墓在縣衙左側，有宋碑篆曰：希微慧應衛真人墓，端平丙申，令吴中孚書立。"又記："《志》云：'今縣治，乃唐紫極觀地也。廳左，衛真人墓在焉。觀前舊有水西南流，名老君洗腸溪，真人乃衛元嵩。'《雲笈七籤》以爲有舊碑刻存矣。"④北宋徽宗時，縣令

① 〔清〕嚴可均輯，史建橋審訂：《全後周文》，商務印書館1999年版，第340—341頁。

② 〔唐〕道宣：《續高僧傳》（下），《四朝高僧傳》（第3册），中國書店2018年版，第180頁。

③ 〔明〕周嬰纂，王瑞明點校：《厄林》，福建人民出版社2006年版，第222頁。

④ 〔明〕曹學佺：《蜀中名勝記》，重慶出版社1984年版，第139頁。

楊楫在大觀四年（1110）到什邡作官時，曾恭謁過衛先生祠，贊之爲“高士”，曾云“顧瞻廟貌，覽古石刻”。可見，元嵩爲道士應實有其事。

元嵩入道原因不詳，清全祖望撰《跋衛元嵩元包後》云：“予友杭編修云：元嵩實道士，不知何據。”[1] 也許與其信奉的“汝欲名聲，若不佯狂，不可得也”相關。其所作《元包經傳》其實就根本于道家，據什邡縣委員會文史資料組編印的《什邡縣文史資料選輯（第 1 輯）》載：“元嵩作《元包》以擬《易》，實遠取法西漢京房之説，以陰陽言灾變。東漢以後之道家雖號稱黃帝、老子之學，其實乃取《漢志》陰陽、術數、神仙、方伎之遺説，與黃、老雜糅而成之。元嵩之《元包》既取法于京房，與道家之説有不謀而合者。元嵩先明陰陽，而後出家事佛，則以梁時佛盛道衰，欲借之以釣奇，既不得志于釋，遂因性之所近，折而入于道，故能與道士張賓脣齒相附，昌言廢佛也。”[2] 可謂有一定道理。

至唐時，大概因朝廷崇奉道教的原因，元嵩因道士身份且作有《元包經傳》被朝廷賜與“希微真人”之號，什邡人也爲他修建祠堂，受後人祭拜。《什邡縣文史資料選輯（第 1 輯）》載：“南宋理宗端平三年（1236）丙申，邑令吳中孚（一作中玉）爲元嵩立墓石，篆字雙行‘惠應希微真人之墓’八字，是年仲春旦立。清康熙舊志謂‘唐賜希微之號’，蓋唐代崇奉道教，賜元嵩以希微真

---

① 〔清〕全祖望撰，朱鑄禹彙校集注：《全祖望集彙校集注》（中），上海古籍出版社 2000 年版，第 1454 頁。

② 什邡縣委員會文史資料組編印：《什邡縣文史資料選輯（第 1 輯）》，1985年，第 70 頁。

人之號,故世稱衛真人。"① 此事未見其他資料記載。

元嵩現存著作不多,僅見《元包經傳》一書,又有《上書請造平延大寺》及《三易异同論》及詩一首,但據《舊唐書》等史書所記,他還曾撰《齊三教論》七卷。《舊唐書·經籍下》載:"《齊三教論》七卷,衛元嵩撰。"②《新唐書》卷五九載:"衛元嵩,《齊三教論》七卷。"③ 但此書今已不存。元嵩詩一首,存唐溫大雅所撰《大唐創業起居注》卷下,云:"蜀郡衛元嵩,周天和五年閏十月,作詩:'戌亥君臣亂,子丑破城隍,寅卯如欲定,龍蛇伏四方。十八成男子,洪水主刀傍,市朝議歸政,人寧俱不荒。人言有恒性,也復道非常。爲君好思量,□□□禹湯。桃源花□□,李樹起堂堂。祇看寅卯歲,深水没黄楊。'未萌之前,謡讖遍于天下,今睹其事,人人皆知之。陛下雖不以介懷,天下信爲靈效。"④《大唐創業起居注》所云:"義寧二年,文武將佐裴寂等上疏高祖勸進,寂又依東漢赤伏符故事,奏神人慧化尼、衛元嵩等歌謡詩讖,遂擇日正大位。"應是此詩的創作背景。元嵩有文兩篇,一爲《上書請造平延大寺》,二爲《三易异同論》,是我們了解元嵩思想的重要資料。

對于衛元嵩思想的研究,目前成果不多。今考《上書請造平延大寺》及《三易异同論》的思想,具有以儒融佛特徵。《上書請造平延大寺》云:"唐虞無佛圖而國安,齊梁有寺舍而祚失者,

① 什邡縣委員會文史資料組編印:《什邡縣文史資料選輯(第1輯)》,1985年,第72頁。

② 〔後晋〕劉昫等:《舊唐書》,中華書局1975年版,第2030頁。

③ 〔宋〕歐陽修、〔宋〕宋祁:《新唐書》,中華書局1975年版,第1525頁。

④ 山右歷史文化研究院編:《大唐創業起居注》,上海古籍出版社2016年版,第43頁。

未合道也。但利民益國，則會佛心耳。夫佛心者，大慈爲本，安樂含生，終不苦役黎民，虔恭泥木，損傷有識，蔭益無情。……嵩請造平延大寺，容貯四海萬姓，不勸立曲見伽藍，偏安二乘五部。夫平延寺者，無選道俗，罔擇親疏，以城隍爲寺塔，即周主是如來，用郭邑作僧坊，和夫妻爲聖衆，推令德作三綱，遵耆老爲上座，選仁智充執事，求勇略作師法，行十善以伏未寧，示無貪以斷偷劫，是則六合無怨紂之聲，八荒有歌周之咏，飛沈安其巢穴，水陸任其長生。"① 《三易異同論》云："夫尚質則人淳，人淳則俗樸。樸之失，其弊也蠢，蠢則變之以文。尚文則人和，人和則俗順。順之失，其弊也詭，詭則變之以質。質以變文，文以變質，亦猶寬以濟猛，猛以濟寬，此聖人之用心也。豈苟相反背而妄有述作焉？"② 可見，他并沒有偏于僧徒，而是主張以儒融佛，上追古代聖王。對于元嵩以儒融佛的思想，唐初僧人道宣認爲其來自佛典《大智度論》，文云："嵩此上言，有所因也。曾讀《智論》，見天王佛之政令也，故立平延。"③

　　正因衛元嵩曾在天和二年（567）向武帝上《省寺減僧疏》，加之武帝後來的禁佛之舉給佛教帶來了巨大的負面影響，故在一些宣揚佛教的著作中對元嵩多有貶抑之語，説其身患熱風而死，更有甚者比喻其爲"獅子身中蟲"。如唐代僧人法琳在《辨正論》卷八《氣爲道本篇第七》中云："元嵩上法，而患熱風。（衛元嵩毀法之後，身着熱風，委頓而死也。）"元代僧人釋念常所撰

---

① 〔清〕嚴可均輯，史建橋審訂：《全後周文》，商務印書館 1999 年版，第 341 頁。

② 〔清〕嚴可均輯，史建橋審訂：《全後周文》，商務印書館 1999 年版，第 342 頁。

③ 封野：《漢魏晋南北朝佛寺輯考》（下），鳳凰出版社 2013 年版，第 567 頁。

《佛祖歷代通載》卷一一乙酉年中也說："是年衛元嵩上疏減僧。初周武崇佛氏，天保六年嵩上十一條省寺減僧。云僧多怠惰，貪財冒利，不足欽尚。召百僧入内道場，七日伺過不得，無何乃止。嵩後感惡疾而卒。世尊曰，獅子身中蟲，嵩何不當之矣。"① "獅子身中蟲"語出《蓮華面經》卷上："阿難，譬如師子命絶身死，若空、若地、若水、若陸所有衆生，不敢食彼師子身肉，唯師子身自生諸蟲，還自敢食師子之肉。阿難，我之佛法非余能壞，是我法中諸惡比丘，猶如毒刺，破我三阿僧祇劫積行勤苦所積佛法。"故後來多用"獅子身中蟲"比喻從内部破壞佛法的敗類。這些作品中不斷宣揚元嵩因禁佛而身患惡疾而死的故事，是佛教徒宣揚佛教的常用手法。

元嵩曾爲僧人的身份，却又主張禁佛，故後人也多批評元嵩是"過罪僧官""佛法下士"。如鄴城居士王明廣在《上書宣帝請重興佛法》中云："元嵩必爲過罪僧官，驅擯忿羞耻辱，謗旨因生，覆巢破寺，恐理不伸，扇動帝心，名爲尊佛，曲取一人之意，埋没三寶之田，凡百聞知，孰不嘆惜？"認爲元嵩爲"過罪僧官"。又云："《老子》曰：'上士聞道，勤而行之；中士聞道，若存若亡；下士聞道，大笑毀之。'元嵩既是佛法下士，偷形法服，不識荆珍，謬量和寶，醜詞出自僞口，不遜費于筆端。"②認爲元嵩爲"佛法下士"。并對衛元嵩還俗加以批評，云："嵩本歸命釋迦，可言善始，厭道還俗，非是令終。"③

---

① 〔元〕念常：《佛祖歷代通載》卷十，《大正藏》第49册，第555頁。

② 〔清〕嚴可均輯，史建橋審訂：《全後周文》，商務印書館1999年版，第282頁。

③ 〔清〕嚴可均輯，史建橋審訂：《全後周文》，商務印書館1999年版，第283頁。

　　王明廣出于維護武帝權威的考慮，認爲武帝毀佛完全是受到了衛元嵩的蠱惑，應該重興佛法。他在《上書宣帝請重興佛法》中云："爲益州野安寺僞道人衛元嵩，既鋒辯天逸，抑是飾非，請廢佛圖，滅壞僧法。此乃偏辭惑上，先主難明，大國信之，諫言不納，普天私論，兆庶怪望，是誠哉不便，莫過斯甚，廣學非幼敏，才謝生知，嘗覽一志之言，頗讀多方之論，訪求百氏，覆合六經，驗考嵩言，全不符會。"[1]并通過兩人問答的形式，主張復興佛教。文云："譯曰：'元嵩所上，曲見伽藍害民損國。卿今勸立，有何意見？'廣答曰：'桀紂失國，殷士歸周。亡國破家，不由佛法，內外典籍，道俗明文，自古及今，不可停弃。是故請立。'"[2]請求宣帝復興佛教。

　　也有人爲衛元嵩辯護，認爲毀佛事件的發生是"勢與數合"的結果，這種變故是佛力不能改變的。《佛祖統紀》卷三九云："夫法運之通塞，數也；人心之好惡，勢也。勢與數合，佛力不能移也。故知太武、崔浩之毀釋，勢與數合，非謙之之過也；煬帝師智者，及智者亡，弑父竊位，下罷僧毀寺之詔，而卒沮於事，豈智者教之耶？衛元嵩教周武，趙歸真教唐武，此誠教之也，君與臣俱遭冥罰，非不幸也。"[3]元覺岸在《釋氏稽古略》卷四中提出了"佛法與國運同盛衰"的觀點，也是這種思想的延續，文云："京師左街崇先香積院寶覺大師永道上書諫曰：自古佛法與國運同

　　①〔清〕嚴可均輯，史建橋審訂：《全後周文》，商務印書館1999年版，第279頁。

　　②〔清〕嚴可均輯，史建橋審訂：《全後周文》，商務印書館1999年版，第284頁。

　　③〔宋〕志磐撰，釋道法校注：《佛祖統紀校注》（下），上海古籍出版社2012年版，第876頁。

盛衰,元魏太武信崔浩滅佛法,不五六年,崔浩赤族,文成帝大興之;周武信衛元嵩滅佛法,不六七年元嵩貶死,隋文帝繼興之。”

客觀來說,從天和二年(567)元嵩上疏武帝,到建德三年(574)武帝禁斷佛道二教,時間長達八年之久,在此期間,武帝曾多次召集僧人、道士與儒臣展開三教論衡,故主要責任不能由元嵩一人承擔。如《廣弘明集》卷八《辯惑篇第二之四》中對武帝召集僧、道、官員等眾論辯之事多有詳細記載,文云:

> 有前僧衛元嵩,與賓唇齒相扇,惑動帝情,云:“僧多怠惰,貪逐財食,不足欽尚。”帝召百僧入內,七宵行道,時既密知,各加懇到。帝亦同僧寢處,覘候得失。或爲僧讀誦,或謳唄禮悔,僧皆懍屬,莫不訝帝之微行也。既期已滿,無何而止。至天和四年,歲在己丑,三月十五日,敕召有德眾僧、名儒、道士、文武百官二千餘人。帝御正殿,量述三教,以儒教爲先,佛教爲後,道教最上,以出于無名之前,超于天地之表故也。時議者紛紜,情見乖忿,不定而散。至其月二十日,依前集論。是非更廣,莫簡帝心。帝曰:“儒教、道教,此國常遵。佛教後來,朕意不立。僉議如何?”時議者陳理,無由除削。帝曰:“三教被俗,議不可俱。”至四月初,更依前集,必須極言陳理,無得面從。又敕司隸大夫甄鸞,詳度佛道二教,定其深淺,辯其真偽。

另《周書》載,天和四年二月戊辰“帝御大德殿,集百僚、道士、沙門等討論釋老義”。[1] 此外,《續高僧傳》卷二四“釋道文”條也載:天和四年三月十五日,“敕召有德眾僧、名儒、道士、文武百官二千餘人于正殿。帝升御座,親量三教優劣廢立。眾議

---

① 〔唐〕令狐德棻等:《周書》,中華書局 1971 年版,第 76 頁。

紛紜,各隨情見較其大抵,無與相抗者。至其月二十日,又依前集,衆論乖咎,是非滋生,并莫簡帝心,索然而退。至四月初,敕又廣召道俗,令極言陳理。又敕司隷大夫甄鸞詳佛道二教,定其先後、淺深同异。鸞乃上《笑道論》三卷,合三十六條。……至五月十日,帝又大集群臣,詳鸞上論。以爲傷蠹道士,即於殿庭焚之"。① 可見,武帝毁佛事件的發生是經歷了一個漫長的決策過程的,不能全部怪罪在元嵩身上。

最終促使武帝禁佛的主要原因,還是佛教占據了大量的社會資源,已經嚴重影響到皇權統治,衛元嵩并未在其中起到決定性作用。故也有人爲元嵩平反,并對佛教中元嵩患熱風而死之事提出异議。如宋胡寅專爲辟佛而撰的《崇正辯》卷三中說:"使自古以來,初無熱風之病,醫書之所不載,元嵩獨感此疾,猶不足怪也。而緣此疾致死者不知其幾人矣。大抵佛教以生死轉化無所稽考之事,恐動流俗。世人不察,從而信之,是可悲也。百丈之規,于寺中建延壽堂以養病僧。夫僧人一念出家,當憑佛力,安樂耆艾,無病不死。而未免于爲風氣所乘,呻吟苦惱,六親不近,醫藥不親,求生不可,欲死不得,何爲非笑元嵩毀法獲報邪?以此方彼,則其說不攻而自破矣。"② 後世禁佛之人,也有以元嵩爲師者,如唐開元時人李邕在《嵩岳寺碑》中云:"及傅奕進計,以元嵩爲師,凡曰僧坊,盡爲除削,獨兹寶地,尤見褒崇,實典殊科,明敕洊及,不依廢省。"③ 可見,元嵩之行爲在初唐時就逐漸獲

---

① 〔唐〕道宣:《續高僧傳》卷二三,《大正藏》第 50 册,第 628 頁。

② 〔宋〕胡寅:《崇正辯》,岳麓書社 2009 年版,第 754 頁。

③ 周紹良主編:《全唐文新編》(第 2 部第 1 册),吉林文史出版社 2000 年版,第 2972 頁。

得了人們的認可。

因此,佛教界也有人對衛元嵩上書毀佛多有恕詞。如《續高僧傳》卷三五《感通篇中·益州野安寺衛元嵩傳》云:"隋開皇八年,京兆杜祈死,三日而穌。云見閻羅王,問曰:'卿父曾作何官?'曰:'臣父在周爲司命上士。'王曰:'若然錯追,可速放去。然卿識周武帝不?'答曰:'曾任左武侯司法,恒在階陛,甚識。'王曰:'可往看汝武帝去。'一吏引至一處,門窗椽瓦并是鐵作,于鐵窗中見一人極瘦,身作鐵色,着鐵枷鎖。祈見,泣曰:'大家! 何因苦困乃爾?'答曰:'我大遭苦困,汝不見耳。今得至此,大是快樂。'祈曰:'作何罪業? 受此苦困?'答曰:'汝不知耶? 我以信衛元嵩言毀廢佛法,故受此苦。'祈曰:'大家何不注引衛元嵩來?'帝曰:'我尋注之,然曹司處處搜求,乃遍三界,云無不見。若其朝來,我暮得脫。何所更論! 卿還,語世間人爲元嵩作福,早來相救。如其不至,解脫無期。'祈穌,不忘冥事,勸起福助云。"① 另唐釋道世撰《法苑珠林》卷七九《十惡篇第八十四之七》、梓州司馬孟獻忠撰《金剛般若經集驗記》卷下《功德篇第五》及清弘贊輯《六道集》"文昌"條所載與《益州野安寺衛元嵩傳》情節相似,衹是轉述人變成了"大府寺丞趙文昌"而已,他們都認爲武帝誤解了衛元嵩上策的本意,錯滅了佛法。

後世在解釋衛元嵩上書禁佛的原因時,出于維護佛教神聖性的立場,也有人認爲元嵩是逆行菩薩。如《六道集》中稱衛元嵩"此亦權乘逆行菩薩,如提婆、達多等,孰能測哉"? 另如唐神清撰、慧寶注《北山録》卷十《外信第十六》"明佛教於外宗,有信

---

① 〔唐〕道宣:《續高僧傳》(下),《四朝高僧傳》(第 3 册),中國書店 2018 年版,第 180—181 頁。

有不信者"載:"遠公與桓公書曰:佛教陵遲,穢雜日久。每一尋至,慨憤盈懷。常恐運出非意,淪胥將及。竊見清澄諸道人教,實應本心。夫涇以渭分,則清濁殊勢。枉以直正,則不仁自遠。此命既行,則二理斯得。然後令飾僞者絕假通之路,懷真者無負俗之嫌。道俗交通,三寶復隆矣。(古者沙汰總有二意:一爲崇重教門,惡其渝濫,故澄汰奸冗,務令清净。宋世祖、王度、顏延之、蕭詧之、周朗、虞願、張普惠、李瑒、衛元嵩、顧觀、邢子才、高道讓、盧思道、唐高祖十四人也。)"卷三《至化第六》"明大覺以悲智之心,行至極之化"載:"衛元嵩或以佛法惡賤,假剛酷召禍之主,托以訕謗,將使滅之,滅而復興,與天下惟新之義也。(元嵩,蜀新繁縣人。出家於峨嵋山黑水也。上策二十道,令澄汰無行富僧,置一延平大寺,安四海病弱之徒,其理甚當。唐太宗入冥,見之在獄,自云於此如第三禪樂也。)故《唐臨傳》云:其人不在三界。"① 都對元嵩有較高評價。

元嵩作《元包經傳》具體時間不詳。今觀其一生行止,在晚年歸蜀後,或有時間潛心道學,并能融儒、釋思想。因此,晚年歸蜀後創作《元包經傳》的可能性較大。《什邡縣文史資料選輯(第1輯)》所云"元嵩之《元包》既取法于京房,與道家之説有不謀而合者"也有此意。《元包經傳》完成後,并未受到後世文人的廣泛贊譽,更有甚者對衛元嵩的易學思想及所作《元包經傳》評價不高,如元侯克中《艮齋詩集》卷一《七易》詩:"聖遠言湮失正傳,老來多幸得蹄筌。元嵩未必能知易,君實何須更擬玄。體四豈惟元統世,數三不過地承天。紛紛衆説誰分別,且讓文饒筆

①〔唐〕神清撰,〔宋〕慧寶注,富世平校注:《北山録校注》,中華書局2014年版,第772—773頁。

似椽。"對元嵩評價不高。而對《元包經傳》的價值研究在後文將有詳論,故本節不展開論述。

2.蘇源明生平及思想

蘇源明爲京兆武功人,原名預,字弱夫,號中行子。《新唐書·文藝中·蘇源明傳》載:"蘇源明,京兆武功人,初名預,字弱夫。"寶應元年(762),皇太子李豫即皇帝位,蘇預因避諱更名源明。《舊唐書·代宗紀》載:"初名俶……乾元元年三月,改封成王。四月庚申,立爲皇太子,改名豫。"另《新唐書·代宗紀》中有更詳細的記録,云:"乾元元年三月,徙封成王。四月,立爲皇太子。初,太子生之歲,豫州獻嘉禾,于是以爲祥,乃更名豫。"按唐代禮制,御名、廟諱必須回避,而嫌名不諱。皇子一旦立爲皇太子,臣民必須避諱。故《册府元龜》卷三《帝王部·名諱》載:"寶應元年即位,改豫州爲蔡州,泗州宿豫縣改爲宿遷縣,兗州方與縣改爲魚臺縣,洪州豫章縣改爲鍾陵縣,豫寧縣改爲武寧縣,古州樂豫縣改爲樂山縣。"蘇預也是因避代宗皇帝嫌名,更名源明。杜甫《懷舊》詩原注:"公前名預,緣避御諱,改爲源明。"明顧起元《説略》卷八載:"古人避諱甚嚴……代宗諱豫,以豫章爲鍾陵,蘇預改名源明,以薯蕷爲薯藥及山藥。"蘇源明號中行子,顏真卿《唐故容州都督兼御史中丞本管經略使元結表墓碑銘并序》稱其爲"中行子蘇源明"。

《新唐書》本傳又載蘇源明從小失去父母,成爲孤兒。其生平事迹,以杜甫記載最爲真切,後來諸史都以之參照。杜甫《八哀詩·故秘書少監武功蘇公源明》詩云:"武功少也孤,徒步客徐兗。讀書東嶽中,十載考墳典。時下萊蕪郭,忍饑浮雲巘。"詩又云:"夜字照爇薪,垢衣生碧蘚。庶以勤苦志,報茲劬勞願。學蔚醇儒姿,文包舊史善。"又云:"負米晚爲身,每食臉必泫。"郭知達注云:"子路爲親百里負米,源明養不及親,負米自爲而已,故每食必泫。"(《九家集注杜詩》卷一四。)可見,源明少年時曾客居徐兗,雖生活困難,爲實現父母之遺願刻苦攻讀。另《欽定盛京通志》卷一二四"額林"條載:"以糠爲肉,以膏塗防,取麻中照夜,需豈必松(蘇源明事)。"都説源明在貧困生活中始終在刻苦攻讀。由此,也出現了"爇薪照字,垢衣生蘚"之典故,如《藝苑卮言》卷八載:"蘇源明,爇薪照字,垢衣生蘚。"① 蘇源明讀書處也成爲後世所推崇的人文景觀,據《泰山道里記》載:"迤北爲行宮,乾隆十二年建,有御書'雲巢'額,今圮。按:此地舊稱五賢堂,祀孟、荀、楊、文、韓五子,相傳爲蘇源明讀書處。"

　　蘇源明因學業卓著,有名天寶間,曾向玄宗上書自舉,後進士及第,更試集賢院,曾任監門胄曹參軍。杜甫《壯游》詩中自述科舉落第後,有"放蕩齊趙間,裘馬頗清狂"的生涯,就與蘇氏有交往,所謂:"蘇侯據鞍喜,忽如携葛强。快意八九年,西歸到咸陽。"在"蘇侯據鞍喜"下注:"監門胄曹蘇預。"②《牧齋初學集》"《壯游》則云:'放蕩齊趙間,裘馬頗清狂。春歌叢臺上,冬獵青丘旁。蘇侯據鞍喜,忽如攜葛强。'在齊、趙則云蘇侯,在梁、宋則云高、李,其朋游固區以別矣。蘇侯注云'監門胄曹蘇預',即源

明也。"① 監門胄曹參軍屬左右監門衛,正六品下。

天寶九載(750),蘇源明在河南縣令任,時友人元結隱居教授于商餘山,爲作《商餘操》。元結《自述三篇序》云:"天寶庚寅,元子初習靜于商餘。"②《寶刻叢編》卷五引《集古録目》載:"《商餘操》,唐蘇預撰,韓擇木八分書。預友元結,隱居教授于商餘之肥溪,預爲作此辭。預時爲河南令,自號中行子。碑不載刻石年月,在魯山縣。"

《新唐書》本傳載:"累遷太子諭德。出爲東平太守。是時,濟陽郡太守李倰以郡瀕河,請增領宿城、中都二縣以紓民力。二縣,隸東平、魯郡者也。於是源明議廢濟陽,析五縣分隸濟南、東平、濮陽。詔河南採訪使會濮陽太守崔季重、魯郡太守李蘭、濟南太守田琦及源明、倰五太守議于東平,不能決。"③ 蘇源明《小洞庭五太守宴籍》云:"天寶十二載七月辛丑,東平太守扶風蘇源明,觴濮陽太守清河崔公季重、魯郡太守隴西李公蘭、濟南太守太原田公琦、濟陽太守隴西李公倰于回源亭。"④ 杜甫《八哀詩·故秘書少監武功蘇公源明》云:"文章日自負,吏禄亦累踐。晨趨閶闔内,足踏凤昔跰。"《九家集注杜詩》卷十四引趙次公注:"累遷,則累踐之義。太子宮在禁内,則趨閶闔内之義。'凤昔跰',言其由貧賤中來也。"又《哭台州鄭司户蘇少監》詩云:"從容詢舊學。"仇兆鰲注:"詢舊學,蘇昔爲太子諭德,後又除秘書少監也。"

---

① 〔清〕錢謙益:《牧齋初學集》,上海古籍出版社1985年版,第2212頁。
② 〔唐〕元結:《元次山集》,中華書局1960年版,第74頁。
③ 〔宋〕歐陽修、〔宋〕宋祁:《新唐書》,中華書局1975年版,第5772頁。
④ 任繼愈主編,〔宋〕姚鉉編:《唐文粹》,吉林人民出版社1998年版,第969頁。

天寶十三載（754）秋，朝廷召蘇源明爲國子司業，他在小洞庭洄源亭開離宴。《新唐書》本傳載："既而卒廢濟陽，以縣皆隸東平。召源明爲國子司業。"據《元和郡縣志》卷十、《新唐書·地理志二》，廢濟陽郡在天寶十三載。國子司業從四品下，掌邦國儒學訓導之政令。任國子監司業期間曾贊譽獨孤及爲"詞宗"。《文苑英華》卷九七二梁肅《朝散大夫使持節常州諸軍事守常州刺史賜紫金魚袋獨孤公行狀》記："天寶十三載，應詔至京師。時玄宗以道莅天下，故黃老教列於學官。公以洞曉玄經對策高第，解褐拜華陰尉。……趙郡李華、扶風蘇源明，并稱公爲'詞宗'。由是翰林風動，名振天下。"

安史之亂中，肅宗至德元載（756），蘇源明在國子司業任，潼關失守後，玄宗倉皇奔蜀，源明未能隨駕。長安失陷，蘇源明稱病不受叛軍僞署。杜甫《八哀詩·故秘書少監武功蘇公源明》云："一麾出守還，黃屋朔風卷。不暇陪八駿，虜庭悲所遣。平生滿樽酒，斷此朋知展。憂憤病二秋，有恨石可轉。"即指此事。《新唐書》本傳亦載："安祿山陷京師，源明以病不受僞署。肅宗復兩京，擢考功郎中、知制誥。"

至德二載（757）丁酉十月，唐軍克復兩京，百官受安祿山父子官者三百餘人，皆被收繫大理、京兆獄，蘇源明以稱病不受安祿山僞官，肅宗擢爲考功郎中、知制誥。杜甫《八哀詩·故秘書少監武功蘇公源明》云："肅宗復社稷，得無逆順辨。范曄顧其兒，李斯憶黃犬。秘書茂松色，再崱祠壇墠。"詩中"秘書"就是指蘇源明，"茂松"稱揚其在安、史叛軍前堅貞不屈，如歲寒不凋之勁松。《資治通鑒》卷二二〇"至德二載十月"載："國子司業蘇源明稱病不受祿山官，上擢爲考功郎中、知制誥。"

在唐軍收復長安後，蘇源明積極向朝廷獻策及舉薦賢才。當肅宗問天下士時，向肅宗推薦元結可用。《唐才子傳》卷三載："會天下亂，沉浮人間，蘇源明薦於肅宗，授右金吾兵曹。"[①] 在唐軍收復兩京後更是針砭時弊，多次勸諫肅宗，數陳政治得失。《新唐書》本傳載："是時，承大盜之餘，國用窶屈，宰相王璵以祈禬進，禁中禱祀窮日夜，中官用事，給養繁靡，群臣莫敢切諍。昭應令梁鎮上書勸帝罷淫祀，其它不暇及也。源明數陳政治得失。"杜甫《八哀詩·故秘書少監武功蘇公源明》云："青熒芙蓉劍，犀兕豈獨剸。反爲後輩褻，予實苦懷緬。煌煌齋房芝，事絕萬手搴。垂之俟來者，正始貞勸勉。不要懸黃金，胡爲投乳贙。"原注："漢武帝有《芝房歌》，時宰相王璵以祈禬媚上，源明極言之。""青熒"二句，比其諫諍，能割斷其事，猶如寶劍。"垂之"二句，趙次公注："源明所言，可以垂後世法，乃正始之道也。"[②]

特別是乾元二年（759）十月，在史思明重新攻陷洛陽，肅宗欲親征東京的危急情勢下，蘇源明以"十不可"的理由勸諫肅宗不可親征，曰："淫雨積時，道路方梗，甚不可一也。自春大旱，秋苗耗半，斂穫未畢，先之以清道之役，申之以供頓之苦，甚不可二也。每立殿廊，見旌旗之下，餓夫執殳，仆于行間者，日見二三，市井餒莩求食，死于路旁，日見四五，甚不可三也。奸夫盜兒，連牆接棟，磨礪以須陛下之出，御史大夫必不能澄清禁止。甚不可四也。聖皇巡蜀之初，都內財貨、吏民資產，糜散于道路之手，至

①〔元〕辛文房著，王大安校訂：《唐才子傳》，黑龍江人民出版社 1986 年版，第 50 頁。

②〔唐〕杜甫著，謝思煒校注：《杜甫集校注》（3），上海古籍出版社 2015 年版，第 1111 頁。

有乘馬馺驢入宣政、紫宸者。況陛下初有四海,威制不及曩時遠矣。今兹東行,殆賊臣誘掖陛下而已。《詩》曰'三星在罶',謂危亡在於須臾,臣不勝嗚咽,爲陛下痛之。願速罷幸,不然,窮氓樂禍,已扼腕於下。甚不可五也。方今河、洛驛騷,江湖叛渙,《詩》曰:'中原有菽,庶民采之。'彼思明、楚元,皆采菽之人也。陛下何遽輕萬乘而速成之邪?甚不可六也。大河南北,舉爲寇盜,王公以下,廩稍匱絕,將士糧賜,僅支日月,而中官冗食,不減往年,梨園雜伎,愈盛今日,陛下未得穆然高枕,殆繇此也。自非中書指使,太常正樂外,願一切放歸,給長牒勿事,須五六年後,隨事蠲省。今聚而仰給,甚不可七也。李光弼拔河陽,王思禮下晋原,衛伯玉拂焉耆,過析支,不日可至。御史大夫王玄志壓巫閭,臨幽都;汝州刺史田南金逾闕口,遏二室;鄧景山凌淮、泗,懍然而西。狂賊失勢,蹙于嶔山之下,北不敢逾孟津,東不敢過崤子,計日反接而至矣。陛下不坐而受之,乃欲親征,徇一朝之怒,甚不可八也。王者之於天地神祇,享之以牲幣而已。記曰:'不祈方士。'彼淫巫愚祝,妄有關説,甚不可九也。天子順動,人皆幸之之謂幸,人皆病之之謂不幸。臣等屢怫視聽,聯伏赤墀之下,頓顙流涕而出,雖陛下優容貸罪,凡百之臣必昌言于朝,萬口謗于外,甚不可十也。臣聞子不諍於父,不孝也;臣不諍於君,不忠也。不孝不忠,爲苟榮冒禄,圈牢之物不若也。臣雖至賤,不能委身圈牢之中,將使樵夫指而笑之。"[①] 最終,蕭宗"嘉其切直,遂罷東幸",爲戰亂中朝廷的穩定做出了貢獻。

廣德二年(764),蘇源明在秘書少監之職後不久,不幸遭遇

[①]〔宋〕歐陽修、〔宋〕宋祁:《新唐書》,中華書局 1975 年版,第 5772—5773頁。

饑荒而死。杜甫《八哀詩‧故秘書少監武功蘇公源明》詩叙及蘇源明以饑荒而卒之事，詩末云："結交三十載，吾與誰游衍。滎陽復冥寞，罪罟已橫胃。嗚呼子逝日，始泰則終蹇。長安米萬錢，凋喪盡餘喘。戰伐何當解？歸帆阻清沔。尚纏漳水疾，永負蒿里餞。"前詩仇兆鰲注引胡夏客曰："此云'移官蓬閣後，谷貴没潛夫'。"《八哀詩》咏蘇源明云："'長安米萬錢，凋喪盡餘喘'，則蘇果死于饑歟？"胡夏客曰："武功少孤忍饑，爲官又以饑終，讀此不禁三嘆！"①

縱觀蘇源明的一生，在安史之亂中面對叛軍脅迫，堅決不受僞署的忠君行爲受到了人們的推崇與贊賞。杜甫在《八哀詩‧故秘書少監武功蘇公源明》中云："不暇陪八駿，虜庭悲所遣。平生滿樽酒，斷此朋知展。憂憤病二秋，有恨石可轉。"②明代李東陽《青岩山》云："青岩山，甄郎高風不可攀，禄山使者封刀還。入東京，見黃蓋，帝敕僞官階下拜。鄭虔貶死王維生，故人獨有蘇源明。君不見舞象悲啼樂工哭，賊斫工尸分象肉。"③都在稱頌蘇源明不受僞署之事。

蘇源明不僅自己重視德行，也非常推崇有德行的元德秀，曾説："吾不幸生衰俗，所不耻者，識元紫芝也。"④李華《三賢論》載："或曰：'三子者各有所與游乎？'遐叔曰：'若太尉房公可謂名公矣。每見魯山，則終日嘆息。'謂予曰：'見紫芝眉宇，使人名利之心盡矣。若司業蘇公，可謂賢人矣。'每謂當時名士曰：

①〔清〕仇兆鰲注，于魯平補注：《杜甫詩注》（下），三秦出版社 2004 年版，第 728 頁。

②〔唐〕杜甫：《杜甫詩集》，吉林大學出版社 2011 年版，第 100 頁。

③〔明〕李東陽撰，周寅賓校點：《李東陽集》，岳麓書社 2008 年版，第 62 頁。

④〔宋〕歐陽修、〔宋〕宋祁：《新唐書》，中華書局 1975 年版，第 5564 頁。

'使僕不幸生于衰俗,所不耻者,識元紫芝。'"此事又見五代王定保《唐摭言》卷七、《新唐書·元德秀傳》等。

　　蘇源明與杜甫、鄭虔、元結、梁肅等人交游密切。《新唐書·文藝中·蘇源明傳》云:"源明雅善杜甫、鄭虔,其最稱者元結、梁肅。"杜甫稱之爲"詞伯"。杜甫在《戲簡鄭廣文虔,兼呈蘇司業源明》詩中云:"廣文到官舍,繫馬堂階下。醉則騎馬歸,頗遭官長罵。才名四十年,坐客寒無氈。賴有蘇司業,時時與酒錢。"仇注:"上戲簡鄭,摹其狂態;下兼呈蘇,美其交情。"鄭虔貧寒,又喜飲酒,故時時向蘇預"乞酒錢"。蘇源明逝世後,杜甫作《八哀詩·故秘書少監武功蘇公源明》祭之云:"嗚呼子逝日,始泰則終蹇。長安米萬錢,凋喪盡餘喘。戰伐何當解,歸帆阻清泗。尚纏漳水疾,永負蒿里餞。"後又作《懷舊》云:"地下蘇司業,情親獨有君……自從失詞伯,不復更論文。"如鄭虔也曾"追紬故書可誌者得四十餘篇,國子司業蘇源明名其書,爲《會粹》"①。《唐語林》卷二載:"虔所焚藥既無別本,後更纂録,率多遺忘,猶成四十餘卷。書未有名。及爲廣文館博士,詢于國子司業蘇源明。源明請名爲《會粹》,取《爾雅·序》'會粹舊説'也。"封演《封氏聞見録》卷十"贊成"條載:"天寶初,協律郎鄭虔,采集异聞,著書八十餘卷。人有竊窺其草稿,告虔私修國史。虔聞而遽焚之。由是貶謫十餘年,方從調選,授廣文館博士。虔所焚書,既無別本,后更纂録,率多遺忘,猶成四十餘卷。書未有名,及爲廣文博士,詢于國子司業蘇源明,源明請名《會粹》,取《爾雅》'會粹舊説'也。"②

①〔宋〕歐陽修、〔宋〕宋祁:《新唐書》,中華書局 1975 年版,第 5766 頁。
②〔唐〕封演:《封氏聞見記》,山東畫報出版社 2004 年版,第 49—50 頁。

蘇源明也與權俋、席豫、包融爲文章之友。權德輿在《請追贈先祖故羽林軍録事參軍狀》中也説：“臣亡祖仕於開元天寶之際，文行聲實，推重士林。禀命不融，竟沉下位，與當時清名之士席建侯、包容、蘇源明友善特深。唱酬文章，各在集録，義方流澤，以及先臣。”[1] 又在《伏蒙十六叔寄示喜慶感懷三十韵因獻之》詩中云：“祖德蹈前哲，家風播清芬。”自注：“王父，右羽林録事府君，與席文公建侯友善，又與蘇司業源明、包著作融爲文章之友，唱酬往復，各有文集。”據韓愈《唐故相權公墓碑》載：“平涼曾孫諱俋，贈尚書禮部郎中，以藝學與蘇源明相善。”[2]

蘇源明還注意獎掖後學，他非常賞識元結。顔真卿《唐故容州都督兼御史中丞本管經略使元君表墓碑銘并序》云：“君聰悟宏達，倜儻而不羈。十七歲始知書，乃受學于宗兄德秀，嘗著《説楚賦》三篇，中行子蘇源明駁之曰：‘子居今而作真淳之語，難哉！然世自澆浮，何傷元子！’”後在任河南令時，“唐元結正隱居教授于商餘之肥溪，預爲作《商餘操》”。在元結參加進士考試時，也關心元結應試情況。元結《文編序》：“天寶十二年，漫叟以進士獲薦，名在禮部。會有司考校舊文，作《文編》，納于有司……叟少師友仲行公聞之，諭叟曰：‘於戲！吾嘗恐直道絶而不續，不虞楊公于子相續如縷。’明年，有司于都堂策問群士，叟竟在上第。”《文苑英華》卷七〇一“仲行公”下自注：“公時爲國子司業。”應爲“中行公”之誤，爲蘇源明。在安史之亂中，蘇源明曾

① 周紹良主編：《全唐文新編》（第 3 部第 1 册），吉林文史出版社 2000 年版，第 5781 頁。

② 周紹良主編：《全唐文新編》（第 3 部第 2 册），吉林文史出版社 2000 年版，第 6461 頁。

向肅宗推薦元結可用。《新唐書·元結傳》載:"會天下亂,沉浮人間。國子司業蘇源明見肅宗,問天下士,薦結可用。時史思明攻河陽,帝將幸河東,召結詣京師,問所欲言,結自以始見軒陛,拘忌諱,恐言不悉情,乃上《時議》三篇。"

在任國子司業時,蘇源明還曾鼓勵國子進士芮挺章編撰《國秀集》。《國秀集序》曰:"近秘書監陳公、國子司業蘇公,嘗從容謂芮侯曰:'風雅之後,數千載間,詞人才子,禮樂大壞。諷者溺于所譽,志者乖其所之,務以聲折爲宏壯,勢奔爲清逸。此蒿視者之目,聒聽者之耳,可爲長太息也。運屬皇家,否終復泰。優游闕里,唯聞子夏之言;惆悵河梁,獨見少卿之作。及源流浸廣,風雲極致,雖發詞遣句,未協風騷,而披林擷秀,揭厲良多。自開元以來,維天寶三載,譴謫蕪穢,登納菁英,可被管弦者都爲一集。'"此處"國子司業蘇公"即蘇預,以其後來終官稱之。

蘇源明原有作品較多,現多已不傳,今存文九篇,其中碑文三篇,詩二首。《新唐書·藝文四》載:"《蘇源明前集》三十卷。"《通志·藝文略八》作二十卷,當是已佚十卷。此後未見公私簿録著録,蓋散佚已久。今存文六篇,其中《自舉表》《諫幸東京疏》《元包首傳》《元包五行傳》《元包說源》五篇見《全唐文》卷三七三,《大唐故明威將軍檢校左威衛將軍贈使持節陳留郡諸軍事陳留郡太守上柱國高府君墓誌銘并序》見《隋唐五代墓誌匯編·陝西卷》第一册;另作有碑文三篇,其中《唐渭南令路公遺愛碑》見《金石録》卷七,《唐代宗賜建法和尚塔額碑》及《唐贈文部郎中薛悌碑》存《寶刻叢編》。《寶刻叢編》卷八引《京兆金石録》記:"《唐代宗賜建法和尚塔額碑》,唐蘇源明撰,段光獻行書。大曆六年。"《寶刻叢編》卷十"河中府"載:"《唐贈文部郎中薛悌碑》,唐國子司業蘇預撰。"此碑今佚。詩二首,《小洞庭洄源亭宴四郡太守詩》和《秋夜小洞庭離宴詩》見《全唐詩》卷二五五。

蘇源明多才多藝,在唐代就頗爲知名。韓愈曾把他與陳子昂、元結、李白、杜甫并列,稱之爲唐代的"以其所能鳴"[①]者。《唐詩紀事》卷十七"論文到崔蘇"下注:"崔信明、蘇源明二人,以文章擅也。"《全唐詩》卷二五五所存《小洞庭洄源亭宴四郡太守詩》和《秋夜小洞庭離宴詩》,應是其任東平太守時所作。蘇源明爲《元包經傳》作傳,應是安史之亂前任國子司業時,出于"流于睿監,講于太學"的目的所作。此書也應是安史之亂前完成,因亂中蘇源明等人苦于戰亂,應無暇顧及著書立説,唐軍收復長安後,他也被肅宗任命爲"考功郎中、知制誥"了。

正是因蘇源明的人品、氣節及文學成就,故受到了後人的廣泛贊譽。如韓愈在其《送孟東野序》曰:"人聲之精者爲言,文辭之于言,又其精也,尤擇其善鳴者而假之焉……楚大國也,其亡焉,以屈原鳴……秦之興,李斯鳴之;漢之時,司馬遷、相如、揚雄,最其善鳴者也……唐之有天下,陳子昂、蘇源明、元結、李白、杜甫、李觀,皆以其所能鳴。"將蘇源明與屈原、司馬遷、李白、杜甫等偉大的文學家相提并論,可見對其推崇至極。蘇軾《次韵答頓起二首》其二云:"十二東秦比漢京,去年古寺共題名。早衰怪我遽如許,苦學憐君太瘦生。茅屋擬歸田二頃,金丹終掃雪千莖。何人更似蘇司業,和遍新詩滿洛城。"吕南公《以雙井茶寄道先從以長句》中有"園公嗜欲淺,所好杯中物。有田在荒村,半以

---

① 韓愈在《送孟東野序》中云:"唐之有天下,陳子昂、蘇源明、元結、李白、杜甫、李觀,皆以其所能鳴。"

種糯秫。……太息蘇源明,仁襟信奇倔。低徊憐鄭老,長使醉兀兀。發我感古人,何緣希仿佛”。元好問也贊賞蘇源明賞識人才,在《答定齋李兄》中云:“小山叢桂姓名香,舉世何人得雁行。滄海揚塵幾今昔,長庚配月獨淒涼。虛勞裴相求白傅,正倚源明識漫郎。十載相從未言晚,城南泉石有雲莊。”他們都對蘇源明贊賞有加。

　　文人作品中也多贊揚其不受偽署之事,如宋徐鈞《蘇源明》詩云:“滿朝比比拜邊塵,偽命難污守節臣。褒賞但令知制誥,如何祇待作文人。”贊揚其不受偽署之事。朱松《韋齋集》中《賀中書胡舍人啓》云:“伏審被命中宸,升華西掖。儒學尊用,彰本朝之清明;王言時孚,致四方之聳動。……未識紫芝之面,蘇源明固已懷懸;將登元禮之門,孔文舉豈容無説。”[1] 元楊弘道《小亨集》卷六《爲節婦尼釀糧疏》中云:“似蘇源明忍饑浮雲之巘。凡曰識面,寧不媿心。”都在贊賞源明亂中之氣節。

　　後世文人在經過蘇源明故地時,有時也作詩追憶源明。如明于慎行《過陽谷店山下問小洞庭遺迹是唐時東平太守蘇源明宴處》詩云:“鼉尾峰頭路,當年小洞庭。污邪餘水國,文物閉山靈。野草微茫白,川雲黤慘青。猶疑歌舞地,笳鼓震空溟。”厲鶚《過東平懷蘇源明五太守讌集之詩城外山際積水空明疑是小洞庭也即效其體》詩云:“夕税駕兮宿東阿,思東注兮若流波。朝秣馬兮望東平,霜空皛兮初日生。澹平林兮遠如一,寒漲落兮洲潊出。巡中湖兮昒而南,山儳儳兮形眠鼉。輕橈去兮思夫君,大藩理兮讌以文。嗟繭絲兮人或擾,懷風流兮散雲鳥。命元氣兮爲

---

① 曾棗莊、劉琳主編:《全宋文》第 148 册,上海辭書出版社、安徽教育出版社 2006 年版,第 278—279 頁。

余舟,野荒忽兮期同游。"[①]他們在詩中都表達了對蘇源明的欽敬之情。

3.李江生平及《元包經傳》注文思想

李江詳細信息不詳,僅據《直齋書録解題》《崇文總目》《全唐文》等書可知,其爲趙郡人,曾任國子監四門助教,代宗時官酈師尉。如《全唐文》卷四五九李江小傳載:"江,代宗時官酈師尉。"[②]并録其所作《衛氏元包序》一文。李江爲《元包經傳》作注時應爲國子監四門助教任上,有"欲并于五經,齊于三易"的目的。

李江《元包經傳序》中記有蘇源明爲《元包經》作傳的原因,也體現出李江具有"廣論易道,冀裨帝業"的思想。序文云:"秘書少監武功蘇源明,洗心澄思,爲之修傳。解紛以釋之,索隱以明之,帝王之道,昭然著見,有以見理亂之兆,有以見成敗之端。"另據《元包經傳》"説源第十"載:"哲人觀象立言,垂範作則,將以究索厥理,匡贊皇極,推吉凶于卦象,陳理亂於邦家,廣論易道,冀裨帝業。"綜上觀之,蘇源明和李江爲《元包經》作傳、注是爲了"陳理亂於邦家""冀裨帝業"。爲了實現這一目的,尋找合適的作品爲載體就尤爲重要。而在兩人看來,《元包經》就是這樣的作品。正如李江所説:"《包》之爲書也,廣大含宏,三才悉備。言乎天道,有日月焉,有雷雨焉。言乎地道,有山澤焉,有

---

① 〔清〕厲鶚撰,羅仲鼎、俞浣萍點校:《厲鶚集》(上),浙江古籍出版社2016年版,第83—84頁。

② 周紹良主編:《全唐文新編》(第2部第4册),吉林文史出版社2000年版,第5402頁。

水火焉。言乎人道，有君臣焉，有父子焉。"此書不僅可以筮占吉凶，且"帝王之道，昭然著見"。蘇、李二人在爲《元包經》作傳、注的過程中，無疑會融入自己的思想。就如《元包經傳·説源第十》所説："蘇公修傳，終以明述作之意，用以論文質之理，又嘆時人不能洗心于精微之道，故云采世人之訂，述作之意，訂審也。"蘇源明和李江二人，也有想通過此書來影響社會風氣的考慮。宋人鮑雲龍在《天原發微》卷一六《數原》中説："然經世之數世罕有精之才，以其數根于氣，萬變難推，不若理明于心，一定易守，所以孔子教人惟曰：'窮理盡性，以至于命。'理明則數在其中，然數不明則理亦未易精。"①

　　通過研讀《元包經傳》注文，我們發現李江也具有"文質變更"的思想。他在撰寫注文的過程中，力圖通過"理明于心"來闡釋自己的"文質變更"思想。如在爲卷一中傳文"質文相化"作注時説："文質之道，自太古始，觀衛先生《三易异同論》，則文質之義昭矣。論曰：夫尚質則人淳，人淳則俗樸，樸之失，其弊也惷。尚文則人和，人和則俗順，順之失，其弊也諂。諂則變之以質，惷則變之以文，亦猶寬以濟猛，猛以濟寬，此聖人之用心也。豈徒苟相反背而妄有述作焉？斯文質相化之理也。"另如爲"説源第十"傳文"蓋取諸乾則尚文也，取諸坤則尚質也"作注時，注文云："乾爲陽，故尚文。坤爲陰，故尚質。文質更變，歷代不差。故伏羲尚文，神農尚質；黃帝尚文，少昊尚質；顓頊尚文，高辛尚質；唐堯尚文，虞舜尚質。其後夏、商、周，亦皆象此也。"

　　詳考《元包經傳》注文，我們發現李江也非常推崇老子的道

---

① 張杰總點校：《四庫全書·術數類全編》（第 4 卷），青海人民出版社 1999 年版，第 2987 頁。

家思想,并在注文中多次引用老子著作及言論。如在爲傳文"理亂相糺"作注時,注云:"至人曰:禍兮福所倚,福兮禍所伏。"出自《老子》第五十八章:"禍兮,福之所倚;福兮,禍之所伏。"另如"離"卦傳文"鍜乃戈矛,鍊乃甲胄"的注文有:"《經》曰,兵者,不祥之器,不得已而用之。"出自于《道德經》第三十一章。另"鼎"卦傳文"無濫法,以肆爾淫刑"的注文有"至人有言曰:'失道而後德,失德而後仁,失仁而後義,失義而後禮。'失禮而後刑,失刑而後亂"。其中"失道而後德,失德而後仁,失仁而後義,失義而後禮"出自《老子》第三十八章。但"失禮而後刑,失刑而後亂"兩句應爲李江妄加。

在李江所作注文中習慣用"至人"代稱"老子",并對至人老子推崇有加。如在"運蓍第九"注文中云:"夫至人不占者何,以其定也。占者所以定美惡,至人無惡。占者所以定吉凶,至人無凶。占者所以定休咎,至人無咎。占者所以定嫌疑,至人無疑。"通過"占者"與"至人"的比較,宣揚"至人"通過"行于善""履于吉""保其休""達于嫌"的行爲,來實現"無咎"的人生智慧。

李江在注文時,又多引用前世典籍。如"兌"卦傳文"上下胥悅"的注文有"故舜命昌言,萬方之衆皆賴也"。"舜命昌言"出自《史記·夏本紀》,曾記載舜命禹直陳政事曰:"汝亦昌言。"另如在爲傳文"理亂相糺"作注釋,李江云:"董生有言:賀者在廬,吊者在門;吊者在廬,賀者在門。"注文中的"吊者在廬,賀者在門"爲董仲舒之語。此語出自漢劉向《誡子歆書》,書云:"董生有云:'吊者在門,賀者在閭。'言有憂則恐懼敬事,敬事則必有善功而福至也。又曰:'賀者在門,吊者在閭。'言受福則驕奢,驕奢則禍至,故吊隨而來。齊頃公之始,藉霸者之餘威,輕侮諸侯，虧跂蹇之容，故被鞍之禍，遁服而亡。所謂賀者在門，吊者在閭也。兵敗師破，人皆吊之，恐懼自新，百姓愛之。諸侯皆歸其所奪邑，所謂吊者在門，賀者在閭。"①

　　李江在引用典籍時，能够采用多種方式進行注釋。有時是對經典原文進行直接引用，如"無妄"卦中就直接引用《論語·顏淵》原文："齊景公問政于孔子。孔子對曰：'君君，臣臣，父父，子子。'"有時也會根據需要選擇部分引用，如"師"卦注文中云："孔子曰：'齊之以刑，民免而無耻。'"就是部分引用《論語·爲政篇》"子曰：'道之以政，齊之以刑，民免而無耻。道之以德，齊之以禮，有耻且格。'"另如"大畜"卦傳文"無俾頑童，以僭爾耆德"的注文有："《書》曰：遠耆德，比頑童。此之謂亂風也。"典故出自《尚書·伊訓》："敢有恒舞于宫，酣歌于室，時謂巫風；敢有殉于貨色，恒于游畋，時謂淫風。敢有侮聖言，逆忠直，遠耆德，比頑童，時謂亂風。惟兹三風十愆，卿士有一于身，家必喪；邦君有一于身，國必亡。臣下不匡，其刑墨，具訓于蒙士。"也是對經典的部分摘引。有時還根據需要，在注文中對古籍進行改寫。如"益"卦"上令之，下行之"的注文云："孔子曰：上爲正，不令而行。"就是對《論語·子路》"其身正，不令而行"的改動。另如"損"卦傳文"散乃積，發乃儲"的注文有："古文有言曰，上有積財，則下有貧人。"典故出自《韓非子·外儲説右下》，原文爲："管仲曰：'臣聞之，上有積財，則民臣必匱乏於下。'"這也是對原文的改寫。

　　也許是因學識不足或作注時間匆忙，李江的有些注文有考

　　①《全上古三代秦漢三國六朝文》（第 1 册），河北教育出版社 1997 年版，第 596—597 頁。

校不確之處。如"損"卦傳文"無使盜臣以恣爾聚斂，無俾利口以縱爾詭諛"，注文有："孔子曰，其有聚斂之臣，寧逢盜臣，蓋謂艮。又曰，惡利口之覆邦家者，謂兌也。"而"聚斂之臣，寧逢盜臣"出自《禮記·大學》，原文爲"與其有聚斂之臣，寧有盜臣。此謂國不以利爲利，以義爲利也"。①寓意爲一個國家不應該以財貨爲利益，而應該以仁義爲利益。鄭玄注："國家利義不利財。盜臣，損財耳，聚斂之臣乃損義。"《大學》的作者爲曾子，而不是孔子。但"惡利口之覆邦家者"確爲孔子之語，出自《論語·陽貨篇》，文云："子曰：'惡紫之奪朱也，惡鄭聲之亂雅樂也，惡利口之覆邦家者。'"意思是："孔子説：'我厭惡用紫色取代紅色，厭惡用鄭國的聲樂擾亂雅樂，厭惡用伶牙俐齒而顛覆國家這樣的事情。'"

4.張行成生平及易學思想

《元包經傳》後附《元包數總義》二卷，爲宋張行成補撰。對于補撰的原因，張行成在《元包數總義·原序》中説："僕本爲康節之學，患其難明，乃徧采古之言易者，而旁通之，因識《元包》之旨，不敢自私，輒具述之，以示同好。"《四庫全書總目·子部·數術類一》"玄包"條記載："張行成以蘇、李二氏徒言其理，未知其數，復遍采《易》説以通其旨，著爲《總義》。"可見，張行成撰《元包數總義》是爲了"明衛氏之易"而作，《元包數總義》對《元包經傳》的研究具有重要意義，現已成爲《元包經傳》不可分割的組成部分，因此有必要對張行成生平及易學思想進行系統研究。

---

① 梁振杰注説：《大學中庸集注》，河南大學出版社 2016 年版，第 118 頁。

　　唐宋時期名張行成者有二,一爲唐定州義豐(今河北安國)人,太宗貞觀十九年(645)拜相,高宗即位時以顧命大臣輔政,封北平縣公,歷任尚書右僕射同中書門下三品、太子少傅,監修國史者,在新、舊《唐書》中有傳。二爲宋邛州臨邛(今四川邛崍)人,南宋學者、易學家,作《元包數總義》者,此張行成即爲本文研究對象。

　　張行成,南宋學者、易學家,字文饒,又字子饒,時人稱爲觀物先生。在《宋元學案・張祝諸儒學案》中稱其"郎中張觀物先生行成"。高宗紹興二年(1132)進士,授成都府路鈐轄司幹辦公事。紹興九年(1139),獻《芻蕘書》二十篇,陳十四事,言辭剴切。尋請祠歸,杜門十年,推衍《周易》,著《通變》等七書。孝宗乾道二年(1166)六月,以進《易》除直徽猷閣,歷官兵部郎中,後出知漢州,聰察嚴明,盜賊斂迹,擢知潼川府。四川制置使汪應辰薦其有報國之忠而善理財,上聞于朝。《宋元學案・張祝諸儒學案》記:"先生官至兵部郎中、知潼川府,汪文定應辰帥蜀,薦其有捐軀殉國之忠,而又善于理財。"然終未大用。他平生精研《易》數,于邵雍之學用力頗深,自云"學康節先生易幾十年",并遍采諸家之説以解《易》理。他所著易學有七書:《周易述衍》十八卷、《皇極經世索隱》一卷、《皇極經世觀物外篇衍義》九卷、《易通變》四十卷、《翼玄》十二卷、《元包數總義》二卷、《潛虛衍義》十六卷。《宋代蜀文輯存》録其文十五篇。《宋史・藝文志》記"張行成《潛虛衍義》十六卷,又《皇極經世索隱》一卷,《觀物外篇衍義》九卷,《翼玄》十二卷",又記"張行成《觀物集》三十卷",今已不傳。《四川通志》有傳。

　　張行成作《元包數義》目的是"以明衛元嵩之《易》",據《文獻通考·經籍考》卷二 “衛元嵩《元包》十卷” 條載：“張氏曰：衛元嵩作《元包》，義取於《歸藏》。《元包》粗贊卦名之大指，未極人事之精義，辭略數隱，世多不傳。乃作《元包數義》二卷，以明衛元嵩之《易》（詳見《七易序》）。”[①] 同時，也有對蘇、李二人的傳、注存在 “徒言其理、未達其數” 等弊端的不滿，故作《元包數總義》給予說明。

　　張行成精于《周易》，通數術之學，并以 “通諸《易》之變” 爲己任。在《進易書狀》中自云：“臣自成都府路鈐轄司幹辦公事丐祠而歸，杜門十年，著成《述衍》十八卷，以明伏羲、文王、孔子之《易》；《翼玄》十二卷，以明揚雄之《易》；《元包數義》三卷，以明衛元嵩之《易》；《潛虛衍義》十六卷，以明司馬光之《易》；《皇極經世索隱》二卷、《觀物外篇衍義》九卷，以明邵雍之《易》；《通變》四十卷，取自陳摶至邵雍所傳《先天卦數》等十四圖，敷衍解釋，以通諸《易》之變。始若殊途，終歸一致。”[②]《宋元學案·張祝諸儒學案》也云：“杜門十年，著成《述衍》十八卷，以明三聖之《易》；《翼玄》十二卷，以明楊氏之《易》；《元包數義》三卷，以明衛氏之《易》；《潛虛衍義》十六卷，以明司馬氏之《易》；《皇極經世索隱》二卷、《觀物外編衍義》九卷，以明邵氏之《易》。”[③] 可見，張行成的易學研究主要着眼于 “通諸《易》之變”，但也能對諸《易》融會貫通，遂成一家。

　　① 〔元〕馬端臨：《文獻通考·經籍考》（上），華東師範大學出版社 1985 年版，第 53 頁。

　　② 曾棗莊、劉琳主編：《全宋文》第 196 冊，上海辭書出版社、安徽教育出版社 2006 年版，第 359 頁。

　　③ 〔明〕黃宗羲：《宋元學案》，《黃宗羲全集》（第 10 冊），浙江古籍出版社 2012 年版，第 2949 頁。

　　張行成主張"因數生象,數生于理",所作《元包數總義》屬推演術數以明易理之作。他在《元包數總義·序》中說:"夫天下之象生于數,而數生于理。未形之初,因理而有數,因數而有象。既形之後,因象以推數,因數以推理。"并以作樂爲例來加以説明,云:"論理而遺數,譬如作樂而弃音律,造器而捨規矩,雖師曠之聰,工倕之巧,安能無失哉?"這種"數生于理"的觀點,還表現在他所作《易通變》中。《易通變》云"象生于數,數生于理",認爲理、數、象存在于事物之先。"理"爲宇宙的本源,并根據"象"和"數"的原理構成世界的圖式。易學家魏了翁評説其易學特點曰:"(張)行成大意,謂理者太虛之實義,數者太虛之定分。未形之初,因理而有數,因數而有象;既形之後,因象以推數,因數以知理。"①《四庫全書總目·子部·術數類一》"易通變"條評其"其説亦自成理,自袁樞、薛季宣而下雖往往攻之,迄不能禁其不傳也……以備數術之一家"。可見,張行成易學觀點的主要特色是"由'象'而推及'數',由'數'而推及'理',由'理數'而説明天道規律和宇宙本體"②。

　　張行成對《元包經傳》深有研究,他在《元包數總義·原序》中説"衛先生《元包》其法合于《火珠林》,皆革其誣俗,而歸諸雅正者也",提出《元包》合于《火珠林》之説。又云:"今世卜筮所用《火珠林》,即是此法。而其文不雅,先生著書,欲傳此一法于後世爾,非爲文也。"闡釋了《元包經傳》對《火珠林》產生的

　　①〔明〕黄宗羲:《宋元學案》,《黄宗羲全集》(第10册),浙江古籍出版社2012年版,第2951頁。

　　② 張其成:《張行成先天數學初探——三論中國數學派》,《周易研究》2003年第2期,第41—48頁。

直接影響。這一觀點也受到了後人的支持，如《周易洗心》卷首下云"張行成謂《元包經》實祖《歸藏》"，《易通變》中也説"後周衛元嵩作《元包》，義取于《歸藏》"，《四庫全書總目·子部·術數類二》"京氏易傳"條云："張行成亦謂衛元嵩《元包》其法合於《火珠林》，《火珠林》之用祖於京房。"《火珠林》是火珠林卦法的代表作，相傳爲唐末宋初人麻衣道者所作。《火珠林》提出了"卦定根源，六親爲主"的觀點，主張用五行生克刑害，合墓旺空等進行斷卦，主要是繼承了京房易的理論，又爲後來卜筮的傳播打下了堅實的基礎。

張行成對《易·繫辭上》所云"大衍之數五十，其用四十有九"等論斷也有新論。"大衍之數五十，其用四十有九"自古就受到易學家的重視，但解釋卻衆説紛紜，并未統一，如西漢京房解釋説："五十者，謂十日，十二辰，二十八宿也。凡五十，其一不用者，天之生氣，將欲以虛來實，故用四十九焉。"後漢荀爽説："卦各有六爻，六八四十八，加乾坤二用，凡有五十。初九，潛龍勿用，故用四十九也。"東漢鄭玄解釋説："天地之數，五十有五，以五行氣通，凡五行減五，大衍又減一，故四十九。"這些觀點并未統一。張行成在《元包數總義》中并對"大衍四十九蓍"做出了新的闡釋，云："此言第三變五百十二卦之數者，先天數也。若第二變六十四卦之數，則每蓍止得三百八十四，總挂一歸奇用防得一萬八千八百十六也。"而通過與《元包》三十六蓍的對比，張行成總結説："大衍存四卦之數，在十三萬八千二百四十之外者，太極之地數也。《元包》存四卦之數，在一萬三千八百二十四之內者，物之地數也。"

張行成易學思想來源于譙定及邵雍等人。《宋史》中就提出張行成易學也得之于譙定,《宋史·隱逸下》載:"譙定字天授,涪陵人。少喜學佛,析其理歸于儒。後學《易》于郭曩氏,……定易學得之程頤,授之胡憲、劉勉之,而馮時行、張行成則得定之餘意者也。"①《宋元學案·徵君譙天授先生定》中記:"譙定,字天授,涪陵人。少喜佛,後學易于郭氏。郭氏世家爲南平始祖,在漢爲嚴君平之師,蓋象數之學也。……後以《易》學授劉白水勉之、胡籍溪憲,而馮時行、張行成則得先生之餘意者也。"另《宋元學案·百源學案》(下)載:"(宗羲案)而康節數學,《觀物外篇》發明大旨。今載之《性理》中者,注者既不能得其說,而所存千百億兆之數目,或脱或訛,遂至無條可理。蓋此學得其傳者,有張行成、祝泌、廖應淮,今寥寥無繼者。"《讀易舉要·論象數之學》載:"張行成乃謂周易起數以四,而孔子于此發其端,此豈聖人之意哉! 張氏爲邵子之學,故其說如此。"可見,張行成易學,本于邵雍數學,故以乾卦辭"元亨利貞"爲起數以四。《四庫全書總目·子部·術數類存目一》"翼玄"條載:"宋張行成撰。行成有《易通變》,已著録。案行成進書狀曰,始得邵氏書,既得司馬氏書,潛思力索,久乃貫通。考之于《易》,無所不合。因著《翼玄》十二卷,以明揚雄之《易》。"趙洪聯在《中國方技史》中總結說:"張行成易學是有傳授的,即程頤與邵雍'游',得邵雍的'先天圖'說。朱震易學是以程頤《易傳》爲宗,而融合邵雍、張載之論,再傳張行成。"②都對張行成易學思想的來源進行了論證。

張行成對易學也有獨特見解。如對于《周易傳義大全》前八

---

① 〔元〕脱脱等:《宋史》,中華書局 1977 年版,第 13460 頁。

② 趙洪聯:《中國方技史》(下)(增訂本),上海書店出版社 2017 年版,第809 頁。

卦次序的問題,張行成説:"天地之間惟一無對,唯中無對。乾、坤陰陽之一,坎、離陰陽之中,頤、大過似乾坤之一,中孚、小過似坎離之中,所以皆無對。其餘五十六卦,不純乎一與中者,則有對也。"[①]另如,對"圓圖各分四位""方圖合爲一"的問題。《易像鈔》卷一三載:"張行成曰:天統乎體,體必分兩,故圓圖各分四位;地分乎用,用必合一,故方圖合爲一。"另外,張行成也深諳五行生克之法,據《難經正義》卷三《論臟腑》中引張行成《翼元》云:"天元五運之數,以坤元主土,配中央作五行之化源,自土至火,以次相生,然十干配五行,多不類者,蓋有相克之變數在其中也。"[②]張行成的這些易學觀點,豐富了易學理論。

對張行成易學成就的評價主要有兩種情況,一種認爲張行成易學成績斐然,如清人全祖望在《宋元學案·張祝諸儒學案序録》中指出:"康節之學不得其傳,牛氏父子自謂有所授受,世弗敢信也。張行成疏通其紕繆,遂成一家,玉山汪文定公雅重之。"[③]現代著名易學大家杭辛齋在《學易筆談》中説:"至兩圖象數之推衍變化,宋之丁易東、張行成,元之張純,清之江慎修,及朱子之《易學啓蒙》,已闡發極詳,雖精粗不同,皆具有條理,學者循此求之,引伸觸類,已足應用而不窮。"[④]又云:"自宋以來,主張先天之説者,自蔡氏父子而外,莫詳于張行成。既著《皇極

①《四庫未收書輯刊》(貳輯·壹册),北京出版社 1997 年版,第 373 頁。

②〔清〕葉霖著,吳考槃點校:《難經正義》,上海科學技術出版社 1981 年版,第 59 頁。

③ 沈善洪主編:《宋元學案》(四),《黄宗羲全集》(第 6 册),浙江古籍出版社 1992 年版,第 85 頁。

④ 杭辛齋:《學易筆談》,吉林出版集團股份有限公司 2017 年版,第 150—151 頁。

演義》，以明《觀物》内外二篇之義，更著《易通變》四十卷，以補《經世》圖説之所未備，惜鮮刊本。……實則其中盡有獨到之語，非章句之儒所能道者，未可以邵氏一家之言而少之也，亦學《易》者所宜知焉。"① 以上種種都不同程度上肯定了張行成在《易》學發展中的作用。

另外，還有一種觀點認爲張行成未能深知圖、書之奥。如黄宗羲評價説："劉牧謂河圖之數九，洛書之數十，李覯、張行成、朱震皆因之，而朱子以爲反置。"② 清胡煦《周易函書别集》卷一四《泛論易派》亦云："劉牧以下，如李覯、張行成、朱震，悉以爲河圖之數九，洛書之數十，是皆未能深知圖、書之奥也。"都認爲張行成易學成就不高。

因張行成易學精微，受到時人敬重，如宋晁公遡有云："去八月，同張文饒考試，始遂言集，執經問道，至今不敢忘，因成詩二首。"詩二云："變通莫如易，韋編存至今。如傳仲尼手，盡見伏羲心。此去被清問，豈惟蒙賞音。要通天下志，觀象得惟深。"言自己與張行成相見雖晚，但相見後意氣相投，對張行成的易學知識深感欽佩。也有人跟從張行成學易，如南宋邛州臨邛（今四川邛崍）人馮履從張行成學數學，治《周易》，登紹熙元年（1190）進士第。

---

① 杭辛齋：《學易筆談》，吉林出版集團股份有限公司 2017 年版，第 147 頁。
②〔明〕黄宗羲：《黄宗羲全集》（第 18 册），浙江古籍出版社 2012 年版，第 6 頁。

5.韋漢卿、楊楫等與《元包經傳》之關係

除衛元嵩、蘇源明及李江三位外，還有一位學者宋人韋漢卿也參與了《元包經傳》的釋音工作。據《鄭堂讀書記》卷四六載："《元包經傳》五卷，附《元包數總義》二卷"下注"北周衛元嵩撰，唐蘇源明傳，李江注，宋韋漢卿釋音，其《總義》則宋張行成撰也。"①《鐵琴銅劍樓藏書目録》《四庫全書總目》《八千卷樓書目》等所載與此記略同。另《善本書室藏書志》卷一七載："及邑士韋漢卿校正舊本，隨卦附釋音于下。"②《蜀中廣記》卷九一、《經義考》卷二七〇等與此記相同。韋漢卿具體事迹不可考，僅知其爲宋代臨邛（今四川邛崍）人。當代著名道教學者、易學專家潘雨廷在《讀易提要》中對其人評價較高，云："夫衛氏《元包》，喜用僻字；蘇氏之傳，間亦有之；乃李氏之注，僅及其義理，而未及其音，故讀時未免詰屈，有韋氏之《釋音》始能瞭然，亦可謂衛、蘇之功臣也。"③可見，韋漢卿釋音對《元包經傳》在後世的流傳，發揮了重要作用。其釋音方式主要采用直接注音和反切法釋音兩種。

因毛晉刊印《元包經傳》時沒有題韋漢卿之名，還受到了四庫館臣的批評。《四庫全書總目·子部·術數類一》"元包"條載："行成書《玉海》作二卷，與今本合，與《元包》本別著録。然考升子張洸跋，已稱以行成《疏義》與臨邛韋漢卿《釋音》合爲一編，

---

① 〔清〕周中孚：《鄭堂讀書記》，商務印書館 1940 年版，第 883 頁。

② 廣文編譯所：《善本書室藏書志》卷十七，臺灣廣文書局 1968 年版，第 111 頁。

③ 潘雨廷著，張文江整理：《讀易提要》，上海古籍出版社 2017 年版，第 95 頁。

則二書之并，其來已久。毛晉刊版，蓋有所本，今亦仍之。其《釋音》漏題漢卿名，則晉之疏耳。"毛晉（1599—1659），原名鳳苞，字子久，後改字子晉，號潛在，別號汲古主人，常熟（今屬江蘇）人。明末著名藏書家、刻書家、文學家、經學家。曾校刻《津逮秘書》《十三經》《十七史》《六十種曲》等書，流佈甚廣，居歷代私家刻書者之首。《四庫全書》本所録《元包經傳》就出自毛晉所校刻《津逮秘書》，但其未題韋漢卿之名實屬不該。

　　將此書傳播開來發揮重要作用的是宋代楊楫、張升和楊繪三人。據《蜀中廣記》卷九一載："知什邡縣事楊楫，序云：大觀庚寅夏六月，余被命來宰兹邑，莅官之三日，恭謁衛先生祠。顧瞻廟貌，覽古石刻，先生實高士也。既而，邑之前進士張升景初，携《元包》見遺，曰是經先生所作也，自後周歷隋、唐，迄今五百餘載，世莫得聞。頃因楊公元素内翰傳秘閣本，俾鏤板以遺諸同志。"①《元包》舊序、《元包經傳提要》、《雙桂堂稿》續稿卷二《什邡重刻易元包經傳序》與此記相同。據《蜀中廣記》卷九一所引紹興三十一年南陽張洸跋文云："《元包》舊序所稱景初，即洸之先君子也，家藏此書。"②可知，楊楫在宋徽宗大觀四年（1110）六月知什邡縣事，他在知什邡縣事時，當時的什邡進士張升向其介紹此書，其餘事迹不可考。需要注意的是，在宋孝宗淳熙五年（1178）進士及第，作有《楚辭辨證》跋及《雲谷雜記》跋的楊楫當爲另一人。此書宋代時藏諸秘府，後爲張升所有，其來源于"楊元素内翰傳秘翰本"。

　　楊繪，字元素，爲北宋時人，《宋史》有傳，素有文名。據《宋

---

① 〔明〕曹學佺：《蜀中廣記》卷九一，第四三下—第四四上。

② 曾棗莊主編：《宋代序跋全編》（六），齊魯書社 2015 年版，第 3828 頁。

史》卷三二二載：“楊繪，字元素，綿竹人。少而奇警，讀書五行俱下，名聞西州。進士上第，通判荆南。”①《文獻通考·經籍考六十三》載：“《楊元素集》四十卷。晁氏曰：楊繪，字元素，漢州綿竹人。幼警敏，讀書一過輒誦，至老不忘。皇祐初，擢進士第二人，累擢翰林學士。沈存中爲三司使，暴其所薦王永年事，因貶官。終於天章閣待制、知杭州。嘗居無爲山，號無爲子。爲文立就。”②另據南宋《厚齋易學》卷一六《易輯傳》一二載：“楊元素曰：六二從初，六五從上，俱失中爻之常。”《經義考》卷三十載：“楊元素侍讀亦謂聖人設卦，觀象繫辭焉，而明吉凶。又曰：繫辭焉，所以告也。”可知楊繪曾爲翰林學士，且精通易學。所以，他注意搜集并宣揚《元包經傳》也在情理之中。

---

① 〔元〕脱脱等：《宋史》，中華書局 1977 年版，第 10448 頁。
② 〔元〕馬端臨：《文獻通考》，中華書局 1986 年版，第 1880 頁。

三、《元包經傳》之主要價值

　　經過比較分析，我們發現《元包經傳》中無論是卦辭、傳文還是注文，都并非是對《周易正義》等易學著作的墨守不逾，而是對《周易正義》等書不太重視"象術"易學的傾向作了反證。此書在衛元嵩創作完成後，經過唐國子司業蘇源明爲之作傳，四門助教李江爲之作注，加之宋代易學家韋漢卿釋音後，受到了宋以後易學家的廣泛關注，其中雖時有詬病，但今天看來，仍有巨大的價值。

　　首先，《元包經傳》豐富了易學理論。易學自出現之後，就受到人們的重視，相關著作甚多，而《元包經傳》就是在繼承相關理論的基礎上有所發展之作，序云："昔文質更變，篇題各異，夏曰《連山》，殷曰《歸藏》，周曰《周易》，而唐謂之《元包》，其實一也。"《周易正義》又稱疏，係孔穎達等人在正經注基礎上，融合衆多經學家見解，對原有經注進行疏證，并對注文加以注解的著作。共有十卷，分別爲上經乾傳卷一、上經需傳卷二、上經隨傳卷三、下經咸傳卷四、下經夬傳卷五、下經豐傳卷六、繫辭上卷七、繫辭下卷八、説卦卷九、《周易音義》一卷。自《周易正義》被官方定爲一尊後，這種分類方式成爲了易學的主流，易學的多元發展也就受到了限制。

　　相較于《周易正義》等易學著作，蘇源明選擇爲北周衛元嵩所作《元包經》作傳,有從新的角度研究易學之意。在《周易》之前,還有兩部《易經》著作較爲知名,一爲《連山》,另一爲《歸藏》,兩部《易經》六十四卦的排列順序都與《周易》不同。由于這兩部易學著作現已失傳,所以没人知道它們的六十四卦具體的排列順序如何。但據現有資料來看,有一點是確定的,就是《連山》從"艮"卦開始,而《歸藏》則從"坤"卦開始。這與《周易》六十四卦從乾、坤兩卦開始全然不同。《周易正義》六十四卦從乾坤兩卦開始的原因,據《序卦》所云:"有天地,然後萬物生焉。"認爲"乾"卦代表天,"坤"卦代表地,其他六十二卦代表萬物,乾、坤兩卦是六十四卦的父母卦,其他六十二卦都是乾、坤兩卦生成的。所以,《周易》六十四卦的排列順序是從乾、坤兩卦開始。因《元包經傳》取法于《歸藏》,故也是從"坤"卦開始,兩書之間的其他關聯,因《歸藏》失傳的原因不得而知。《元包經傳》之所以選擇從坤卦開始,據《元包經傳》卷一云:"《易》始乎乾,文之昭也以行;《包》起于坤,質之用也以靖。行者所以動天下之務,靖者所以默天下之機。"而李江在解釋爲何從坤卦開始時,也是注意到了"《易》之先乾,蓋尚文之代也;《包》之起坤,蓋尚質之時也"。張行成也説:"《元包》以坤先乾,《歸藏》之易也。《易》者變也,天主其變。《包》者藏也,地主其藏。天統乎體,八變而終于十六。"又云:"《易》用四十九策者,窮少陽也。《包》用三十六策者,極太陰也。窮少陽,蓋尚文也。極太陰,蓋尚質也。文質之變,數之由,陽不窮九,陰不極八,明大衍之不可過也。"都指出了兩書創作時代和創作背景的差異性。可見,《元包經傳》是繼承了我國歷史上自夏開始的易學體系。

　　《元包經傳》卦序有其獨特性,未見其他易學著作採用。具體卦序爲“太陰第一”有坤、復、臨、泰、大壯、夬、需、比八卦，“太陽第二”有乾、垢、遯、否、觀、剥、晋、大有八卦，“少陰第三”有兑、困、萃、咸、蹇、謙、小過、歸妹八卦，“少陽第四”有艮、賁、大畜、損、睽、履、中孚、漸八卦，“仲陰第五”有離、旅、鼎、未濟、蒙、渙、訟、同人八卦，“仲陽第六”有坎、節、屯、既濟、革、豐、明夷、師八卦，“孟陰第七”有巽、小畜、家人、益、無妄、噬嗑、頤、蠱八卦，“孟陽第八”有震、豫、解、恒、昇、井、大過、隨八卦，共六十四卦。

關于兩書卦序不同的原因，張行成在《元包卦變》中解釋説：“《元包》始于坤，而用其消數。變而已定之後，知以藏往也。《周易》始于乾，而用其長數。動而將變之初，神以知來也。是故坤一世爲復，即乾初九之潜龍，至五世皆同。《易》用本卦，而取動畫之象爲占者，觀其爻動而將變之初。《包》用變卦，而取世爻之象爲占者，觀其爻變而已定之後也。以乾坤言之，他卦可類推矣。”對于兩書的區别，張行成闡釋説：“《易》主爻而用，七變而反生，十二變而復本。”“《包》主卦而用，七變而歸魂，十四變而反本。”可謂確論。

《元包經傳》與《周易》相比，《元包經傳》用“世爻”與“變卦”，《周易》用“動畫”與“本卦”。張行成在《元包·卦變》中云：“《元包》六十四卦，用世爻者，八卦變爲六十四卦也。《周易》六十四卦，用動畫者，六十四卦變爲四千九十六卦也。《元包》始于坤，而用其消數。變而已定之後，知以藏往也。《周易》始于乾，而用其長數。動而將變之初，神以知來也。是故坤一世爲復，即乾初九之潜龍，至五世皆同。《易》用本卦，而取動畫之象爲占者，觀其爻動而將變之初。《包》用變卦，而取世爻之象爲占者，觀其爻變而已定之後也。以乾坤言之，他卦可類推矣。”“世爻”

爲漢京房所創，"分八卦爲八宮，每宮以一純卦統七變卦，即以八卦之重卦統一世、二世、三世、四世、五世、游魂、歸魂各卦，注以世應、飛伏、升降，并配以天干地支五行，以占驗吉凶。每卦皆取世爻爲象，以觀其爻變而定休咎"。①

　　《元包經傳》與《周易正義》相比，兩書的卦名完全相同，祇是《元包經傳》中部分卦名使用生僻字而已。如"艮下乾上"，《周易正義》爲"遁"卦，而《元包經傳》寫爲"遯"卦。《艮下乾上》"遯"卦原是春秋時期儒學家卜商創作的一篇散文。文云："遯亨，小利貞。象曰：遯亨，遯而亨也。剛當位而應與時行也。小利貞，浸而長也。遯之時，義大矣哉。陰長而君子外於時也。隱其道，逃其情，從而正之，而後乃亨。夫彼之生也，微其終大而不可御者，時之來也。故君子觀其兆，而不待其至也。當位而應，猶不果制，與時行而已矣。陰浸而長，其患未害，我志猶行也，故小利而貞。剛而應柔，和而不同，遯而反制，非大德不能消息也。"另如"震下艮上"，《周易正義》爲"頤"卦，而《元包經傳》爲"頥"卦。其實"頥"古同"頤"，據《字彙·頁部》載："頥，頤的俗字。"其他卦名兩書基本相同。可見，《元包經傳》中的卦名與《周易正義》相比并無新意。

　　《元包經傳》的卦辭均與《周易正義》不同，且没有爻辭。如乾下乾上"乾"卦，《元包經》卦辭爲"顛宀勹盈，介燾斡縈。揭而不憖，駮而克明。四叙既侖，萬類既生。厥造惟宏，厥勛惟宏"。《周易正義》爲"元、亨、利、貞"。《正義》中疏文較爲詳細，分別引用《易緯》《説卦》《繫辭》等書的内容對卦辭進行注解，并

_____

　　① 古健青等編：《中國方術辭典》，中山大學出版社 1991 年版，第 111 頁。

對于六爻均有詳細解說。另如坤下坤上"坤"卦,《元包經》卦辭爲"亢井莫默,禾森囮匼。靖而不躁,樸而不飾。羣類囮育,庶物牲植。厥施惟熙,厥勛惟極"。《周易正義》爲"元、亨,利牝馬之貞"。與《元包經傳》相比,《周易正義》的内容更爲豐富,注疏更爲詳盡,體例也更爲成熟。

　　《元包經傳》與《周易正義》相較卦辭完全不同的原因,與兩書要表達的思想及創作目的的差異有關。《周易正義》源于《周易》,其卦辭早已固定化,并已廣泛流傳,很難有所創新。而《元包經傳》爲衛元嵩一人所作,不會受到固有卦辭的制約。《元包經傳》内容多言"善惡是非,吉凶得失",如巽下乾上"姤"卦,《周易正義》爲:"女壯,勿用取女。"《元包經》卦辭爲"頁之揭,脛之行。齐之融,颸之萌。"艮下離上"旅"卦,《周易正義》爲:"小亨,旅貞吉。"《元包經》卦辭爲:"旅,童竊妻,婦奔自閨。眹之臭,爪之攜。蓺爨于尸,弇泗于碬。"可見這些與其他易學著作完全不同的卦辭,對于我們研究和解讀易經會有很大的啓發和幫助。後世有些易學著作也曾引用《元包經傳》的有關内容,如明代徐元太的《喻林》卷三九中"股運于腹,婦歸于姑"條,下注文云"《元包經傳》孟陽",就是此類。

　　其次,《元包經傳》具有保存文字音義資料的價值。《元包經傳》中使用的怪字、僻字有一百三十餘個。有時卦名也用生僻字,如"艮下乾上"《周易》中爲"遯"卦,而《元包經傳》傳中爲"遯"卦。"遯"爲生僻字,是"遁"的一種繁體寫法,意思通"遁"。李江和韋漢卿都注意到了隨文訓解,主要采用作注和釋音兩種方式進行釋音。一是直接在生僻字後,采用"某音某"的方式進行注音,如"宀音綿""彡音衫""囗音罔"都屬此類。這種注音方式,可以讓讀者直觀地讀出讀音,較爲簡便。但也存在注音不清或不够準確之處。二是用反切法進行標注。反切的基本規則是用兩個漢字相拼給一個字注音,切上字取聲母,切下字取韵母和聲調。這種方法在唐宋時已較爲普遍地運用,成爲當時最通行的注音法。《元包經傳》多次使用這種方法注音。如"誩,其兩切""瞠,宅耕切""髀,補爾切"等。

《元包經傳》在注音時,多選《集韵》和《韵會》的内容來注音。(以下字書、韵書的内容均來自《康熙字典》。)《集韵》是編纂于宋代的按照漢字字音分韵編排的古代音韵學著作,共十卷。號稱共收 53525 字,比《廣韵》多收了 27331 字,字訓以《説文解字》爲根據,反切多采自《經典釋義》,一度被認爲是中國古代收字最多的韵書。《韵會》即元代黃公紹所編韵書《古今韵會》,也是以《説文解字》爲本,參考宋、元以前的字書、韵書,于至元二十九年(1292)之前完成,成爲字書訓詁集大成的著作。如"閱,馨激切",《唐韵》作"許激切",《正韵》作"迄逆切",《集韵》和《韵會》均作"馨激切"。"髀,補爾切",《唐韵》作"并弭切",《正韵》作"補委切",《集韵》和《韵會》都作"補弭切"。"礛,先念切",《廣韵》和《集韵》均注"並先念切"。可見,《元包經傳》一書相較于《唐韵》《正韵》,多選《集韵》和《韵會》的内容來進行注音。

《元包經傳》中所用文字多用古字、古音,在釋音時,當所用文字與古音一致時,就用韵書注音,當古音與韵書不一致時,多采《玉篇》的方法用古音標注。《玉篇》是我國古代一部按漢字形體分部編排的字書,爲南朝梁大同九年(543)黃門侍郎兼太學博士顧野王撰,與《説文》價值不同,各當其用。"臮"爲"暨"

的古字,《玉篇》載:"㒼,古文暨字。"在釋音時,當所用文字與古音一致時,就用韵書注音。如"豚,豬角切",《廣韵》《集韵》《韵會》《正韵》均作"並竹角切"。另如"雺,莫浮切",《廣韵》作"莫浮切",《集韵》《韵會》作"迷浮切"。再如"娣,徒屬切",《廣韵》作"徒禮切",《集韵》《韵會》《正韵》作"待禮切"。當所用文字古音與韵書不一致時,多選用古音標注。如"熸,子廉切",此字在《廣韵》《集韵》《韵會》《正韵》均作"並將廉切,音尖"。另如"滮,皮彪切",在《集韵》作"皮虬切"。再如"棿,吾禮切",《集韵》作"倪結切",中古音爲"疑母,齊韵,平聲,倪小韵,五稽切"。可見,釋音者韋漢卿更偏向于選用古音,以示注者之博學。

因《元包經傳》中存在很多難見之字,加之宋人韋漢卿釋音時距唐代成書間隔較久,故也存在明顯錯注或注音無法判斷正確與否的情況。如"咋,則革切",此字《廣韵》《韵會》作"側革切",《集韵》《正韵》作"側格切",中古音爲"麥韵,入聲,責小韵,側革切"。可見,應注爲"側革切"爲宜。另如"砉,呼麥切",有"xū"和"huā"兩種讀音,《廣韵》《集韵》《韵會》注"並呼昊切"。"咠,子立切",現代讀作"qì",《廣韵》作"子入切",《唐韵》《集韵》《韵會》《正韵》均注"並七入切,音緝"。《元包經傳》中有些讀音和今天完全不同,如"睚,立懈切",現代讀作"yá",《集韵》作"牛解切",《正韵》作"牛懈切"。另如"眦,土懈切",現代讀作"zì",《韵會》作"士懈切"。此類文字與今天讀音完全不同,很難判斷何者爲確。這樣的問題,有可能是漢字讀音發生變化沒有記錄,也可能與注音或刊印時發生錯誤有關。

《元包經傳》中所保存的這些生僻字,對于我們了解唐宋時所用“漢字”的意思和用法具有重要價值。部分生僻字也因《元包經傳》纔得以被後人注意并引用，如清吳玉搢在《別雅》卷五中引用：“扴休，拯溺也。方言扴拔也，出休爲扴，《説文》休没也，《六書統》云：人爲水所没也。《元包經》：大過，舟休于水。傳曰：失其節也，今但通用溺。”也有些文字，在現今所見著作中，僅見於《元包經傳》，如“旅”卦的卦辭“蓺爨于屵”，下注：“蓺，而悦切。爨，千亂切。屵，音業。”“蓺爨”一詞，現僅見於《元包經傳》。而且有些文字在明清時期的典籍中也還有引注，如在《古音駢字》中就有“曳豐”“叙侖”“飄充”“倔弱”“舟休”等字，就引自《元包經傳》。在《正字通》《説文解字義證》《説文解字句讀》《説文引經考》等辭書中也多引用《元包經傳》中的文字。如《正字通》中對“佘”的解釋云：“《元包經傳》觀其辭，則佘然而不及。”總之，《元包經傳》一書爲我們保留了大量的古代漢字中的“怪字、僻字”，具有保存文字的積極意義。

　　《元包經傳》的作者衛元嵩、傳者蘇源明及注者李江、釋音者韋漢卿在行文時都存在故意選用异體字的現象，這造成了此書“文多詰屈，又好用僻字，難以猝讀”的弊端。如“糺”是“糾”的异體字，古同“糾”；“暈”爲“暉”的异體字，古同“暉”，《元包經傳》中就多使用“糺”和“暈”字。另如“頯”爲“須”的异體字，在《元包經傳》中多次使用，此前僅在《漢書·翟方進傳》出現過，後世也極少使用。這些异體字在文中大量出現，對讀者理解文意并無幫助，反而影響了閱讀的流暢性。而且在書中還出現了故意運用同一個字不同异體字的現象。如“庅音厷”和“庅音厷”就在不同章節分別出現，其實“厷”與“厷”爲异體字，音也相同，在文中不同的地方反復出現,有賣弄文字之嫌。有些字分別用不同音標注,如"囧"在不同的卦的注文中標注不同,如在"晋"卦傳文"囧于垠"中爲"舉氷切",在"離"卦傳文"盷囧覩視"中爲"古營切",在"同人卦"傳文"昇囧于天"中爲"舉永切"。此字在《唐韵》《集韵》《韵會》均作"並俱永切"。另如"欥"字也分別注爲"許勿切"和"吁物切"兩種讀音。在文中標注出這些古音,并無實質意義,僅爲釋音者賣弄之表現。《四庫全書總目·子部·道家類》"亢倉子"條云:"其多作古文奇字,與衛元嵩《玄包》相類。"①

另外,《元包經傳》的傳注文也具有保存資料的價值。如"離"卦傳文"鍜乃戈矛,鍊乃甲胄"的注文有:"《軍志》曰,國雖安,忘戰必危。"《軍志》成書于西周時代,戰國前期的重要文獻《左傳》等曾多次提到過它,而且援引過它的文字,是我國迄今爲止發現的最早散見的一部兵書,但原書早已不傳。就現存的逸文中未見此句,故具有重要的資料價值。

再次,具有傳承思想文化及認識社會的價值。《元包經傳·原序》中說:"昔文質更變,篇題各异,夏曰《連山》,殷曰《歸藏》,周曰《周易》,而唐謂之《元包》,其實一也。"可見,此書是對傳統易學的繼承。同時,本書也包含着傳注者"陳理亂於邦家"和"冀裨帝業"的目的,且無論是《元包經傳》的作者、傳者、注者,還是釋音者,都有很高的文化修養,其對卦辭的闡述爲我們理解易理和了解國家的治亂之理深有助益。特別是蘇源明和李江當時都在國子監爲官,兩人對《元包經》雖屬私人傳注,但也可以

---

① 魏小虎編撰:《四庫全書總目彙訂》(7),上海古籍出版社 2012 年版,第 4648 頁。

看出一定的館學特點。如"復"卦傳文："昔王縣是審造化,察盈虛。以候爾天變,以虞爾人事。"又如"觀"卦傳文所云:"以省爾萬方,以化爾兆民。俾風教大行,泉率土咸順。"就體現出國子司業蘇源明的教育理念及政治理想。而李江在蘇源明所作傳文的基礎上"考于訓詔",間以《易》象明之。如"否"卦的傳文爲"上乃正,下乃順"。李江的注文爲:"夫戰不勝者,易其地;販不利者,變其業。蓋以既遭其弊,必資其革。今陰陽相背,天地不交,君子道消,小人道長,固宜釐革,方見率從,故曰上乃正,下乃順。"可以看出在安史之亂即將發生前的盛唐之時,有識之士對當時社會"君子道消,小人道長"的深深擔憂,也透露出希望皇帝能夠"固宜釐革,方見率從",從而實現"上乃正,下乃順"的社會理想。

《元包經傳》的傳、注者均推崇守節之士,體現出當時文人對"守節"行爲的推崇。如"節"卦"無俾不孚,以緘爾冤訴;無俾執正,以憂爾諑言",注文云:"節者,節槩之謂也。夫守節之士,苟懷正直,雖遭譖而不變其心;苟利社稷,雖臨大難而不易其操。是以晁錯在謀,父乃投於冢墓;王章草表,妻乃哭於閨房。此知必戮其身,而誅其族,然二子豈不知族受其誅,惜其族,恐亡其國也。豈不知身受其戮,全其身,恐危其主也。苟能亡其身而全其君,弃其家而存其國,斯大節者也。雖受戮於一時,乃垂美於千載。"就體現出傳注者對"節"的獨特理解。

《元包經傳》的注文多關注爲君之道,提出作爲君王要重視人才,禮賢下士,并能夠以身作則。如"泰"卦"地乃平,天乃成",注文云:"君子在位,小人在野,何上下之不達,何中外之不通。故曰地平天成,蓋乾坤交泰之象也。"更要積極禮賢下士,

"搜巖穴之士，實庭闕之内，進爾忠良，退爾慝戾"。主張選拔人才的方式是"分印綬，敷渥澤"，如"臨"卦注文云："苟能布惠，足以臨人。"還應"廣聽納直，有正有則"，如"需"卦傳文爲："納乃直，廣乃聽。内有正，外有則。"注文云："夫欲行其正，必受其諫；欲立其法，必務其聰。未有務其聰而事不法，受其諫而身不正。故廣聽納直，有正有則。"還應該"揆而端"，能夠以身作則，"乾"卦傳文爲："發聲明，盛文物。無略威儀，無簡禮度。"注文云："夫以脩飭而居質之代，則事與時反；崇敦樸而居文之代，則時與事乖。故坤戒無起無動，乾戒無略無簡……夫欲清其流，必湛其源；欲直其影，必正其表。未有表曲而影直，源濁而流清。故上揆而端，下無不正。"都主張君王要以身作則，并能重視人才的培養與選用。

李江在《元包經傳》注文中，主張爲政者要"輕政"。如"臨"卦"悦以苝人，人宔不順"的注文云："夫政猛則人殘，人殘則思亂。吏酷則人怨，人怨則相乖。去暴虐之威，而人從其化。施和樂之政，而人向其風。故曰悦以苝人，人罔不順也。"另如在"明夷"卦的注文中提出了"昔漢以偃武而興，秦以坑儒而滅，秦漢之不敵，庸哲咸聞"的觀點，這些都是李江主張輕政的體現。

李江在注文中，也在對家庭關係及歷史現象進行反思。如"歸妹"卦中探討了夫妻之間的分工問題，主張妻子"行惠于内"，注云："婦之理也。"丈夫"作威于外"，注云："夫之政也。"在總結"歸妹之義"時，更是直接提出了"《詩》重夫婦，《禮》重婚姻"的觀點。另如"艮"卦傳文云："先王以是反爾慝，止爾叛。"作注時云："吳之與蜀，屢爲背叛者，豈一二姓耶？皆以據關津之險，故生僭僞之號。"認爲他們反叛的原因是"夫很戾者背之萌，關梁者叛之階”,提出了三國時期吳、蜀都是因力量强大,加之占據地利,而生“僭僞之號”的觀點。

　　總之,正如金生楊在《漢唐巴蜀易學研究》中所總結的那樣,“衛元嵩的《元包經》經唐人蘇源明、李江、宋人韋漢卿的補充,更加完善,得到了後世學者的認可,成爲繼揚雄《太玄經》之後最爲成功的擬《易》之作,同時下啓宋代《潛虚》諸作,在易學史上有着特殊的意義。《元包經》深邃的思想内涵和極强的現實用意,也是研究當時社會思想的不可多得的著作”。①

---

① 金生楊:《漢唐巴蜀易學研究》,巴蜀書社 2007 年版,第 246 頁。

四、《元包經傳》之經世精神

　　所謂經世精神，是以"入世"爲前提，"致用"爲旨趣，引導人們在此岸世界"立德、立功、立言"，治理世界的秩序，謀求民衆的安寧，實現自己的價值，達到"三不朽"的人生境界。這種經世精神是中國傳統文化注重現實人生的民族性格的表現。[①]中國傳統易學從誕生時起，就是"究天人之際，通古今之變"的經世之學，歷代皆有易學家致力于發揮易學安邦定國、經世濟民的思想。如西漢陸賈說："於是先聖乃仰觀天文，俯察地理，圖畫乾坤，以定人道，民始開悟，知有父子之親，君臣之義，夫婦之別，長幼之序。於是百官立，王道乃生。"[②]提出了易學具有經世之功的觀點。

　　初唐實行儒、釋、道并舉的文化政策，統治者也重視發揮經籍治世的功用，提倡經世致用之學。于是，太宗鑒于經籍文字的錯訛和對經典闡釋各執一端的現象，詔命國子祭酒孔穎達等人撰述《五經疏義》，以定一家而獨尊。據《貞觀政要》卷七載："太宗又以文學多門，章句繁雜，詔師古與國子祭酒孔穎達等諸儒，撰定《五經疏義》。"[③]另《舊唐書·孔穎達傳》載："先是，與顏

　　① 楊亞利：《〈周易〉與中國文化》，生活·讀書·新知三聯書店 2018 年版，第 86 頁。

　　② 王利器：《新語校注》，中華書局 1986 年版，第 9 頁。

　　③ 〔唐〕吳兢：《貞觀政要》，中州古籍出版社 2008 年版，第 281 頁。

師古、司馬才章、王恭、王琰等諸儒,受詔撰定《五經義訓》,凡一八〇卷,名曰《五經正義》。"①《周易正義》成書的經過,據《新唐書·藝文志》載:"國子祭酒孔穎達顏師古、司馬才章、王恭,太學博士馬嘉運,太學助教趙乾叶、王談、于志寧等奉詔撰,四門博士蘇德融、趙弘智覆審。"②可見此書是歷經多年,經多人合作,直至高宗永徽四年(653)纔刊定完成。據《舊唐書·高宗紀上》載:"三月壬子朔,頒孔穎達《五經正義》於天下,每年明經令依此考試。"③

　　《五經正義》爲首者就是《周易正義》,此書係孔穎達等人在《周易》正經的基礎上,融合衆多經學家觀點,對原有經注進行疏證,并對注文加以注解。注解時主要取魏王弼注和晉韓康伯注。《周易正義》的完成,雖然對統一易學注疏有積極作用,但也在客觀上造成了易學思想的僵化。《四庫提要》評其"然疏家之體,主於詮解注文,不欲有所出入。故皇侃《禮疏》或乖鄭義,穎達至斥爲'狐不首丘,葉不歸根',其墨守專門,固通例然也。至於詮釋文句,多用空言,不能如諸經《正義》根據典籍,源委粲然,則由王注掃棄舊文,無古義之可引,亦非考證之疏矣"。比較客觀地提出了《周易正義》存在的問題。

　　有些易學家從事易學研究是受到家族經世傳統的影響。如曾任臨渙令的陰弘道著有《周易新傳疏》十卷,《崇文總目輯釋》稱其"洪道世其父顯之學,雜采子夏、孟喜等十八家之説,參訂其長,合七十二篇,于易有助云"。代宗時禮部尚書、絳郡公裴士淹

之子裴通著《易書》一百五十卷："文宗訪以《易》義,令進所撰書。"德宗時宰相高郢之子高定著《易外傳》二十二卷,其"尤精《王氏易》,嘗爲《易圖》,合入出以畫八卦,上圓下方,合則重,轉則演,七轉而六十四卦六甲八節備焉"。這些易學著作多注重學理性的研究,而對象數易學的研究則有所不足。

《元包經傳》雖是經過不同時代、不同身份的文人共同完成,但因主要的傳者國子司業蘇源明、注者四門助教李江兩人理念、身份相似,他們之間也許還能時常交流探討,使得此書"傳、注若出一人手"。因此,此書的創作理念和思想觀念是基本一致的。此書與《周易正義》等其他易學著作相比,表現出了更爲鮮明的經世特點。

《元包經傳》的傳文多關乎社會治亂之道,凸顯了傳者蘇源明的政治情懷。如在傳文首句就指出"理亂相糺"之現象,表現出對社會治亂的關切。另如乾下坤上"泰"卦傳文云:"齐入于困,天氣降也;回浮于玄,地氣騰也。五之交,陰陽接也;氣之亘,天地通也。昔王由是通陰陽之理,變天地之氣。逐爾奸邪,親爾良吏。上下既通,中外攸同。地乃平,天乃成。"又如艮下巽上"漸"卦的傳文云:"崱禾于户,木茂於山也;髀烑于碣,趾登於顛也。卂之屮,手有所持也;辵之㢟,足有所行也。昔王由是辟天門,發王命,變爾風,易爾俗。俾承乃上命,以奠乃下人。"有時也通過描述倫理關係,來闡明社會理亂之道。如離下巽上"家人"卦的傳文云:"姊似侖,兩婦次也;姑媚牲,二女聚也。尸爾炎,主内竈也;爨爾薪,侑中饋也。昔王由是侑明德,發嚴令,命將帥以整爾干戈,進文儒以熙風化。"又如艮下兑上"咸"卦的傳文云:"陰之涵,潛而上行也;陽之覃,廣而下及也。澤潤于戶,山澤通氣也;女悦于男,夫婦搆精也。昔王由是納諫諍,實庭闕。命童僕以守爾宫闈,發綸言以施爾渥澤。内獲所安,外懷所惠。"都是用人們比較容易理解的倫理關係來闡釋社會治亂之道。

李江所作注文也多關乎時事,具有經世精神。如注文在闡釋"理亂相糺"之意時,解釋説:"受福則逸,逸則樂,樂則驕,驕則禍至,故賀者在廬,吊者在門。遇禍則憂,憂則危,危則敬,敬則謹,謹則福臻,故吊者在廬,賀者在門。此則理生於亂,亂生於理,相糺之謂也。"也多對君王提出希望,如在"需"卦注文中提出:"夫欲行其正,必受其諫;欲立其法,必務其聰。未有務其聰而事不法,受其諫而身不正。故廣聽納直,有正有則。"在"大有"卦注文中提出:"先王所以弘其量,顯其德,大以仁物,明以燭幽。故能聘賢良,班朝列。苟如此,何患乎武之不備、文之不昭者哉!"對臣子也提出希望,在"比"卦注文中提出:"美哉下之順上,未有加乎比者也。自初八、八二、八三、八四,皆執柔以奉上,惟七五獨持剛以御下。君得陽位,臣得陰位,君臣得位,剛柔相順。故曰如水之流,如月之升,美之至也。"并提出發生叛亂的原因是"夫很戾者背之萌,關梁者叛之階。由辨之不早辨也。試言之曰:吴之與蜀,屢為背叛者,豈一二姓耶? 皆以據關津之險,故生僭偽之號"。指出執政者應對的策略是"閑乃關,葺乃梁,使夫愎者反,叛者止。樹其庭闕,立其門屏"。當朝廷遇到危險時,"苟能出宫女,采庭議,散其所積,發其所儲,逐盗臣,放利口,何憂乎安之不獲,怨之不弭哉!"主張朝廷應文武皆重,在"離"卦注文中提出:"夫經天地者,莫過文;定禍亂者,莫過武。此二者,為國之大柄也。安得不脩而旌之哉! 故益稱帝之德曰乃武乃文,蓋美之深也。"重視對將相的選任,在"旅"卦中提出:"國之存亡,在乎相也;人之死生,在乎將也。安可使頑童庸僕而當其任哉!"此類注文也可反映出李江作注關注社會現實的經世目的。

《元包經傳》的注文和傳文雖爲蘇源明和李江兩人分別撰寫,但思想傾向在經世致用這一點上基本保持一致,這也是兩人得以合作的重要原因。如"兑"卦傳文爲:"諏之謀,先言以詢也;諩之訓,後言以答也。謁之訐,語之決也;謠之謳,歌之悦也。昔王由是降綸言,徵諫士。敷恩惠,弘講習。聽乃謠誦,納乃諷諭,俾中外交歡,息上下胥悦。"注文爲:"夫王道所重,莫過於考言詢事。故舜命昌言,萬方之衆皆賴也。于今稱之,況乎當和樂之時,行愷悌之化,而能得納諷諫之君子,弘講習之恩惠,何上下之不悦,中外之不歡者也。"再如"蹇"卦的傳文爲:"放爾頑童,貶爾酷吏。"注文爲:"謂七三也,三爲上卿,而竊其政事,專權侮法,苛刻内深。故獄有淫刑,曹有濫罰,其爲酷虐,實多猛暴。雖欲勿貶,其可得乎?"傳文爲:"以肅乃王庭,以清乃邦禁。"注文爲:"惜哉,卦之患難,無以加於蹇者也。進而遇山,山則險;退而遇水,水且深。既不能退,又不可進,臨深履險,不離憂危。人君知其難之有所苦,故貶酷吏,放頑童,寬法省刑,明罰恤獄。苟能如此,何憂乎王庭不肅,邦禁不清哉?"這些傳注文的密切配合,共同闡發了傳注者強調易學經世致用的思想。

李江所作有些注文也并没有局限于傳文,而是直接闡發自己的觀點。如"剥"卦"下既胥順,上方保定"的注文爲:"夫有國者,不患貧而患不安。豈有公行刧掠,人皆逃散,亦何异山冢崒崩,車脱其輻?苟能脩德以理衆,薄賦以安人,黜頑憸,休聚歙，又何憂乎下之不順，上之不定也？”“觀”卦“昔王由是施乃令，布乃下。以省爾萬方，以化爾兆民。俾風教大行，臮率土咸順”，注文云：“夫王道之可觀者，莫過於法號施令，省方化下。自初八爲士，八二爲大夫，三四爲卿侯，皆執柔以奉上。惟七五爲君，獨持剛以制下，可觀之美，莫善於斯。故差使風教大行，及率土咸順。”這些注文，可以視爲李江對傳文的重新闡釋。

《元包經傳》中蘇源明的傳文多關涉治亂之理。如“復”卦傳文“昔王緜是審造化，察盈虛。以候爾天變，以虞爾人事”。即使是在涉及社會倫理關係時，後面還要補充相應的政治內容。如“革”卦傳文“娣媕歙，少女升也；姊姒勿勿，中女降也。澤之渴，內有火也；炎之戍，上有水也。昔王由是改正朔，易服色，發詔令，行恩惠，文物斯變，景命惟新”。“家人”卦傳文“娣姒龠，兩婦次也；姑媕牲，二女聚也。尸爾炎，主內竈也；爨爾薪，脩中饋也。昔王由是脩明德，發嚴令，命將帥以整爾干戈，進文儒以熙風化。外宕不從，內宕不鑒”。在《元包經傳》中此類現象不勝枚舉。

《元包經傳》的注文也基本貫徹了傳文的思想。如“頤”卦傳文爲“內既勤政，外乃奠居”，注文爲：“頤之爲言，養也。猶手之所執，足之所行。君人之道，豈宜有息。故詩人綴匪懈之句，周公著《無逸》之篇。苟能使庶政凝，萬機不怠，何憂乎人之不定者哉！”再如“井”卦傳文爲：“機聯聯，關之轉也；組牽牽，索之引也。采厥皿，器入於深；躋厥困，水出於險也。昔王由是建乃刑法，施乃教令，行於中，流於外，宕不順，宕不通，上則之，下從之。”注文爲：“古有言：身正，不令而行；上不正，雖令不從。

由斯言，率從上也。何異機關組索相率耶？亦猶沉器於井，汲水
於泉。此先王取象於此，是以建刑法，施教令，行於中，流於外，
無不通。故曰上則之，下從之。”

在有些注文中，李江能够靈活運用比較生動的例子及俗語
來闡發自己對問題的看法。如“解”卦傳文爲：“無俾嚘咿，以傷
爾和氣。”注文爲：“夫政理則人順，人順則氣和；政亂則人怨，人
怨則氣逆。昔鄒陽被枉，五月降霜；老婦受誣，三年作旱。夫如
是，欲求和氣之不傷，不可得也，君子痛之，故以爲深戒。”在注文
中用“鄒陽被枉”和“老婦受誣”的例子來進行通俗易懂的解釋。
注文有時也用俗語來表明觀點，試圖讓讀者更好地理解作者所
要表達的思想。如“大畜”卦注文爲：“大畜者，畜之大者也。故
頭墜於下，手攘於上。君潛於內，臣蒙於外，子凌於父，止制其健。
畜塞之甚，其有如此乎？將欲革之者，豈過乎聘逸人，實周行，退
頑童，進者德，戒庸堅，啓天門哉！古有言：上既正，不令而行；
上不正，雖令不從。故曰內既正，外乃定。”有時也用比喻來說明
問題，如“履”卦的注文云：“履者，禮也。禮者，人之所履也。如
天之高，如澤之深，如言出于頁，如澤降于天，此所履也。太陽在
乎上，少陰在乎下。故曰上不僭，下不偪也。”使比較艱澀的傳文
可以讓人更容易理解。

有時，注文還用比喻或引經據典的方式，試圖讓讀者更好地
理解作者所要表達的主要思想。如“昇”卦傳文爲：“布爾德教，
加于醜類。”注文爲：“布爾德教，擬夫巽；加于醜類，效夫坤也。
且昇之爲言進也，亦猶股運其腹，婦歸于姑，車之行，足之往，斯
非昇者歟？先王法之，所以出制敷外，順人行化，此之謂布爾德
教，加于醜類。《經》曰：‘德教加于百姓，刑于四海。’蓋天子之

孝也，蓋昇之道也。”就使比較艱澀的傳文讓人理解起來變得較爲通暢。再如“大過”卦傳文爲：“亡或胥唱，亡或胥和。”注文爲：“《書》曰：‘疑謀勿成。’《語》曰：‘利口之覆邦家。’此所謂言之不正，事之不果也。”就分別引用了《尚書》和《論語》中的句子來對傳文作注，使讀者更容易理解傳文之義。

五、《元包經傳》未廣泛流傳的原因

　　《元包經傳》出現後并沒有在社會上廣泛流傳，中唐時人李鼎祚在《周易集解》自序中說："歷觀炎漢，迄今巨唐，采群賢之遺言，議三聖之幽賾，集虞翻、荀爽三十餘家。"[①] 據筆者考察，其書未見采用《元包經傳》的内容，可見在中唐以後此書已并不常見。其原因主要有五：

　　第一，安史之亂的突然爆發與艱難平定，使人們對象數易學中的經世思想産生了懷疑，對于艱深的象數易學著作失去了興趣。同時也與中唐朝廷尊崇王學，冷落象數易學的整體風氣相關。象數學派在解《易》時，涉及天文、曆法、音律、倫理、哲學、占測等内容，致使象數學系統十分龐雜，被蒙上了一層神秘面紗。"象數"被看作是"術數""占算"的代名詞，象數學家被看作是掌握天機、預測未來的神秘大師。在學術界，不少專家認爲"象數"不是易學正宗，與哲學毫不相干。但從本質上講，象數易學也是對《周易》的文本解釋，它以象數爲工具，考證和揭示《周易》卦爻辭，目的是要證明周易之内容非聖人隨意而作，皆本于象數。通過八卦之象引申推演的"以象生象"與不斷改變取象方法的"象外生象"，從文本字句入手，明訓詁，崇象數，以象數

---

　　① 〔清〕董誥等編：《全唐文》，中華書局 1983 年版，第 2042 頁。

證易辭，發《周易》之"本義"。漢代學者專崇象數，主張以數衍數，不斷誇大象數在治《易》中的作用，使象數易學呈現出牽强附會之弊，在實際運用過程中他們强行讓易學與天文、氣象、曆法等相關聯，將"天道"與"人事"直接相對應，并把這種對應關係精確化、模式化，進而達成某種共識。最終由於其理論結構的機械與煩瑣，在實證過程中暴露出理念預設的勉强，從而出現越來越多的學説缺陷。

自初唐孔穎達等人奉命撰《周易正義》，并被太宗立爲國學後，每年明經取士，皆遵此本。受科舉考試中功利意識驅使，玄學易逐漸成爲易學的主流和正宗。爲官者多習玄學易，掌管撰寫史書者除了自身原因外，自然更以政治理論需要爲標準取捨人物，使象數易學受到冷落。如開元朝官江陵少尹的東鄉助著有《周易物象釋疑》一卷，叙云："《易》以龍象'乾'，以馬明'坤'，隨事義而取象。是故《春秋》傳辭，多因物象，而六十四卦三百八十四爻之文，觸類而長。泊甲子以六十爲運，而卦則六十四爲周，六十四而參六十，合九百六十年爲一元紀。助今采於往疏未釋、後學滯懵者，標出目爲《周易釋疑》。屬象比事，約辭伸理云爾。"但《崇文總目輯釋》對其評價不高，稱其"取變卦互體開釋言象，蓋未始見康成之學而著此書焉"。宋人鮑雲龍也在《天原發微》卷一六《數原》中説："然經世之數，世罕有精之者。以其數根于氣，萬變難推，不若理明于心，一定易守。"又云"數學自伏羲則《河圖》以畫卦始。……然則數學之傳，伏羲得之而畫卦，孔子得之而爲大衍，康節得之而爲《皇極經世》，其源流益有自矣。若夫楊作《太玄》，衛衍《元包》，司馬公作《潛虛》，僅得《易》之一端而已，未臻其極也。"

　　第二,安史之亂造成了書籍的大量損毀,導致很多作品失傳。《元包經傳》完成于安史之亂前不久,當時并未廣泛傳抄,經過八年之久的安史之亂後,社會動亂,民生艱難,書籍流通更加不易。據柳宗元《龍城録》卷下《開元藏書七萬卷》載:"有唐惟開元最備文籍,集賢院所藏至七萬卷。當時之學士,蓋爲褚無量、裴煜之、鄭譚、馬懷素、張説、侯行果、陸堅、康子元輩,凡四十七人,分司典籍,靡有闕文。而賊逆遽興,兵火交熒,兩都灰燼無存。"[1]可見安史之亂期間文獻損失之慘重,朝廷采訪、搜購圖書之不易可見一斑。經歷了唐末五代戰亂後,更是"人如螻蟻,談何其餘",致使很多書籍都没能流傳下來。可見,經過安史之亂的社會動蕩,唐中後期圖書損失情況嚴重。作爲可能并未來得及刊刻的《元包經傳》,其不爲人知則是完全可能的。

　　安史之亂前後雖然民間也有大量藏書存在,但民間藏書一般都爲已經刊印的圖書。據范鳳書先生研究,"唐代藏書家的藏書數量,和前代相比都明顯增多,不少都在萬卷以上。吴兢是一萬三千多卷,蔣乂是一萬五千卷,韋述、蘇弁、李承休各是二萬卷,李泌則達三萬餘卷,爲數最多"。[2]韓愈曾在《送諸葛覺往隨州讀書》中説:"鄴侯家多書,插架三萬軸,一一懸牙簽,新若手未觸。"[3]就是描述李泌家所藏圖書的情況。另如韋述在安史之亂前典掌國家圖籍四十年,自蓄書二萬餘卷。

　　在唐軍收復兩京後,朝廷雖然也開始重新搜集整理文獻的

<hr>

① 〔唐〕柳宗元:《龍城録》,中華書局 1960 年版,第 22—23 頁。
② 范鳳書:《中國私家藏書史》(修訂版),武漢大學出版社 2013 年版,第 41 頁。
③ 〔唐〕韓愈著,錢仲聯、馬茂元校點:《韓愈全集》,上海古籍出版社 1997 年版,第 114 頁。

工作,搜集方式主要有獻書授官和派員搜訪兩種,這兩種方式對于圖書的搜集都存在一定不足,不能對圖書搜集完備,實際上也很難搜集完備。早在至德二載(757)于休烈就曾向肅宗上《請搜訪國史奏》云:"令府縣招訪,有人別收得國史實錄,如送官司,重加購賞。若是官書,仍赦其罪。得一部,超授官,得一卷,賞絹十匹。"① 至德二載收復長安後,朝廷任命徐浩擔任書畫搜訪使,他曾説:"初,收城後,臣又充使搜訪圖書,收獲二王書二百餘卷。"② 王維也曾在《謝御書集賢院額表》中説:"頃逆胡凶頑,不識經籍,恣行毀裂,有甚焚燒。伏惟陛下御極統天,功成理定,愍其墜簡,旁搜古壁,發求書之使,置寫書之官。"③《舊唐書·經籍上》亦載:"肅宗、代宗崇重儒術,屢詔購募。"④ 如沈浩就在"乾元二年嘗進《廣孝經》十卷,授校書郎"。⑤ 而且朝廷也曾多次派官員到各地搜訪圖書,如《新唐書·藝文一》載:"元載爲相,奏以千錢購書一卷,又命拾遺苗發等使江淮括訪。"⑥ 耿湋也于"大曆十一年,奉使江淮括圖書"。⑦ 盧綸爲此特作《送耿拾遺湋充括圖書使往江淮》詩爲耿湋送行。也有文人在官員奉命赴地方搜

---

① 〔清〕董誥等編:《全唐文》卷三六五《請搜訪國史奏》,中華書局1983年版,第3716—3717頁。

② 〔唐〕張彥遠輯,洪丕謨點校:《法書要錄》,上海書畫出版社1986年版,第97頁。

③ 〔清〕董誥等編:《全唐文》卷三二四《謝御書集賢院額表》,中華書局1983年版,第3287頁。

④ 〔後晉〕劉昫等:《舊唐書》,中華書局1975年版,第1962頁。

⑤ 〔清〕徐松撰,孟二冬補正:《登科記考補正》(上),北京燕山出版社2003年版,第398頁。

⑥ 〔宋〕歐陽修、〔宋〕宋祁:《新唐書》,中華書局1975年版,第1423頁。

⑦ 陳貽焮主編:《增訂注釋全唐詩》(第二册),文化藝術出版社2001年版,第690頁。

訪圖書時爲朋友作詩送行,如韋應物作《送顏司議使蜀訪圖書》、
錢起作《送集賢崔八叔承恩括圖書》、戴叔倫作《送崔拾遺峒江
淮(一作東)訪圖書》等,這些作品都表明安史之亂後朝廷曾多
次派官員赴地方搜訪圖書,且他們很多人的工作是卓有成效的,
如徐浩在乾元元年充訪圖書使時,"收獲二王書二百餘卷"①。這
些亂後所進行的官方搜書活動是否將《元包經傳》搜集到内府
之中,從現存資料來看不得而知。

　　雖然没有證據表明《元包經傳》在亂中失傳,但安史之亂中,
有些藏書家注重對藏書的保護確是實有其事。如蕭穎士在亂中
就曾"藏家書于箕潁間,身走南山"。韋述也曾在安史之亂中有
"抱國史藏于南山"的經歷,在其死後的廣德年間,他的外甥蕭直
就曾向朝廷上書云:"蒼卒奔逼,能存國史,賊平,盡送史官于休
烈,以功補過,宜蒙恩宥。"②因此被"贈右散騎常侍"。另如時任
侍御史的史惟則在問趙城倉督從何處得到"二王真迹"時,倉督
回答説:"禄山下將過向太原,停於倉督家三月餘日。某乙祗供
稱意,有懷悦之心,乃留此書相贈。"③最後史惟則將此書獻給朝
廷,蕭宗"賜絹百疋,擢授本縣尉"④。而且也有人主動向朝廷獻
書,如"大曆六年十月代宗誕節日,天竺僧不空將自天寶年間至
大曆六年間翻譯的經典 120 餘卷、77 部附目録一卷進呈"。這

　　①〔唐〕張彥遠輯,洪丕謨點校:《法書要録》卷三,上海書畫出版社 1986
年版,第 97 頁。
　　②〔宋〕歐陽修、〔宋〕宋祁:《新唐書》,中華書局 1975 年版,第 4530 頁。
　　③〔唐〕張彥遠輯,洪丕謨點校:《法書要録》卷三,上海書畫出版社 1986
年版,第 97 頁。
　　④〔唐〕張彥遠輯,洪丕謨點校:《法書要録》卷三,上海書畫出版社 1986
年版,第 97 頁。

些在戰亂中保存下來的文獻典籍和新創作的典籍，無疑具有巨大價值。《元包經傳》也許就存于藏書家之手也未可知。

　　第三，《元包經傳》的內容"自繫以辭，文多詰屈"，使得人們閱讀理解不易。早在宋人陳振孫《直齋書錄解題》卷一"元包十卷"條中就說："每卦之下各爲數語，用意僻怪，文意險澀，不可深曉也。"而此書釋音者在釋音時也存在故意選用異體字的現象，客觀上也造成了"辭文多詰屈，又好用假字，難以猝讀"的弊端。如"埜"是"野"的異體字，"糺"同"糾"，"佷"爲"很"的異體字，"眀"爲"瞿"的本字。此前僅在《漢書·翟方進傳》出現過，後世也極少使用。對此問題前已有相關論述。這些異體字在文中大量出現，對讀者理解文意并無幫助，反而影響了閱讀的流暢性。而且在文中還出現了故意運用同一個字的不同異體字的現象。如"底音厎"和"厎音厎"就在不同章節出現，其實"厎"與"底"爲異體字，音也相同，在文中不同的地方反復出現，有賣弄之嫌。有些字分別用不同音標注，如"囧"在不同的地方分別標注爲"舉氷切""古營切"和"舉永切"。此字在《唐韵》《集韵》《韵會》均作"俱永切"，在文中標注出這些古音，并無實質意義，僅爲釋音者賣弄學識之表現，這些問題，在前文也有論述，本章不再贅述。

　　因《元包經傳》中存在很多難見之字，故也存在明顯注錯或注音無法判斷正確與否的情況。如"咋，則革切"，此字《廣韵》《韵會》作"側革切"，《集韵》《正韵》作"側格切"，中古音爲"麥韵，入聲，賾小韵，側革切"。可見，應以"側革切"爲宜。另如"書，呼麥切"有"xū"和"huā"兩種讀音，《廣韵》《集韵》《韵會》注"呼臭切"。"咠，子立切"，現代讀作"qì"，《廣韵》作"子入切"，《唐韵》《集韵》《韵會》《正韵》均注"七入切，音緝"。有些讀音和今天完全不同，如"睚，立懈切"，現代讀作"yá"，《集韵》和《正韵》均作"牛懈切"。"眥，土懈切"，現代讀作"zì"，《韵會》作"士懈切"。此類文字與今天讀音完全不同，很難判斷何者爲確。這樣的問題，有可能是漢字讀音發生變化没有記録，也可能與注音或刊印時發生錯誤有關。故《四庫全書總目》以爲："及究其傳、注、音釋，乃别無奥義，以艱深而文淺易，不過效《太元》之顰。"其行文時也"好用僻字，難以猝讀"。也正像陳振孫所説其書："用意僻怪，文意險澀，不可深曉也。"這也是造成此書并未廣泛傳播的重要原因。

　　第四，《元包經傳》有些思想與論斷過于武斷，不能被後世學者接受，也影響了此書的流傳。如"説源第十"的傳文爲："在昔哲王受明命，皆能變文質，順陰陽，大矣哉，此帝王之能事也。"注文云："在昔哲王，謂三皇五帝。及三代之君，順陽尚文，順陰尚質，更而必復，有若循環，歷代重之，以爲能事。故孔子云：'其或繼周者，雖百世可知也。'"提出了朝代更替"更而必復，有若循環"的觀點，在唐宋時代已經不能被學者所廣泛認同。另如"説源第十"的傳文"自黄帝暨乎堯舜，垂衣裳而天下理，蓋取諸乾則尚文也，取諸坤則尚質也"，注文爲："乾爲陽，故尚文。坤爲陰，故尚質。文質更變，歷代不差。故伏羲尚文，神農尚質；黄帝尚文，少昊尚質；顓頊尚文，高辛尚質；唐堯尚文，虞舜尚質。其後夏、商、周，亦皆象此也。"提出"文質更變，歷代不差"的觀點，也具有武斷之嫌。

　　衛元嵩在《元包經傳》中所論乃關係國家興廢之事，其被認爲"江左寶志之流"的身份，也讓統治者頗爲忌憚，其所論"國家興廢之事",更甚于一般禍福。正如《四庫全書總目·子部·數術類一》"唐開元占經"條所云:"作《易》本以垂教,而流爲趨避禍福;占天本以授時,而流爲測驗灾祥。皆末流變遷,失其本初。"[1] 可見,與體例更爲完備、内容更爲豐富的《周易正義》相比,《元包經傳》的影響力明顯較爲有限。而且在傳統易學將乾卦作爲首卦的傳統下,《元包經傳》却將坤卦作爲首卦,明顯與當時流行的易學觀點相悖,也影響了讀者與此書的共鳴。

　　第五,後世學者對作者衛元嵩的評價不高,也影響了此書的流傳。在《元包經傳》中傳、注者出于對此書的認同,都對衛元嵩評價較高。如《元包經傳》中蘇源明所云:"斯道君子之幾也夫,誠至君之爲也夫。"李江注:"道君子,誠至君,謂衛先生。"都認爲衛元嵩爲"道君子,誠至君"。蘇源明所云"賢人以發也",李江注"賢人謂衛先生啓發之也",也都認爲衛元嵩爲"賢人"。但後世因衛元嵩曾向武帝上《省寺減僧疏》,被認爲是武帝禁佛的主要推手之一,多認爲其爲"江左寶志之流"。如元侯克中在《艮齋詩集》卷一《七易》詩中云:"聖遠言湮失正傳,老來多幸得蹄筌。元嵩未必能知易,君實何須更擬玄。體四豈惟元統世,數三不過地承天。紛紛衆説誰分別,且讓文饒筆似椽。"都對衛元嵩及所作《元包經傳》評價不高。而且注者李江及釋音者韋漢卿在社會上也并不知名,這在客觀上也影響了《元包經傳》的流傳。

---

[1] 〔清〕永瑢等:《四庫全書總目》,中華書局 1965 年,第 920 頁。

六、《元包經傳》部分生僻字
注音與注釋

　　本部分所選文字均出自宋人韋漢卿爲《元包經傳》釋音時所涉及的生僻字,直接注音和反切法(来自原書注文)兩種方式釋音。本文依據文本分別將釋音文字分類輯録整理,并據《説文解字》《康熙字典》等書,選擇作者認爲最適宜的解釋加以注釋。文字排序按筆畫順序排列。

1.注音法注生僻字(80 字)

兩畫

　　勹,音包。"包" 的本字。《説文解字》:"勹,裹也,象人曲形,有所包裹。"

三畫

　　宀,音綿。古代一種四面有墙,上有覆蓋,内有堂有室的深屋。《説文解字》:"宀,交覆深屋也。"

　　彡,音衫。筆所畫的花紋。《説文解字》:"彡,毛飾畫文也。"

四畫

勼，音鳩。勼，聚也。《康熙字典》引《玉篇》：“今作鳩。”《説文解字》：“聚也。从勹九聲，讀若鳩。居求切。”

丮，音擊。持，“執”的本字。《説文解字》：“丮，持也。象手有所丮據也。”

五畫

夵，音昊。古同“昊”。昊，廣大無邊際的天。《説文解字》：“放也。从大而八分也。凡夵之屬皆从夵。古老切。”

屵，音嶭。古同“岸”。《説文解字》：“屵，岸高也。”

𠣬，音隱。歸依；轉身。同“𠣬”。《説文解字》：“歸也。从反身。凡𠣬之屬皆从𠣬……於機切。”

癶，音撥。兩個脚掌向外張開行走的樣子。《説文解字》：“癶，足剌癶也。”

六畫

汥，音炕或恍。古同“荒”。《康熙字典》引《玉篇》：“及也，至也。”《説文解字》：“水廣也。”

芔，音莽。古同“艸”。《康熙字典》引《篇海類篇》：“同艸。”《説文解字》：“衆艸也。从四屮。凡艸之屬皆从艸。讀與岡同。模朗切。”

乑，音吟。衆立的樣子。《康熙字典》引《玉篇》：“丘林切。”《康熙字典》引《説文解字》：“讀若欽崟，衆立也。”

它，音罔。《康熙字典》引《玉篇》：“古文岡字。”

吅，音宣。古同"喧"，大聲呼叫。《康熙字典》引《玉篇》："嚻也，與讙通。"《説文解字》："驚嘑也。从二口。凡吅之屬皆从吅。讀若讙……況袁切。"

屾，音詵。《説文解字》："二山也。凡屾之屬皆从屾。"

扜，音莘。《説文解字》："从上挹也。"

辛，音愆。《康熙字典》引《集韵》："並音愆，罪也。"《説文解字》："辠也。从干二。二，古文上字。凡辛之屬皆从辛。"

幺幺，音幽。微細、微小；隱暗不明。《説文解字》："微也。从二幺。"

艸，音攀。同"艹"。用作偏旁，俗稱"草頭"或"草字頭"。《國語辭典》："'茻'的異體字。"《康熙字典》引《正韵》："並音草。百卉也。"《説文解字》："百芔也。从二屮。凡艸之屬皆从艸。倉老切。"

弜，音奇。弓强勁有力。《説文解字》："彊也。从二弓。凡弜之屬皆从弜。"

汱，音溺。《康熙字典》引《玉篇》："古文溺字。"《説文解字》："没也。从水從人。奴歷切。"

七畫

糾，音斜。同"糾"。《説文解字》："繩三合也。"

囮，音訛。《説文解字》："率鳥者，繫生鳥以來之，名曰囮。"

㞷，音衣。《康熙字典》引《川篇》："音衣。"

囦，音淵。同"淵"。《説文解字》："囦，古文（淵）。从口、水。"

八畫

厎，音辰。同"庝"。《康熙字典》引《博雅》："隱翳也。"

侖，音倫。《説文解字》："侖，思也。"

佷，音很。古同"很"。違背，不順從。《説文解字》："不聽從也。一曰行難也，一曰鷙也。"

罙，音彌。同"采"。《説文解字》："深也。一曰竈突。从穴从火，從求省。"

㞢，音闥。同"少"。《説文解字》："蹈也。从反止。讀若撻。他達切。"

九畫

欨，音吁。《説文解字》："吹也。一曰笑意。从欠句聲。"

朏，音朏。同"朏"。月未盛之明。《説文解字》："月未盛之明。从月、出。《周書》曰：'丙午朏。'普乃切。"

昦，音杲。古同"昊"。《説文解字》："春爲昦天，元氣昦昦。从日、夰，夰亦聲。"

庝，音辰。隱蔽；徘佪。《康熙字典》引《玉篇》："徘佪也。"

耑，音端。同"端"。《説文解字》："物初生之題也。上象生形，下象其根也。凡耑之屬皆从耑。"

十畫

甡，音莘。《説文解字》："甡，衆生并立之貌。"

嚠，音同。與"首"同。《説文解字》："古文首也。巛象髮，謂之鬊，鬊即巛也。凡嚠之屬皆从嚠。書九切。"《康熙字典》引

《廣韻》：“自首前罪。”

睊，音懼。同“瞿”。左右驚視。《説文解字》：“睊，左右視也。”

俶，音叔。《説文解字》：“善也。从人叔聲。”

愫，音索。害怕、恐懼。《説文解字》：“懼也。从心，雙省聲。”

十一畫

槷，音厘。裂開、裂紋；治理。《康熙字典》引《集韵》：“陵之切，音鳌。圻也。”《説文解字》：“圻也。从攴从屵。屵之性圻，果孰有味亦圻。故謂之槷，從末聲……許其切。”

埜，音野。同“野”。《説文解字》：“郊外也。从里予聲。”

十二畫

喆，音哲。“哲”的异體字。《説文解字》：“知也。从口折聲。陟列切。悊，哲或从心。嚞，古文哲，从三吉。”

㗊，音戢。衆口；喧嘩。《説文解字》：“衆口也。从四口。凡㗊之屬皆从㗊。讀若戢。阻立切。又讀若呶。”

臸，音臻。到達；如一。《説文解字》：“到也。从二至。人質切。”

兟，音莘。鋭意進取。《説文解字》：“進也。从二先。”《康熙字典》引《玉篇》：“兟兟，衆多貌。”

誩，音髯。《康熙字典》引《類篇》：“而艷切，髯去聲。”《康熙字典》引《字林》：“言多不盡。”

冖，音冪。《説文解字》：“覆也。从一下垂也。凡冖之屬皆從冖。”

梟,音暨。古同"暨"。《康熙字典》引《玉篇》:"古文暨字。"
《説文解字》:"眾詞與也。从乑自聲。"

十三畫

剄,音剛。同"剛"。《康熙字典》引《正字通》:"剴字之譌。"
《説文解字》:"彊斷也。从刀岡聲。"

敳,音杜。閉。《説文解字》:"閉也。从攴度聲。讀若杜。
徒古切。劇,敳或从刀。"

痆,音拳。《康熙字典》引《廣韵》:"巨員切,音權。手屈病
也。"

嫫,音模。《康熙字典》引《集韵》:"並莫白切,音陌。静也。"
《説文解字》:"都醜也。从女莫聲。莫胡切。"

劦,音厘。割;劃開。《康熙字典》引《玉篇》:"剥也。"《説
文解字》:"剥也。劃也。"

溟,音冥。《説文解字》:"小雨溟溟也。从水冥聲。莫經切。"

十四畫

劂,音厥。《康熙字典》引《集韵》:"並居月切,音厥。"《説文
解字》:"劣也。从力厥聲。瞿月切。"

覞,音耀。兩人相對而視;普視。《説文解字》:"竝視也。
从二見。凡覞之屬,皆从覞。弋笑切。"

鋋,音延。《説文解字》:"鋋,小矛也。"

辡,音辯。古同"辯"。《説文解字》:"辡,罪人相與訟也。"

十五畫

嫠，音厘。順流。《説文解字》：“嫠，順流也。”

暈，音曄。“曄”的异體字。《康熙字典》引《字彙補》：“即暈字。”

諑，音琢。造謠毁謗。《康熙字典》引《廣雅》：“訴也，責也，譖也，毁也。”

濆，音汾。水邊；岸邊。《説文解字》：“水厓也。从水賁聲。”

磤，音隱。象聲詞，雷聲。《康熙字典》引《集韵》：“倚謹切，並音隱。雷聲。”《説文解字》：“作樂之盛稱殷。从月从殳。《易》曰：‘殷薦之上帝。’于身切文二。”

十六畫

鋻，音堅。《説文解字》：“剛也。从金臤聲。古甸切。”

奯，音豁。孔大；睜大眼睛。《康熙字典》引《集韵》：“並呼括切，音豁。空大也。”《説文解字》：“空大也。从大歲聲，讀若《詩》‘施罟泧泧’。呼括切。”

十七畫

趂，音顛。走頓。《康熙字典》引《集韵》：“多年切，並音顛。”《説文解字》：“走頓也。从走真聲。讀若顛。都年切。”

頿，音須。《康熙字典》引《正字通》：“與須同。”《説文解字》：“待也。从立須聲。相俞切。”

霿，音蒙。同“霧”。《康熙字典》引《玉篇》：“天氣下，地氣不應也。”《説文·雨部》：“地气發，天不應。从雨敄聲。”

嫡,音適。同適。《元包經傳》:"出而從夫也。"

十八畫

鎣,音瑩。琢磨使光澤。《康熙字典》引《正字通》:"磨金器令光澤也。"《康熙字典》引《廣韵》:"飾也。"《説文解字》:"器也。从金,熒省聲,讀若銑。烏定切。"

十九畫

璽,音徙。《康熙字典》引《玉篇》:"天子諸侯印也。"《説文解字》:"璽,王者印也。所以主土。从土爾聲。籀文从玉。"

二十一畫

劘,音磨。同"靡"。《康熙字典》引《玉篇》:"削也。"《康熙字典》引《集韵》:"分也。"《説文解字》:"披靡也。从非麻聲。文彼切。"

顟,音敖。《康熙字典》引《字匯》:"同囂。"《康熙字典》引《爾雅·釋言》:"顟,閑也。"《説文解字》:"聲也。氣出頭上。从㗊从頁。頁,首也。"

譶,音蟄。説話快。《康熙字典》引《集韵》:"並直立切,音蟄。讍譶,言不止也。"《説文解字》:"疾言也。从三言。讀若沓。"

霿,音夢。天色昏暗。《説文解字》:"天气下,地不應,曰霿。霿,晦也。从雨瞀聲。莫弄切。"

二十七畫

驫，音休。驚跑的樣子。《康熙字典》引《玉篇》:"驚走兒。"

驫，音彪。《康熙字典》引《玉篇》:"走貌。"《説文解字》:"衆馬也。從三馬。甫虯切。"

二十九畫

讟，音讀。怨恨；誹謗；憎惡。《康熙字典》引《廣雅》:"惡也。"《説文解字》:"痛怨也。"

三十三畫

鱻，音鮮。古同"鮮"。《説文解字》:"新魚精也。從三魚。"

2.反切法注生僻字(57字)

三畫

幺，伊堯切。細小。《説文解字》:"幺，小也。象子初生之形。"

五畫

仡，許訖切。勇猛雄壯的樣子。《説文解字》:"勇壯也。從人气聲。"

六畫

吚,許棃切。呻吟。《説文解字》:“唸吚,呻也。从口尸聲。馨伊切。”

叐,平表切。

七畫

会,危藴切。大;高。《説文解字》:“大也。从大云聲。魚吻切。”

囧,舉氷切。古同“冏”。《説文解字》:“窻牖麗廔闓明。象形。凡囧之屬皆从囧。讀若獷。賈侍中説:讀與明同。俱永切。”

囧,古營切。

囧,舉永切。

辵,丑略切。忽走忽停,步履躊躇。《説文解字》:“辵,乍行乍止也。”

甹,普丁切。豪俠。《説文解字》:“亟詞也。从丂从由。或曰甹,俠也。三輔謂輕財者爲甹。普丁切。”

忪,職容切。心跳驚恐。《康熙字典》引《玉篇》:“心動不定貌,又驚也。”

八畫

泓,烏宏切。水深而廣。《説文解字》:“下深皃。从水弘聲。烏宏切。”

佷,户懇切。古同“很”。違背,不順從。《説文解字》:“不聽从也。一曰行難也。一曰盭也……胡懇切。”

姆，莫補切。以婦道教人的女教師。《説文解字》：“女師也。
從女每聲，讀若母。莫后切。”

咋，則革切。大聲呼叫。《康熙字典》引《集韻》：“大聲。”

苫，失廉切。《康熙字典》引《玉篇》：“以草覆屋。”《説文解
字》：“蓋也。從艸占聲。失廉切。”

九畫

垠，魚斤切。邊、岸、界限。《説文解字》：“地垠也。一曰岸
也。從土艮聲。圻，垠或從斤。”

烔，他冬切。火勢旺盛的樣子。《康熙字典》引《玉篇》：“火
焱也。”《康熙字典》引《廣韻》：“火色。”《康熙字典》引《集韻》：
“火盛貌。”

咠，子立切。讒言。《説文解字》：“聶語也。從口從耳。”

耇，呼麥切。皮骨相離聲。《康熙字典》引《集韻》：“皮骨相
離聲。”

哇，于佳切。

十畫

烘，許公切。用火或蒸氣使身體暖和或使物體變熱、乾燥。
《説文解字》：“尞也。從火共聲。”

倔，巨勿切。強硬、固執。《康熙字典》引《集韻》：“渠勿切，
並音崛。梗戾貌。”

娣，徒屬切。姐姐稱妹妹，或稱丈夫的弟婦。《康熙字典》引
《六書故》：“古之嫁女者，以姪娣從，自適而下，凡謂之娣。”《康
熙字典》引《正韻》：“待禮切，並音弟。娣姒，姒娌也。兄之妻曰

姒婦,弟之妻曰娣婦。"《説文解字》:"女弟也。从女从弟,弟亦聲。徒禮切。"

攣,力全切。

十一畫

渦,烏禾切。水流旋轉形成中間低窪的地方。《康熙字典》引《正韻》:"並烏禾切,音倭。水坳也。"《康熙字典》引《集韵》:"姑華切,音瓜。義同。"

眦,土懈切。眼角,上下眼瞼的接合處,靠近鼻子的稱"内眦",靠近兩鬢的稱"外眦"。《康熙字典》引《集韵》:"並疾智切,音漬。亦目匡也。"《説文解字》:"目匡也。从目此聲。在詣切。"

淲,皮彪切。水流貌。後作"瀌"。《説文解字》:"水流皃。从水,彪省聲。《詩》曰:'淲沱北流。'皮彪切。"

欷,許迪切。古同"嘻",笑的聲音。《康熙字典》引《正韻》:"迄逆切,並音闃。欷欷,笑聲。"

十二畫

輗,吾禮切。古同"輗",大車轅端與橫木相接的關鍵。《集韵》:"倪結切,音闑。"

欻,許勿切或吁物切。忽然,迅速。《康熙字典》引《玉篇》:"忽也。"《説文解字》:"有所吹起。从欠炎聲,讀若忽。許物切。"

敜,乃頰切。閉塞、封閉。《説文解字》:"塞也。从攴念聲。《周書》曰:'敜乃穽。'奴叶切。"

痟,烏元切。病也。《康熙字典》引《廣韵》:"骨節疼也。"

《康熙字典》引《集韵》:"骨酸也。"

媦,云貴切。妹妹。《説文解字》:"楚人謂女弟曰媦。从女胃聲。《公羊傳》曰:'楚王之妻媦。'云貴切。"

覘,丑廉切。看,偷偷地察看。《説文解字》:"窺也。从見占聲。《春秋傳》曰:'公使覘之,信。'敕艷切。"

十三畫

惷,赤尹切。騷動。《説文解字》:"亂也。从心春聲。《春秋傳》曰:'王室日惷惷焉。'一曰厚也。尺允切。"

睚,立懈切。眼角。《説文解字》:"目際也。从目厓。五隘切。"

霿,莫浮切。《康熙字典》引《玉篇》:"本作霿。"《廣韵》:"同霿。"《説文解字》:"地气發,天不應。从雨敄聲。"

睒,式冉切。電光。眼睛快速一瞥的樣子。《説文解字》:"暫視兒。从目炎聲,讀若白,蓋謂之苦相似。失冉切。"

媲,匹詣切。并,比,匹敵。《説文解字》:"妃也。从女毘聲。匹計切。"

十四畫

誩,其兩切。争論。《説文解字》:"競言也。从二言。凡誩之屬皆从誩。讀若競。渠慶切。"

硈,户冬切。石落聲。《康熙字典》引《廣韵》:"户冬切,音泽。硈礐,石落聲。"

十五畫

諑,豬角切。造謠毀謗。《康熙字典》引《廣雅》:"訴也,責也,譖也,毀也。"

十五畫

嫻,胡間切。《説文解字》:"雅也。从女閒聲。户閒切。"

十六畫

燅,子廉切。火熄滅。燒毀;潰敗。《康熙字典》引《玉篇》:"火滅也。"

礳,力冬切。石落聲。《康熙字典》引《廣韵》:"户冬切,音泽。硁礳,石落聲。"

十七畫

蕩,他浪切。《説文解字》:"滌器也。从皿湯聲。"

瞠,宅耕切。怒目直視。睜大眼睛發呆。《康熙字典》引《正韵》:"直視也。"

髀,補爾切。大腿,亦指大腿骨。《説文解字》:"股也。从骨卑聲。并弭切。踔,古文髀。"

簟,徒念切。電光。竹席。《康熙字典》引《集韵》:"並徒念切,音簟。礛簟,電光。"《説文解字》:"竹席也。从竹覃聲。"

十八畫

爇,而悦切。燒。《説文解字》:"燒也。從火蓺聲。《春秋傳》

曰：‘爇僖負羈。’……如劣切。”

鬩，馨激切。爭吵。《説文解字》：“恒訟也。《詩》云：‘兄弟鬩于墻。’从門从兒。兒，善訟者也。許激切。”

二十一畫

趯，他歷切。跳躍的樣子。《康熙字典》引《正韵》：“並他歷切，音逷。跳貌。同躍。”《説文解字》：“踊也。从走翟聲。以灼切。”

二十二畫

礫，先念切。電光。《康熙字典》引《集韵》：“變去聲。礫磹。詳磹字注。”

二十七畫

驫，香幽切。驚跑的樣子。《康熙字典》引《玉篇》：“驚走貌。”

三十畫

爨，千亂切。燒火做飯。《康熙字典》引《玉篇》：“竈也。”《説文解字》：“齊謂之炊爨。”

三十二畫

龘，達荅切。龍騰飛的樣子。《説文解字》：“飛龍也。从二龍。讀若沓。徒合切。”

附：

元包經傳

欽定四庫全書　子部七

術數類一數學之屬

提　要

　　臣等謹案,《元包經傳》五卷,附《元包數總義》二卷。北周衛元嵩撰,唐蘇源明傳,李江注,宋韋漢卿釋音。其《總義》二卷,則張行成所補撰也。楊楫嘗序其書云:元嵩,益州成都人。明陰陽曆算,獻策後周,賜爵持節蜀郡公。胡應麟《四部正譌》則云:元嵩,後周人。所撰述有《齊三教論》七卷,見鄭樵《通志》。又《隋志》釋氏類稱蜀郡沙門衛元嵩上書,言僧徒猥濫,周武帝下詔一切廢毀。即其人也。楊楫本序頗與《隋志》合,序稱元嵩有傳,考《北史》無之,楊氏誤也。案:應麟謂元嵩先爲沙門,所考較楫爲詳。然《北史》載元嵩《藝術傳》中,應麟求之於專傳,不見其名,遂以爲《北史》不載。則楫不誤而應麟反誤。至《崇文總目》以爲唐人,《通志》《通考》并因之,則疏舛更甚矣。唐釋道宣《廣弘明集》載元嵩始末,深有詆詞,蓋以澄汰僧徒,故緇流積憾。然溫大雅《創業起居注》載元嵩造作謠讖,裴寂等引之以勸進,則亦妖妄之徒也。是書體例近《太玄》,序次則用《歸藏》,首坤而繼以乾、兌、艮、離、坎、巽、震卦,凡七變,合本卦,共成八八六十四。自繫以辭,文多詰屈。又好用假字,難以猝讀。及究其傳注音釋,乃別無奧義,以艱深而文淺易,不過效《太玄》之顰。宋紹興中,臨邛張行成以蘇、李二氏徒言其理,未知其數,復編采《易》說以通其旨,著爲《總義》。元嵩書《唐志》作十卷,今本五卷,其或并或佚，蓋不可考。楊楫序稱：大觀庚寅，前進士張昇景初，携《元包》見遺，曰自後周歷隋唐，迄今五百餘載，世莫得聞。頃因楊公元素内翰傳秘閣本，俾鏤板以傳。然此書《唐志》《崇文總目》并著録，何以云"五百餘年世莫得聞"？王世貞疑爲依托，似非無見。今術數家從無用以占卜者，徒以流傳既久，姑録存之。行成書《玉海》作二卷，與今本合。與《元包》本別著録。然考昇子張洸跋，已稱以行成《疏義》，與臨邛韋漢卿《釋音》合爲一編，則二書之并，其來已久。毛晉刊板，蓋有所本，今乃仍之。其《釋音》漏題漢卿名，則晉之疏耳。

乾隆四十六年十月恭校上

總纂官臣紀昀臣陸錫熊臣孫士毅

總校官臣陸費墀

原　序

　　《包》之爲書也,廣大含宏,三才悉備。言乎天道,有日月焉,有雷雨焉。言乎地道,有山澤焉,有水火焉。言乎人道,有君臣焉,有父子焉。理國理家,爲政之尤者。昔文質更變,篇題各异,夏曰《連山》,殷曰《歸藏》,周曰《周易》,而唐謂之《元包》,其實一也。包者,藏也,言善惡、是非、吉凶、得失,皆藏其書也。觀乎囊括萬有,籠罩八紘,執陶鑄之鍵,啓乾坤之扃,孕覆育載,通幽洞冥,窮天人之秘,研造化之精,推興亡之理,察禍福之萌,與鬼神齊奥,將日月并明,謂六五經而四三易,雖《太玄》莫之與京。然文字奇詭,音義譎怪,紛而不釋,隱而不明者,得非遭於離亂歟?《易》曰:"作《易》者其有憂患乎?"蓋所謂憂亂世而患小人也。故其辭危,衛先生近之矣。秘書少監武功蘇源明,洗心澄思,爲之修傳。解紛以釋之,索隱以明之。帝王之道,昭然著見,有以見理亂之兆,有以見成敗之端。江考于訓詁,耽于講習,輒演元義,庶傳於學者焉。

　　　太陰第一　　　　太陽第二

　　　少陰第三　　　　少陽第四

　　　仲陰第五　　　　仲陽第六

　　　孟陰第七　　　　孟陽第八

　　　運蓍第九　　　　説源第十

傳曰：理亂相糺，蓋先包以始事也。至人曰：禍兮福所倚，福兮禍所伏。董生有言：賀者在廬，弔者在門；弔者在廬，賀者在門。言受福則逸，逸則樂，樂則驕，驕則禍至，故賀者在廬，弔者在門。遇禍則憂，憂則危，危則敬，敬則謹，謹則福臻，故弔者在廬，賀者在門。此則理生於亂，亂生於理，相糺之謂也。糺音糾。質文相化。文質之道，自太古始，觀衛先生《三易异同論》，則文質之義昭矣。論曰：夫尚質則人淳，人淳則俗樸，樸之失，其弊也惷。尚文則人和，人和則俗順，順之失，其弊也詔。詔則變之以質，惷則變之以文，亦猶寬以濟猛，猛以濟寬，此聖人之用心也。豈徒苟相反背而妄有述作焉？斯文質相化之理。亂極則先乎太《易》，《易》之所繇作也。文弊則從于巨《包》。《包》之所以製也。聖人以遺也，聖人謂孔宣父遺教者也。賢人以發也。賢人謂衛先生啓發之也。《易》始乎乾，文之昭也以行；《易》之先乾，蓋尚文之代也。《包》起于坤，質之用也以靖。《包》之起坤，蓋尚質之時也。行者所以動天下之務，《易》之道也。靖者所以默天下之機。《包》之德也。太陰，太陽，潛相貞也；六之與九，自相正也。少陰，少陽，潛相成也。七之與八，共相助也。尤井莫默，尤音烷，井音莽。地之興也；顛宀勹盈，宀音綿，勹音包。天之冒也。尤井莫默，坤之繇辭也。顛宀勹盈，乾之繇辭也。猶乾之易有元亨利貞，太玄之有罔直蒙酋也。仍而通之，極乎三十六；全而劘之，劘音磨。窮乎六十四。五行相生，極于三十六，謂蓍也。八卦相蕩，窮乎六十四，謂卦也。其旨微，其體正。語其義，則蠱然而不誣；直而不妄。蠱，初六切。觀其辭，則会而不及。高而不建。会，危蘊切，高也。梲一以布氣，梲，吾禮切，擬也。藏萬以植言。擬元化以布和，隱萬象以立辭也。斯道君子之幾也夫，誠至君之爲也夫。道君子，誠至君，謂衛先生。於戲，流于睿監，講于太學。欲并於五經，齊於三易也。伏而惟之，使自怡之；俾伏膺而思惟，不亦悅乎。深而極之，使自測之。俾詣深而窮極，不亦究乎。歸人於至和，致雍熙也。示人於太樸。反淳古也。已矣。

太陰第一

䷁坤下坤上，坤。㐲幵莫默，㐲音恍，幵音莽。冞森囤匲。冞音吟，眾立貌。囤音逼，小廩也。靖而不躁，樸而不飾。羣類囤育，庶物牲植。囤音訛。厥施惟熙，厥勛惟極。㐲，熙。幵，茂。莫，落。默，潛。冞，眾。森，植。囤，受。匲，藏。躁，動也。牲音莘。傳曰：㐲者，春之熙；幵者，夏之茂；莫者，秋之落；默者，冬之潛。母萬物者，熙然足以布和，茂然足以長物，落然足以育眾，潛然足以正怎。坤道備此四德，故曰㐲幵莫默，冞森囤匲。何謂也？冞者，言其眾；森者，言其植；囤者，言其受；匲者，言其藏，皆地之性也。靖而不躁，陰之德也；樸而不飾，質之體也。夫文質更變，乾坤迭用，柔剛動息，各應其時，是以坤貴靖而不躁，乾貴揭而不憩。羣類囤育，所化者眾也；庶類牲植，所生者多也。厥施惟熙，其賚廣也；厥勛惟極，其功大也。昔王體之以立政，俾之以行簡。昔王謂古之有道之君，能法卦行事也。象吉者，稱昔王，蓋美之也。象凶者，言嗚呼，嗟嘆之也。美之者，所以垂勸；嘆之者，所以垂誡。舉其大凡，他皆倣此。尚乃儉，務乃素。無起徵僃，無勤動爲。惟爾衆亡音罔不順。徵之與僃，勤人者也。動之與爲，勞力者也。將欲不勤其人，其惟無爲乎。不勞其力，其惟無事乎。未有上無爲而下相反，上無事而下不從，故尚儉務素，衆亡不順。

䷗震下坤上，復。幺幺玄玄，幺，伊堯切。雷厎龍旋。厎音祇，藏也。氣蠢于莫，物萌于困。幺，小。玄，遠。厎，藏。旋，歸。蠢，動。莫，

冥。萌,生。困,深也。困,古淵字。傳曰:幺幺玄玄,微也;雷厎龍旋,
蟄也。氣蠢于莫,陽之動也;物萌于困,牙之生也。建子之月,變
在寅,黄泉陽氣始動,萌牙初見。昔王緜是審造化,察盈虛。以候爾天
變,以虞爾人事。王者至日,必觀雲物,故曰審造化,察盈虛。凡化格于人,
則德動天,天人之際,其猶影響,是以人事失於下,天象錯於上。則知灾非天降,
妖繇人興,故以候爾天變,以虞爾人事。

䷒ 兌下坤上,臨。乑牲牲,乑音吟,牲音莘。佽欣欣。佽音吁。組
之帶,璽之文。乑,衆。佽,吹。組,綬。璽,印也。璽音徙。傳曰:乑牲
牲,所莅者衆也;佽欣欣,所理者悦也。坤爲衆,兌爲悦。組之帶,
衣以綬也;璽之文,佩以印也。兌爲金,坤爲帛,坤又爲文,金而有文,得
非印歟?帛而有文,得非綬歟?佩印綬者,臨人之道也。昔王由是分印綬,
敷渥澤。坤爲布,故曰敷。兌爲悦,故曰澤。苟能布惠,足以臨人。詔出于
内,則乎兌也。衆從于外,法乎坤也。悦以莅人,人宅罔不順。夫政猛
則人殘,人殘則思亂。吏酷則人怨,人怨則相乖。去暴虐之威,而人從其化。
施和樂之政,而人向其風。故曰悦以莅人,人罔不順也。

䷊ 乾下坤上,泰。亣入于困,回浮于玄。五之交,氣之亙。亣,
氣,音昊。回,旋。玄,天。亙音宣。傳曰:亣入于困,天氣降也;回浮
于玄,地氣騰也。五之交,陰陽接也;氣之亙,天地通也。乾爲陽
爲天,坤爲陰爲地。昔王由是通陰陽之理,變天地之氣。逐爾奸邪,
殛諸佞也。親爾良吏。用賢喆也。上下既通,中外攸同。交相應也。
地乃平,天乃成。君子在位,小人在野,何上下之不達,何中外之不通。故
曰地平天成,蓋乾坤交泰之象也。

䷡ 乾下震上,大壯。劈仡仡,劈音厥,强力也。仡,許訖切。趯欻欻。
趯,他歷切。欻,許勿切。頁趾趖,頁音頡,頭也。趖音顛,走頓也。足曶出。
劈,壯。趯,跳也。曶音同。傳曰:劈仡仡,健也;趯欻欻,動也。乾爲

健，震爲動。頁趾趑，倒也；足曶出，反也。頁，曶也。趾，足也。乾爲曶，
震爲足，今曶居足下，震之象也。昔王由是行正于内，法乎乾也。作威于
外。則乎震也。對剛以守之，行其正也。決以斷之，奮其威也。昵爾賢
良，警爾戒懼。吁可畏乎，其駭人也，自立卦象，未有主弱臣强如大壯者，何
以明之？初七爲士，七二爲大夫，七三爲卿，七四爲諸侯，七五爲君，諸侯以上，
皆持剛以奉上，唯君獨執柔以御下，不亦殆哉。向使正不行，威不奮，則下凌上
替，坐觀斯變，亦何異頁趑於趾，足出於曶哉？得不親賢而任良，隱憂而慎之？
故曰昵爾賢良，警爾戒懼也。

䷪乾下兌上，夬。謁之訐，音子。鋻之喆。鋻音堅，喆音哲。剛正
伸，柔佞闋。謁，直。訐，告。鋻，剛。喆，良。闋音缺。傳曰：謁之訐，
言之決也；兌爲言，又爲決。鋻之喆，行之直也。乾爲剛，又爲直。剛
正伸，陽之長也；自初至七五。柔佞闋，陰之消也。謂上八。昔王由
是斥詭譎，悦言在外。徵諫諍。剛言在内。獻乃可，替乃否。以納言
王庭，以司直天門。乾爲剛，又爲直。兌爲決，又爲言。下進其忠，上悦其
諫。故云獻可替否，納言司直。

䷝乾下坎上，需。頁顛顛，頁音頡。聰困困。雲浮于亐胐，與朏
同，亐音昊。流于天。頁，曶。顛，高。聰，耳。困，深。亐，天。胐，月。傳
曰：頁顛顛，首之高也；乾爲曶，又爲高。聰困困，耳之深也。坎爲耳，
又爲深。雲浮于亐，行也；胐流于天，通也。雲與月，坎之象也；亐與
天，乾之象也。昔王由是知天下之可頾，須。由是設珪璧，以俟爾忠
良；法乎乾也。建刑法，以待爾奸辟。則乎坎也，辟音邪僻之僻。納乃
直，廣乃聰。内有正，外有則。夫欲行其正，必受其諫；欲立其法，必務
其聰。未有務其聰而事不法，受其諫而身不正。故廣聰納直，有正有則。

䷇坤下坎上，比。土之垠，溟之瀆。垠，魚斤切。溟音冥。瀆音汾。
規均均，醜甡甡。土，地。垠，際。溟，海。瀆，涯。規，法。醜，衆也。甡

音莘。傳曰：土之垠，海內之地也；溟之濆，境外之水也。土垠，謂坤也；溟濆，謂坎也。規均均，上有法也；坎之象。醜牲牲，下有眾也。坤之象。昔王由是順乃人，則乎坤也。立乃辟。法乎坎也。百寮承式，萬方取則。百寮萬方，言其眾也；承式取則，言其順也。如水之流，如月之升。惟爾下它不順。美哉下之順上，未有加乎比者也。自初八、八二、八三、八四，皆執柔以奉上，惟七五獨持剛以御下。君得陽位，臣得陰位，君臣得位，剛柔相順。故曰如水之流，如月之升，美之至也。

太陽第二

☰乾下乾上，乾。顛宀勹盈，宀音綿，勹音包。介燾斡縈。揭而不憩，去例切。駁駁而克明。四叙既侖，倫。萬類既生。厥造惟宏，厥勛惟宏。顛，高。宀，覆。勹，檢。盈，充。介，大。燾，溥。縈，周。揭，舉。憩，息。駁，文。宏，遠。傳曰：顛者仁之高，宀者義之覆，勹者禮之檢，盈者信之充也。育萬物者，仁高足以濟衆，義覆足以利物，禮檢足以崇德，信充足以布氣。乾道備此四德，故曰顛宀勹盈，介燾斡縈。何謂也？介者言其大，燾者言其溥，斡者言其運，縈者言其周，皆天之象也。揭而不憩，陽之用也；駁而克明，文之昭也。四叙既侖，寒暑變易也；萬類既生，品物滋長也。厥造惟宏，其惠廣也；厥勛既宏，其功極也。昔王由是揣之以行化，規之以立制。體夫乾者也。發聲明，盛文物。無略威儀，無簡禮度。夫以脩飭而居質之代，則事與時反；崇敦樸而居文之代，則時與事乖。故坤戒無起無動，乾戒無略無簡。端爾揆，宅罔不正。夫欲清其流，必湛其源；欲直其影，必正其表。未有表曲而影直，源濁而流清。故上揆而端，下無不正。

☴巽下乾上，垢。頁之揭，頁音頡。脛之行。弈之融，飇卑遥切之萌。頁，首。揭，舉。脛，股。行，動。弈，氣。融，和。飇，風。萌，生。傳曰：頁之揭，舉其首也；脛之行，動其股也。乾為首，巽為股。弈之融，天氣和也；飇之萌，風氣生也。乾為天，巽為風。昔王由是開天門，法乎乾也。發王命。象乎巽也。施爾政教，行乎中外，天正行於上，則教施於下，未有內設教而外不正，上既行而下不從，故曰施爾政教，行乎中外。普天之下，它敢不順。順於天下也。

䷠艮下乾上，遯。尸之褒，尸音辟，高山狀。夰之勹。夰音昊。勹音包。卑不卑，高不高。恙之進，恙，赤尹切。喆之逃。尸，山。褒，掩。夰，天。勹，藏也。喆音哲。傳曰：尸之褒，山掩其天也；夰之勹，天映于山也。乾爲天，艮爲山。卑不卑，僭乎上也；高不高，逼乎下也。恙之進，小人在內也；喆之逃，君子在外也。君子謂乾，小人謂艮。昔王由是搜巖穴之士，法乎艮也。實庭闥之內，則乎乾也。進爾忠良，乾在上也。退爾愎戾。艮在下也。上乃正，下乃定。夫欲正其上，在乎進忠；將定其下，在乎懲惡。未有忠既進而上不正，惡既懲而下不寧。故先言進忠良，退愎戾，後言上乃正、下乃定者也。

䷋坤下乾上，否。霵幂幂，霵音蒙。幂音覔。霖霽霽。霖音夢。霽，山賫切。天地不相合，陰陽不相索。大人失，小人獲。霵者，天氣降，地不接也。霖者，地氣騰，天不應也。合，交也。索，求也。傳曰：霵幂幂，地不接也；霖霽霽，天不應也。乾爲天，坤爲地。天地不相合，不交也；陰陽不相索，不求也。陽歸於天，陰伏於地。大人失，剛正在外也；小人獲，柔佞在內也。乾爲剛正，坤爲柔佞。嗚呼，有社稷者，嗚呼，嘆辭。無擯貞良，無納邪佞。以其君子在野，小人在位故也。燮和爾陰陽，葉諧爾天地。反脩之也。上乃正，下乃順。夫戰不勝者，易其地；販不利者，變其業。蓋以既遭其弊，必資其革。今陰陽相背，天地不交，君子道消，小人道長，固宜釐革，方見率從，故曰上乃正，下乃順。

䷓坤下巽上，觀。號振振，音真。醜甡甡。音莘。森朱于井，莽。蠱音休蕩他浪切于垠。號，令。醜，衆。森，木。朱，茂。蠱，風。蕩，行。朱一作禾。下漸卦：峝禾于尸。注亦云峝禾。禾，茂也。傳曰：號振振，令之發也；醜甡甡，衆之多也。巽爲令，坤爲衆。森朱于井，木之茂也；

飅蕩于垠，風之行也。木之與風，謂巽也。井之與垠，謂坤也。昔王由是施乃令，法乎巽也。布乃下。則乎坤也。以省爾萬方，以化爾兆民。俾風教大行，泉音暨率土咸順。夫王道之可觀者，莫過於發號施令，省方化下。自初八爲士，八二爲大夫，三四爲卿侯，皆執柔以奉上。惟七五爲君，獨持剛以制下。可觀之美，莫善於斯。故差使風教大行，及率土咸順。

䷖坤下艮上，剝。扭之摍，扭音擊。輿之抌。拆。屵氏于陵，屵音業，氏音支，巴蜀謂山欲墮曰氏。乑吟庌庌于石。扭，手。摍，捋。輿，車。抌，散。屵，山。氏，崩。乑，眾。庌，藏。傳曰：扭之摍，手之掇也；輿之抌，車之脫也。艮爲手，坤爲車。屵氏于陵，山崩于地也；乑庌于石，人遁于山也。艮爲山爲石，坤爲地爲人。嗚呼，爲國者嗚呼，嘆辭。脩爾厚德，以理厥躬；劾夫坤也。完爾魏闕，以奠厥居。體夫艮也。無長聚歛之臣，以重爾邦賦；艮爲采拾，故曰聚歛；坤爲布帛，故曰邦賦。無縱頑愎之隸，隸。以蔑乃邦人。僕隸者，所務不離庖廩之間，所主不出厩庫之内，今輒出於外，而居人上，假君之勢，行君之威，縱其貪殘，恣其割剝，其於凌暴，無乃甚乎！下既胥順，上方保定。夫有國者，不患貧而患不安。豈有公行刼掠，人皆逃散，亦何异山冢崒崩，車脫其輻？苟能脩德以理衆，薄賦以安人，黜頑愎，休聚歛，又何憂乎下之不順，上之不定也？

䷢坤下離上，晋。埜井井，埜音野，井音莽。昇杲昕昕。欣。覿耀于醜，囧舉氷切，下同于垠。埜，地。昇，日。覿，視。囧，照。傳曰：埜井井，地之廣也；昇昕昕，日之明也。坤爲地，離爲日。覿于醜，觀夫衆也；囧于垠，照夫遠也。觀之與照，爲離也。衆之與垠，爲坤也。昔王由是務明德，法乎離也。用多士，則乎坤也。秉鈞于内，受鉞于外，晋之爲卦，世在於四，四爲諸侯，專權用事。内懷婉順，外務文明。人臣之美，莫過於此。故能内受鈞衡之任，外當旌節之權，出將入相，固其宜也。文武交脩，黎人咸順。夫國之務，文與武職且不曠，官乃得人，故黎甿盡皆咸順。

☲ 乾下離上，大有。燾宀宀，綿。彡鱻鱻。彡音衫。鱻音鮮。眲鋬于頁，鋬音瑩。眲音懼。晶灼于天。燾，宇。宀，覆也。彡，文。鱻，明也。眲，目。頁，首也。晶，日，灼光也。晶音精。傳曰：燾宀宀，宇之覆也；彡鱻鱻，文之明也。宇之覆，乾。文之明，離也。眲鋬于頁，目之覽也；晶灼于天，日之耀也。離爲日爲目，乾爲頁爲天。昔王由是弘大量，法乾。顯明德，象離。物無不容，大之極也。昧無不燭。明之至也。舉爾忠直，寘諸庭闕，俾文德大昭，臮音暨武功有備。貞直庭闕，謂乎乾也；文德武功，謂乎離也。夫天之所以覆者大，日之所以照者明。先王所以弘其量，顯其德，大以仁物，明以燭幽。故能聘賢良，班朝列。苟如此，何患乎武之不備，文之不昭者哉！

少陰第三

䷹兌下兌上，兌。諷之謀，誥之詶。與酬同。諤之訐，謠之謳。謀，詢。詶，答也。諤，直。謠，歌也。傳曰：諷之謀，先言以詢也；誥之詶，後言以答也。諤之訐，語之決也；謠之謳，歌之悅也。皆兌之象。昔王由是降綸言，詔出於內。徵諫士。諷入自外。敷恩惠，弘講習。愷悌之化，謂之惠；和樂之風，謂之悅。恩而敷之，不亦惠乎；講而習之，不亦悅乎。聽乃謠誦，省其辭也。納乃諷諭，悅其諫諷也。俾中外交歡，泉音暨上下胥悅。夫王道所重，莫過於考言詢事。故舜命昌言，萬方之衆皆賴也。于今稱之，況乎當和樂之時，行愷悌之化，而能得納諷諫之君子，弘講習之恩惠，何上下之不悅，中外之不歡者也！

䷜坎下兌上，困。朒晦泓竭，朒，與衄同。泓，烏宏切。聰蒙咽噎。咽，於肩切。噎，於結切。疒罹于憂，疒音疾，病也。諑加于譖。諑音琢。朒，月。聰，耳。泓，澤也。咽，喉。疒，病。諑，責也。傳曰：朒晦泓竭，月之沒，澤之枯也；聰蒙咽噎，耳之患，喉之病也。坎爲月爲耳，兌爲澤爲喉。疒罹于憂，嬰愁苦也；坎之象。諑加于譖，遭讒毀也。嗟之。昔王由是省法于內，則坎。布澤于外，法兌。進決諫，決言在上。逐諛佞。諂言在外。廣乃聽，斁乃譖。惜哉困之爲象也，月已暝，澤已竭，耳已掩，喉已塞。故譖詐爲讒，憂以成疾。蓋由刑罰有濫，恩惠不行，詭佞蔽聰，忠讜絕耳，將革其弊，豈遠乎哉。省法布澤，納諫逐諛，故聽察斯廣，謗讟斯弭。古有言，禦寒莫若重裘，弭謗莫若自脩，斯之謂也。斁音杜，閉也。讟音讀。

䷬坤下兌上，萃。蒸晿蹦吅，吅音戢，象口也。蹦音敖。吅音宣。牪萃侖攢。牪音萃。侖音倫。醜銍銍，銍音臻，到也。言讕讕。讕，落于切，四喧也。傳曰：蒸晿蹦吅，口之喧也；牪萃侖攢，衆之聚也。兌爲口，坤爲衆。醜銍銍，釆友而至也；坤之象也。言讕讕，騰口而說也。兌之象也。昔王由是順乃民，法坤。敷乃惠，則兌。聽輿誦，釆衆言也。聆族談。察浮議也。悅以勾人，勾音鳩，集聚也。人宅不集。夫治世之音安以樂，其政和；亂世之音怨以怒，其政乖。政和由人安樂，政乖由人怨怒。故悅以勾人，人宅不集。

䷞艮下兌上，咸。陰之涵，陽之覃。澤潤于屵，音業。女悅于男。涵，泳。覃，汲。屵，山也。傳曰：陰之涵，潛而上行也；謂兌。陽之覃，廣而下及也。謂艮。澤潤于屵，山澤通氣也；女悅于男，夫婦搆精也。艮爲山爲男，兌爲澤爲女。昔王由是納諫諍，進以言也。寔庭闥。成於内也。命童僕以守爾宮闈，法乎艮也。發綸言以施爾渥澤。則乎兌也。内獲所安，外懷所惠。美哉卦之相感，未有如咸者也。且陰潛而上，陽廣而下，山澤地氣，男女搆精。故能納諷諫，施渥澤，何安之不獲，惠之不懷哉！

䷦艮下坎上，蹇。漦困困，漦音釐。屵顛顛。屵音業。尸靡返，尸音隱。犹靡遷。犹音莘。憩于險間，愀然很然。漦，水。困，深。屵，山也。顛，高也。尸，退。犹，進也。很，戶懇切，與很同。傳曰：漦困困，水之深也；屵顛顛，山之高也。坎爲水，艮爲山。尸靡返，礙乎山也；犹靡遷，限乎險也。艮爲山，坎爲險。憩于險間，愀然很然，憂且危也。非所憩而憩，危而險；非所很而很，愀而憂。既憂且危，禍其將至，難之其可免乎。難之至也。嗚呼，有社稷者，嘆之。放爾頑童，貶爾酷吏。謂七三也，三爲上卿，而竊其政事，專權侮法，苛刻内深。故獄有淫刑，曹有濫罰，其爲酷虐，實多猛暴，雖欲勿貶，其可得乎？以肅乃王庭，

以清乃邦禁。惜哉，卦之患難，無以加於蹇者也。進而遇山，山則險；退而
遇水，水且深。既不能退，又不可進，臨深履險，不離憂危。人君知其難之有所
苦，故貶酷吏，放頑童，寬法省刑，明罰恤獄。苟能如此，何憂乎王庭不肅，邦禁
不清哉？

　　䷎艮下坤上，謙。牪庉于岵，牪音莘。庉音庲。稚牧于姥。音姆，
莫補切。塵幂于巖，幂音覓。石瘒于土。牪，衆。庉，藏。岵，山也。稚，
子。牧，養。姥，母也。瘒音拳，手屈病。傳曰：牪庉于岵，衆隱於山也；
稚牧于姥，子育於母也。坤爲地爲母，艮爲山爲子。塵幂于巖，土之
冒也；石瘒于土，山之潛也。坤爲土爲瘒，而在上；艮爲山爲石，而在下。
昔王由是飾軒車，散束帛，聘遺逸也。招巖穴之士，實朝列之内。
擢賢隽也。務乃卑恭，法乎坤也。守爾宮闕。則乎艮也。内無不安，外
無不順。謙之爲言退也，故隱於山，育於母。先王知士之潛避，所以聘遺逸，
搜英賢，故能務恭和，守宮闕。不然者，焉得外從順内，獲安寧也？

　　䷽艮下震上，小過。下怫怫，音沸。上悸悸。趾之趈，音顛。爪
之墜。怫，佷。悸，懼。趾，足也。趈，倒。爪，手。墜，失也。傳曰：下怫
怫，慢其上也；艮爲佷戾。上悸悸，懼其下也。震爲恐動。趾之趈，
足之跌也；倒而在上。爪之墜，手之失也。反而在下。嗚呼，有國家
者，嘆之。畏厥心以省爾内政，奮厥威以懲爾小人，畏心奮威，法乎震
也；省内懲小，則乎艮也。上脩其嚴，下知所止。小過者，小人之過君子
也。何以明之，且艮爲佷戾，而慢其上；震爲恐懼，而畏其下。何異足趾而顛，
手失而墜？先王知小人之過，君子也。乃謹戒心神，以省内政，張奮威怒，以懲
小人，此可謂上脩其嚴，下知所止。

　　䷵兌下震上，歸妹。龍蟠于渦，烏禾切。雷蟄于窪。音蛙。男反
其室，女歸于家。言唯唯，笑哇哇。蟠，安。蟄，歸也。哇，喜，於佳切。
傳曰：龍蟠于渦，獲所安也；雷蟄于窪，得所得也。龍之與雷，震之

象; 渦之與窪, 兌之象。男反其室, 震有妻也; 女歸于家, 兌有夫也。言唯唯, 動相然也; 謂震。笑哇哇, 悦相應也。謂兌。昔王由是制婚姻之禮, 正夫婦之道。夫婦之道, 人倫之始也。有夫婦而後有父子, 有父子而後有君臣, 有君臣而後有上下。故《詩》重夫婦,《禮》重婚姻, 則歸妹之義也。行惠于内, 婦之理也。作威于外, 夫之政也。悦而後動, 人它不屈。咸歸之也。

少陽第四

☶艮下艮上，艮。屾八八，屾音詵。北𢁫𢁫。𢁫音撥。門之非，徑之韋。屾，山。北，背也。非，反。韋，乖也。傳曰：屾八八，二山相拆也；北𢁫𢁫，兩人相背也。門之非，戶之啓也；徑之韋，路之分也。皆艮之象。先王以是反爾愎，止爾叛。惜哉，卦之很戾，未過於純艮也。故兩山相拆，兩人相背，兩戶相反，兩路相乖，此很戾之極也。夫很戾者背之萌，關梁者叛之階。由辨之不早辨也。試言之曰：吳之與蜀，屢爲背叛者，豈一二姓耶？皆以據關津之險，故生僭僞之號。閑乃關，葺乃梁，使夫愎者反，叛者止。樹其庭闕，立其門屏。重門擊柝，蓋爲於此。以禁出入，止之。以別中外。分之。

☲離下艮上，賁。彡彡銘文，彡音衫。嫫嫫闈嬪。嫫音模，又莫伯切。閴儒于黌，練戎于軍。彡，文。嫫，靜。闈，宮。傳曰：彡彡銘文，字生於石也；嫫嫫闈嬪，婦處於宮也。離爲文爲女，艮爲石爲宮。閴儒于黌，脩文學校也；練戎于軍，教武轅門也。離爲文，故曰儒，又爲兵，故爲戎。艮爲宮室，故在武爲轅門，在文爲學校也。昔王由是臨軒墀，據庭闕也。覽表奏，視牋牒也。納文士，離在內也。逐戾夫，艮在外也。戒乃僕，主爾門，法乎艮也。列乃兵，環爾內，則乎離也。俾中外交脩，息文武不墜。息音暨，賁之爲言飾也。且勒銘於石，教武轅門，講文學校，蓋脩德飾躬之道也。先王是以臨軒墀，覽表奏，納文士，逐戾夫，戒僕隸以守宮門，列干戈以衛其內殿，豈不謂文武不墜，內外交脩也！

䷙乾下艮上，大畜。扞艸頁趌，扞音擊。艸音攀。頁音頡。趌音顛。
辟幎呡宀。幎音覓。宀音綿。父不嚴，子不虔。仡而不奮，翰而不
旋。扞，手。頁，頭。趌，墜也。辟，君。呡，衆。宀，覆也。傳曰：扞艸頁
趌，頭墜于下，手攘於上也；辟幎呡宀，君潛於內，臣蒙於外也。
君之與頭，謂夫乾也；臣之與手，謂夫艮也。父不嚴，反居下也；子不虔，
僭在上也。乾爲父，艮爲子。仡而不奮，健而不能動也；翰而不旋，
轉而不能行也。艮在上而止之也。嗚呼，爲國者嗚呼，嘆之括乃雲林，
聘逸人也。實乃天庭。實周行也。無俾頑童，以僭爾耆德；頑童，艮
也。耆德，乾也。《書》曰：遠耆德，比頑童。此之謂亂風也。無俾庸豎，以
斁爾王門。庸豎，謂小人也。夫司門之任，所寄非輕，得其人則啓發耳目，非
其人則掩蔽聰明。今乃居高畜塞之時，肆愎戾之性，其爲患也。豈其細哉！斁
音杜。內既正，外乃定。大畜者，畜之大者也。故頭墜於下，手攘於上。君
潛於內，臣蒙於外，子凌於父，止制其健。畜塞之甚，其有如此乎？將欲革之者，
豈過乎聘逸人，實周行，退頑童，進耆德，戒庸豎，啓天門哉！古有言：上既正，
不令而行；上不正，雖令不從。故曰內既正，外乃定。

䷨兌下艮上，損。抁且劵，抁音莘。劵音厘。耗而劵。上之掠，
下之盯。抁，剝。耗，毁也。盯，嘆也。盯，許黎切。傳曰：抁且劵，剝之
也；艮象。耗而劵，毁之也。兌象。上之掠，賦斂重也；下之盯，怨
嘆深也。手見毁，故云賦斂；口見毁，故云怨嘆。嗚呼，爲國家者，出宮
女，采庭議，散乃積，發乃儲，古文有言曰：上有積財，則下有貧人。宮有
怨女，則野有鰥夫。又曰，好問則裕，是以出宮女，采庭議，散乃積，發乃儲。此
行損之道也。無使盜臣以恣爾聚斂，無俾利口以縱爾詭諛。孔子曰，
其有聚斂之臣，寧逢盜臣，蓋謂艮。又曰，惡利口之覆邦家者，謂兌也。俾上
獲其安，下弭其讟。嗟乎，損之爲象也，剝之毁之，務其聚斂，興其怨嘆，蓋
以其進用小人也。苟能出宮女，采庭議，散其所積，發其所儲，逐盜臣，放利口，

何憂乎安之不獲,怨之不弭哉!

䷥兌下離上,睽。炅之炎,炅音杲。泓之潛。婦际瞪瞪,宅耕切,直視貌。际,古視字。妾言詿詿。炅,日。泓,澤。际,視。詿,語也。詿音髾,多言也。傳曰:炅之炎,日熾於上也;泓之潛,澤潤於下也。離爲日,兌爲澤。婦际瞪瞪,睚眦作也;睚,立懈切。眦,土懈切。妾言詿詿,噂嗒興也。離爲文,又爲目。兌爲妾,又爲口,又爲毀。故在目爲睚眦,在言爲噂嗒。嗚呼,有社稷者,嘆之。出乃符,文在内也。降乃詔,言在下也。鍊爾甲冑,法乎離也。誓爾兵旅,則乎兌也。以征不一,以討攜貳。睽之爲言乖也,故火炎於上,澤潤於下。婦爲睚眦之目,妾生噂嗒之言,此不順之甚也。爲國者,所宜出符文,降詔命,鍊甲冑,誓兵旅,征不一,討攜貳,斯所以備背乖之道也。攜携同。

䷉兌下乾上,履。上顛顛,下困困。言出于頁,音頡。澤隆于天。顛,高。困,深也。頁,嘗也。傳曰:上顛顛,天之高也;下困困,澤之深也。天在上,澤在下。言出于頁,獲其所也;澤隆乎天,得其宜也。乾爲天爲頁,兌爲澤爲言。昔王由是正厥儀,蹈厥禮。得所履也。尊據于尊,太陽在上。卑安于卑。少陰在下。下不僭,上不偪。履者,禮也。禮者,人之所履也。如天之高,如澤之深,如言出于頁,如澤降于天,此所履也。太陽在乎上,少陰在乎下。故曰上不僭,下不偪也。

䷺兌下巽上,中孚。内出其詔,外從其號。陽卜于中,陰底于奧。詔,制。號,令也。底,藏。奧,深也。底音宸。傳曰:内出其詔,澤之深也;兌爲言,又爲澤。外從其號,信之廣也。巽爲令,又爲從。陽卜于中,善所據也;七二、七五。陰底于奧,巧所藏也。八三、八四。昔王由是興教令,則巽。召規諫。法兌。上允其言,順之謂也。下諒其命,兌之謂也。内悦之,外順之。甚哉,信之爲用也。上失信,則無以馭下;下失信,則無以事上。未有君疑其臣,而納其言;臣疑其君,而從其命。故曰上允其言,下諒其命,蓋以内悦外順故也。

䷴艮下巽上,漸。岜禾于屵,岜音端,《説文》:"物初生之題。"屵音業。髀㐫于碣。髀,補爾切。㐫音莘。卂之屮,卂音擊。屮音攀。辵之㕛。岜,木。禾,茂。屵,山也。髀,股。㐫,進。碣,石。卂,手。屮,持也。辵,足也。㕛,行也。辵,丑略切,乍行乍止。㕛音撥。傳曰:岜禾于屵,木茂於山也;巽爲木,艮爲山。髀㐫于碣,趾登於顛也。巽爲趾,艮爲嶺。卂之屮,手有所持也;艮象。辵之㕛,足有所行也。巽象。昔王由是辟天門,宫闕開也。發王命,號令行也。變爾風,法乎巽也。易爾俗。則乎艮也。俾承乃上命,以奠乃下人。漸之爲言進,故木茂於山。足登於嶺,趾有所適,手有所持。先王法之,所以開門闕,行號令,變巽之風,易艮之俗。苟如此,何憂乎人之不定,命之不承哉!

仲陰第五

䷝離下離上，離。炎烄烄，他冬切。焱烘烘。焱，必遥反。烘，許公切。明囧覡視，囧，古營切。覡音耀。昇晶暴空。炎，火。烄，烈也。烘，熾。明，目。囧，明也。覡，視。昇，日。晶，光也。昇音杲。晶音精。暴音曢。傳曰：炎烄烄，火之烈也；焱烘烘，炬之熾也。明囧覡視，目之周視也；昇晶暴空，日之環照也。皆離之象。昔王由是作明以察，皦如日也。鍛乃戈矛，鍊乃甲冑。《軍志》曰，國雖安，忘戰必危。故太史公有言，鞭撻不可廢於家，刑罰不可弛於國，征伐不可偃於天下。如蚩尤作亂，三苗爲逆，此豈可以德化耶？《經》曰，兵者，不祥之器，不得已而用之。先王知其不得已，故繕修軍器，以戒不虞。傳曰，有備無患，斯之謂也。以脩爾武備，以旌爾文德。夫經天地者，莫過文；定禍亂者，莫過武。此二者，爲國之大柄也。安得不脩而旌之哉！故益稱帝之德曰乃武乃文，蓋美之深也。

䷷艮下離上，旅。童竊妻，婦奔自閨。䁑之臭，爪之攜。臭，扃闃切，犬視。爇爨于屵，爇，而悅切。爨，千亂切。屵音業。弇泗于磧。閨，宮。臭，顧。爪，手也。爨，火。屵，山。磧，徑也。弇，與渰同。傳曰：僮竊妻，少男入宮，奸於中女也；婦奔自閨，中女出宮，交於少男也。䁑之臭，驚顧如犬也；離爲視，艮爲犬。爪之攜，提物在手也。離爲物，艮爲手。爇爨于屵，持金遷竈僑於山也；弇泗于磧，反袂拭面止於路隅也。皆離艮之象也。嗚呼，有天下者，嗚呼，嘆之。臨軒墀，苟庭闥也。覽表奏，省章疏也。整爾乾戈，法離。葺爾庭内，則艮。無俾庸僕,以擅乃武威;無俾頑童,以揆乃文教。國之存亡,在乎相也;人之死生,在乎將也。安可使頑童庸僕而當其任哉!如處士横議,匈奴遥哂,豈不謂任非其才歟!古人有言,非其人居其官,是謂亂天,足爲永戒。總爾兵,衛爾闕,甲冑列乎宫外。明厥德,奠厥人。夫臣下之不安,君上之不明也。未有會休明之運,而人不聊生;遇昏亂之時,而人安其業。故曰明厥德,奠厥人也。

䷱巽下離上,鼎。文物殷,旌鋋銑。鋋音延。銑音莘。符顯其詔,炎燎其薪。符,文。詔,令也。炎,火。薪,木也。傳曰:文物殷,朝儀盛也;旌鋋銑,羽衛陳也。離象。符顯其詔,號令既行,印以信之也;炎燎其薪,柴樵既積,火以爇之也。巽象。昔王由是發詔命,法巽。整文武,則離。燔乃燎,下象見土,上象見火。告乃天。互體,見兑而又見乾也。列爾籩豆,巽之象。具爾醴俎,離象。以蕆能事,以新景命。鼎者,新也。巽者,命也。夫物受其命,必新其鼎。故陳羽衛,成朝儀,發制命,尤當爲庀柴燎。列以籩豆,具以醴俎,斯所以告天也。豈非能事,豈非景命哉!故曰以蕆能事,以新景命。

䷿坎下離上,未濟。水火相圵,陰陽忒。月之虧,日之蝕。圵,背。忒,差。虧,缺也。傳曰:水火胥圵,火炎於上,水潤於下,各相背也。離,火。坎,水。陰陽忒,七居於陰,八居於陽,妄相差也。初八、八三、八五,皆陽位,而陰居;七二、七四、上七,皆陰位,而陽居。二氣交差,六爻相錯,故忒。月之虧,宿不合也;日之蝕,辰不集也。蓋以其交之故,凡周天三百六十五度四分度之一,日行遲,月行疾,日行一度,月行十三度。月一月一周天,日一歲一周天。一年凡十二交會。應交而不交,則有虧有蝕。昔羲和湎淫,廢時亂日,胤侯征之。數其罪曰,乃季秋月朔,辰不集於房,瞽奏鼓,嗇夫馳,庶人走,斯則應交而不交,明矣。嗚呼,爲國者,嘆之。設法于内,象坎。隷武于外。則離。無濫法,以肆爾淫刑;至人有言曰:"失道而後德，失德而後仁，失仁而後義，失義而後禮。"失禮而後刑，失刑而後亂。則知刑者，焉可得而失哉。昔周宣罹杜伯之冤，齊襄遘彭生之禍，然則濫罰之道，其可忽諸。與夫殷湯解開網之恩，夏禹徇泣辜之惠，不其遠矣。**無從兵，以恬爾威武。**歷觀前代秦漢帝王，務求開拓之功，不恤生靈之苦，以爲不一勞者不永逸，不暫費者不永寧，日尋干戈以相征伐。或塹山堙谷，爭尋常以盡人；或挽粟飛芻，費糧糧而耗國。國耗人盡，禍亂斯生，是以萬代之謀墜於二業。一統之業，忽爾三分。俾人各有心，咸生异志，天下席卷，夷狄交侵，大紊王綱，迄于隋室，皆失於下策。而在末年，斯則從兵恬武之由，故識者以爲深戒。**任乃文，止乃盜。**未濟者，言未可以濟也。夫嚴刑酷法，將禁其奸，黷武窮兵，欲制其寇，焉可以濟哉！故任乃文，止乃盜。

䷃坎下艮上，蒙。**敆聶纏冤**，敆，乃煩切。閉也。《書》："敆乃穽。"**幂辟嬰痗**。烏元切。**季陵于仲，石瘞于泉。犹靡適，犀靡旋。**敆，掩。聶，耳也。纏，蒙也。冤，憂。幂，覆。辟，法也。痗，病。瘞，藏。犹，進。犀，退也。犀音衣。**傳曰：敆聶纏冤，掩其聰，蒙其憂也；幂辟嬰痗，俾其法，冒其病也。**坎，爲聰，爲憂，爲法，爲病。艮，爲掩，爲蒙，爲俾，爲冒。**季陵于仲，弟在兄上也**；坎爲中男，艮爲少男。**石瘞于泉，水在山下也。**坎爲水，艮爲山。**犹靡適，進而礙山也；犀靡旋，退而阻險也。**艮爲止，坎爲險。**嗚呼，爲邦者嘆之恤乃刑，以其俾法也。廣乃聽。**以其掩聰也。**無任酷吏，以苛爾法；無寵羣小，以蔽厥聰。**坎爲耳，艮爲手，又爲少男，斯小人蔽聰之象也。且初八爲士，七二爲大夫，八三爲卿，八四爲諸侯，八五爲君，上自於君，下至於士，執柔以從務，唯大夫獨剛以用事。古有言，邦有道，政不在大夫。今政在大夫，既主生殺之權，以操國政，更連羣小人之黨，以掩主聰，上下相蒙，莫其於此。

䷺坎下巽上，渙。**飉蕩淼冞**，飉，香幽切。蕩，他浪切。冞音彌。**飆旋瀾漪。舟浝于瀆**，浝，皮彪切。**飄兀于檠。**飉，風。蕩，行。淼，水也。

采,深。淲,浮。瀆,川。飇,風。充,生。朄,險也。亢,古突字。朄,亦作黐,音
鰲。傳曰：飍蕩淼采,風之行,水之深也；飆旋瀾漪,風之動,水之
流也。巽爲風,坎爲水。舟淲于瀆,木浮於川也；飆亢于朄,風生於
穴也。巽爲木,爲風。坎爲川,爲穴。昔王由是行乃法,法流於下。施乃
令。令行於外。布以刑憲,法坎,閫以風化,則巽。下則之,外從之。
夫號令發於上,而下莫不遵。刑法設於内,而外莫不順。故曰上則之,外從之也。

䷅坎下乾上,訟。倔弼胥執,倔,巨勿切。弼音奇,并强也。辛詰胥
繄。辛音愆。詰,其兩切。直矗矗,曲皕皕。倔,剛。弼,强。辛,罪也。
詰,爭。矗,訴。皕,喧也。矗音蟄。皕音戢。傳曰：倔弼胥執,剛强者,
法所繆也；辛詰胥繄,罪戾者,獄所拘也。乾爲剛强,坎爲罪戾,坎又
爲法爲獄。直矗矗,辭正而訴也；謂乾。曲皕皕,理迀而喧也。謂坎。
昔王由是建乃辟,立刑法也。完乃獄,脩圄圄。聽爾辯,法乎坎也。析
爾權。則乎乾也。剄以斷之,罰以懲之。夫斷決者,莫過於剛；懲勸者,
莫善於罰。夫行柔順之道,而能果斷；敷仁惠之德,而能懲惡。反經合義,理在
隨時。故爲罰以懲,剛以斷,斯訟之道也。剄,與剛同。

䷌離下乾上,同人。玄揭揭,炎烈烈。昇囧于天,昇音杲。囧,舉永
切。睛鋆于頁。元,天,揭,運。炎,火也。烈,熾。昇,日。囧,光也。睛,目。
鋆,明。頁,省也。鋆音營。頁音頡。傳曰：玄揭揭,天之轉也；炎烈烈,
火之熾也。乾爲天,離爲日。昇囧于天,日光於空也；睛鋆于頁,目明
於省也。乾爲天,又爲省。離爲日,又爲目。省,首字,《説文》："象髮。"昔王
由是臨魏闕,徵史臣,法乎乾也。講乃文,習乃武,則乎離也。以應爾
類,以求爾士,同人者,與人同者也。夫士有能文者,吾則好文焉；士有能武
者,吾則好武焉；士有能直者,吾則好直焉。凡氣同則相求,志同則相應。故曰以
應爾類,以求爾士。明厥目,廣厥際。《虞典》曰"明四目",謂明四方之目也。
豈非周鑒歟？蓋乾爲天,離爲目,又爲明,此所謂廣天下之目也。故曰廣厥際。

仲陽第六

䷜坎下坎上，坎。㩀困困，困音淵。魄玄玄。辛辛音愆。之囚，女洽切，手取物。俘之攣。㩀，險。困，深也。魄，月。玄，黑也。辛，罪。囚，取也。俘，囚。攣，拘也，力全切。傳曰：㩀困困，穽之深也；魄玄玄，月之晦也。辛之囚，盜所斁也；斁，與攘同。俘之攣，囚所繫也。皆坎之象。昔王由是則乃險，使人畏懼。建乃法。俾有科條。設囹圄，獄以囚之。脩桎梏。杻以挍之。以制爾奸邪，以防爾隱盜。俾厥人，知厥禁。夫法者，制奸之關鍵；刑者，防盜之樞機。樞機已發，而盜無隄防；關鍵既張，而奸無禁制。故曰俾厥人，知厥禁也。

䷵兌下坎上，節。夫咋咋，則革切。妾悚悚。疎鬲反。言聑于聰，水泓于澤。咋，語。悚，懼。聰，耳。泓，澄。聑，子立切。傳曰：夫咋咋，言語及下也；妾悚悚，憂懼於上也。坎為夫，又為憂懼。兌為妾，又為言語。言聑于聰，得其冥也；水泓于澤，獲其所也。言之與澤，謂兌也。聰之與水，謂坎也。昔王由是立刑憲，懸正式也。納規諫，受決言也。敷乃惠，法兌。恤乃獄。則坎。無俾不孚，以緘爾冤訴；無俾執正，以憂爾諑言。節者，節槩之謂也。夫守節之士，苟懷正直，雖遭讒而不變其心；苟利社稷，雖臨大難而不易其操。是以晁錯在謀，父乃投於冢墓；王章草表，妻乃哭於閨房。此知必戮其身，而誅其族，然二子豈不知族受其誅，惜其族，恐亡其國也。豈不知身受其戮，全其身，恐危其主也。苟能亡其身而全其君，弃其家而存其國，斯大節者也。雖受戮於一時，乃垂美於千載。賢者知其守節者,必銜其冤;秉直者,必遭其譖。故云無俾不辜,以緘爾冤訴。無俾執正,以憂爾諑言,斯戒之深也。諑,豬角切。**上有則,下乃悦。**上有法則,下爲和悦,斯内外有節之象也。

☳☵震下坎上,屯。雲雰雰,莫浮切。**魝丝丝。**魝胐同。丝音幽,微也。**雷奮于犛,**音厘。**龍躋于湫。**雰,霧氣。丝,微。魝,月也。犛,險。躋,升。湫,泉也。**傳曰:雲雰雰,**氣生於水也;**魝丝丝,**月生於朔也。震坎之象。**雷奮于犛,**躍於幽穽也;**龍躋于湫,**陞於深泉也。雷之與龍,震之象也。泉之與穽,坎之象也。**昔王由是嚴乃刑,**則夫險也。**凝厥躬,省厥心。**處屯之際,必凝厥躬;在難之時,必資乎慎,故曰省厥心也。**無惰爾政,無嫚爾聽。**夫聽嫚則不總,政惰則不明。不聰則耳無所聞,不明則目無所見。苟聞見之不達,何上下之能通。雖有已成之功,可翹足而觀敗。雖據已安之業,不旋踵而見危,又況屯難之時,得無傾危乎?**上敕之,下行之。**夫令出而信,法在必行。是以曹公受剪髮之刑,軍無逸馬;商君脩移表之術,路不拾遺。此上敕下行之謂也。

☲☵離下坎上,既濟。水火胥納,陰陽不樔。樔,當作雜。**日之交,月之合。**納,受。雜,亂也。交,集。合,會也。**傳曰:水火胥納,**二氣交也;火交而下,水交而上。**陰陽不樔,**六位正也。七居於陽,八居於陰。**日之交,**集於辰也;**月之合,**會於宿也。蓋以其文會政者也。**昔王由是降乃符,**離在下也。**懸乃辭,**坎在上也。**撰文教以虞爾盜,脩武備以防爾寇。**既濟者,得濟之謂也。夫能任文以禁盜,用武以禦寇,其蔑有不濟乎!**無㑩厥倫,無錯厥位。**七居於陽,故無奪倫;八居於陰,故無錯位。斯可以濟也。㑩,與奪同。

☲☱離下兌上,革。娣媚欻,娣,徒屬切。媚,云貴切。欻,吁物切。**姒妰勿勿。澤之渴,炎之戍。**姒,妰。娣,娌也。媚,妹。戍,滅也。**傳曰:娣媚欻,**少女升也;**姒妰勿勿,**中女降也。**澤之渴,**内有火也;**炎**

之戌，上有水也。離爲中女，又爲火。兌爲少女，又爲澤。昔王由是改正朔，易服色，法離。發詔令，行恩惠。則兌。文物斯變，景命惟新。革之爲言改也。內忌外尅，上陵下替，物之變易，莫過於此。故少女升於上，中女降於下。水滅其火，火焚其澤，斯變革之道，先王法變革之理，以改正朔，易服色，行恩惠，發詔令，故得景命惟新，文物斯變矣。

䷶離下震上，豐。昪之榦，昪音杲。睛之蠡。音豁。雷磩磩，音隱。電炟炟，當葛反。昪，日。睛，目。蠡，動。榦，轉。磩，震。炟，爆也。傳曰：昪之榦，日之轉也；睛之蠡，目之動也。離爲日，爲目。震爲轉，爲動。雷磩磩，其聲震也；電炟炟，其光睒也。睒，式冉切，暫視貌。震爲聲爲雷，離爲光爲電。昔王由是動干戈，耀兵威。閱乃文籍，脩乃明德。蓋滿盈者，戒所慎也。苟能閱前古之典墳，知禍福之倚伏，寧有不脩其德，以光大耶？以懲厥盈，以戒厥嫚。豐者，滿盈之道也。古有言，貴不與富期，而富自至；富不與奢期，而奢自至；奢不與驕期，而驕自至；驕不與罪期，而罪自至；罪不與死期，而死自至。此禍生於盈滿也。故坐右有銘，宥坐有欹器，先王知滿之不可縱，故能脩明德以自光，閱文籍以自憤，何傲慢之不戒，何滿盈之不懲哉！

䷣離下坤上，明夷。晶冥炎潛，囧映覞苦。覞，丑廉切。苦，失廉切。陰氣積，陽明熠。晶，日也。冥，暗。潛，癉也。囧，明。映，蔽。覞，視。苦，障。熠，滅也，子廉切。傳曰：晶冥炎潛，日之瞑，炎之癉也；囧映覞苦，蔽其明，障其視也。離爲日，爲目，爲明，爲視。坤爲瞑，爲癉，爲障，爲蔽。陰氣積，地在日上也；陽明熠，日入地下也。離爲日，坤爲地。嗚呼，有國家者，嗚呼，嘆之。脩乃文，整爾衆，廣乃際，察爾民。脩文廣視，法乎離也；整衆察民，則乎坤也。無俾小人，以耀厥武；無俾羣醜，以蔽厥明。夫小人能專權而耀武者，必內蔽其明，則明道傷矣。且日沒於地，火埋於土，目蔽其視，此明之所由傷也。明既傷，則小人得志。則文不脩，而武是用。昔漢以偃武而興，秦以坑儒而滅，秦漢之不敵，庸哲咸聞。故賢者揣象以爲深戒也。

䷆坎下坤上，師。溟之濱，地之垠。辟辡辡，音辯，罪人相訟。醜牪牪。溟，海。濱，涯。垠，畔也。辟，法。醜，衆。牪，多也，音莘。傳曰：溟之濱，島之涘也；地之垠，海之畔也。坎爲溟，坤爲地。涘音俟。辟辡辡，法之嚴也；醜牪牪，衆之多也。坎爲法，坤爲衆。昔王由是誕法于內，象坎。整衆于外，則坤。均平以和之，夫有國有家者，不患寡而患不均，不患貧而患不安。夫安則和，均則平。由是言之，則和平者，莅衆之道也。刑獄以齊之。孔子曰："齊之以刑，民免而無恥。" 險以理人，人宅不順。鄭國僑有言，惟有德者可以爲寬，其次莫如猛。則知猛者，救時之謂也。況乎總師旅之時，處刑罰之地，必資猛政，人乃率從。故曰險以理人，人無不順者也。

孟陰第七

☴巽下巽上，巽。俶幺絲，俶音叔。幺，伊堯切。絲音幽。卒飄飍。飍，香幽切。拔庌扒氐，庌音業。扒音拜。氐，側氐反。桎垠突坐。俶，始。幺，小。絲，微也。卒，終。飄，蕩。飍，盛也。氐，根。垠，遠。桎，至。突，窮。坐，深也。桎音曰。突音抉。坐，與幽同。傳曰：俶幺絲，始於細微也；卒飄飍，終能強盛也。拔庌扒氐，轉石伐木也；桎垠突坐，極遠窮深也。巽之象，風之理。昔王由是施乃命，聽乃言，上以風化下，下以諷刺上。卜商有言，風，諷也，教也。風以動之，教以化之。下以諷刺上，俾言之者無罪，聞之者足以戒，此蓋所謂純巽之義也。上從之，下順之。下能刺上，故上從之；上能禮下，故下順之。

☴乾下巽上，小畜。飇旋旋，飇，俾遥切。齐宀宀。齐音昊。宀音綿。髀之反，髀，補爾切。頁之趛。飇，風。旋，動也。齐，天。宀，覆也。髀，股。頁，頭。趛，墜也。頁音頡。趛音顛。傳曰：飇旋旋，風之動也；齐宀宀，天之覆也。巽爲風，乾爲天。髀之反，股在上也；頁之趛，眢在下也。巽爲股，乾爲首。嗚呼，爲邦者，嘆之。闢天門，開閶闔也。發王命，行號令也。進爾忠良，法乾。布爾風教，持厥剛，折厥惢。惢音贅，畜之爲言，塞也。當畜塞之際，又狐疑不斷，其患非細，抑聞之，執狐疑之計者，開羣枉之門。養不斷之慮者，來讒邪之口，讒邪羣枉復興，則臣畜其君，外塞其內，必資果斷，以決嫌疑。故曰持厥剛，折厥惢。惢，心疑子也。內乃正，外乃順。小畜者，小人而畜君也。以順教者，股反而側，眢趛而墜，則君畜於內,令出於外,天覆於下,風行於上,其象一也。苟能開閭闔,行號令,進忠直,布風教,何憂乎內之不正,外之不順哉!

☲☴ 離下巽上,家人。娣姒侖,音倫。姑媦牲。媦,云貴切。牲音莘。尸爾炎,爨爾薪。娣姒,妯娌。侖,次也。媦,妹。牲,眾。尸,主也。傳曰:娣姒侖,兩婦次也;姑媦牲,二女聚也。離,巽之象。尸爾炎,主內竈也;謂離。爨爾薪,脩中饋也。謂兑。昔王由是脩明德,象離。發嚴令,則巽。命將帥以整爾干戈,進文儒以熙風化。文教之理重於未亂,兵家之勝重於未戰,二者王道之本。進文儒,熙風化,所謂正理於未亂;命將帥,整戈矛,所謂制勝於未戰也。而能發之以嚴令,修之以明德,其蔑有不濟哉。故孫氏有言,校之以計,而察其情,曰主孰有道,將孰有能,法令孰明,賞罰孰勸,吾以此知勝矣。外宔不從,內宔不鑒。夫人之率服,在於明德。未有德明而人不從,德昏昧而人相順,必待明德,人乃率從。故外宔不從,內宔不鑒。宔音罔。鑒音營。

☳☴ 震下巽上,益。婦進以禮,夫合其體。風從于雷,趾受于髀。趾,足。髀,股也。受,承也。受,平表切。傳曰:婦進以禮,女順而升也;巽象。夫合其體,男動而降也。震象。風從于雷,獲其所也;趾受于髀,得其宜也。巽爲風,爲髀。震爲雷,爲趾。昔王由是奮乃威,法震。敷乃命。象巽。布以教,俾人知訓;夫爲人之道,未有不教而訓之。故教爲人臣者,必訓之以寬;教爲人子者,必訓之以敬。此謂教而訓之。施以嚴,俾人知懼。嚴者,飭之謂。古者尊其瞻視,動有鳴環之音,出有和鸞之韵,望之儼然,斯遠暴慢矣。夫如此,安得不懼。上令之,下行之。孔子曰:上爲正,不令而行。況上下相承,中外相接,布之以教,施之以嚴懼,而又加正令,安得不行之。

☳☰ 震下乾上,無妄。頁顛顛,趾延延。子欽于父,雷奮于天。頁,昝。顛,高也。趾,足。延,行也。傳曰:頁顛顛,昝之高也;趾延延，足之行也。乾爲眚，震爲足。子欽于父，得其順也；雷奮于天，合其道也。乾爲天爲父，震爲雷爲子。昔王由是舉忠直，法乾。隆威嚴，則震。剛以正之，君在上也。畏以齊之，臣在下也。君君臣臣，父父子子。乾爲君爲父，震爲子爲臣，夫有國者有君臣，夫有家者有父子，有君臣父子，人倫之大節也。苟能舉忠直，降威嚴，正之以剛，齊之以畏，斯象家國成矣。亦猶首在於上，足行於下，雷震於天也。斯豈妄剛者，昔齊景公問政于孔子，對曰：君君臣臣，父父子子。景公曰，善哉。信如君不君，臣不臣，父不父，子不子，雖有粟，吾得而食之諸，與夫大壯不甚遠也。

☳☲震下離上，噬嗑。列缺搏，礔磇灼。礔，先念切。磇，徒念切。睭睒睒，式冉切。壵辵辵。列缺，震雷。礔磇，電光。睒，明。辵，行。壵音闉，蹈也。辵，丑略切。傳曰：列缺搏，雷之動也；礔磇灼，電之耀也。震爲雷，離爲電。睭睒睒，目之明也；壵辵辵，足之行也。離爲目，震爲足。昔王由是出符命，動干戈，張乃威，耀乃武。離、震。以懲不敬，以討不明。噬嗑者，噬而合也。上天作怒，降雷電以罰惡逆之象也。先王則之，所以出符命，動干戈，張乃威，耀乃武，以行懲討。不明者，得罪於離；不敬者，得罪於震，上帝所以致誅。

☳☶震下艮上，頤。爪丑曰，上擊下局。趾彳亍。上赤下畜。上嫺嫺，胡間切。下逯逯。丑曰，執也。彳亍，行也。爪，手。趾，足也。嫺，安。逯，運也，玉谷切。傳曰：爪丑曰，手之執也；趾彳亍，足之步也。艮爲手，震爲足。上嫺嫺，安而止也；下逯逯，運而動也。艮爲止，震爲動。昔王由是畏心省躬，則震。搜它雲林，實諸天闕。體艮。無俾頑竪，以擅乃威權；無俾復夫，以行乃躁虣。頑竪復夫，謂乎艮也。威權躁暴，謂乎震也。今小人在外，威權在內，斯得其宜矣。而小人竊近於上，威暴於不附，須畏厥心，省厥躬，搜雲林，實天闕，方可以免。《書》曰："惟辟作威。"士有作威，則凶于而家，害于而國，安得不慎之哉！復，與愎同。虣音暴。

內既勤政，外乃奠居。頤之爲言，養也。猶手之所執，足之所行。君人之道，豈宜有怠。故詩人綴匪懈之句，周公著《無逸》之篇。苟能使庶政凝，萬機不怠，何憂乎人之不定者哉！

䷑巽下艮上，蠱。飄覍丰，覍，普丁切。丰，當作夆，音逢。《爾雅》："覍夆，掣曳也。"屵碞嶐。屵音業。碞，户冬切。嶐，力冬切。蠢惀于皿，妭媚于宫。覍丰，風驟貌也。碞嶐，山崩聲也。蠢，蟲。皿，器也。妭，女也。宫，室也。傳曰：飄覍丰，風之盛也；屵碞嶐，山之崩也。巽爲風，艮爲山。蠢惀于皿，蟲動於器也；妭媚於宫，女感於室也。巽爲皿，爲動。艮爲器，爲室。嗚呼，有國家者，嗚呼，嘆之。察内政，妭妾在内。絕姦私。僞人在上。無俾賤妾，以肆乃荒淫；巽爲長女，爲進退，爲不果，又爲宫室。婦女在宫室之中，而爲退不果，得非荒淫妭媚歟？昔夏之亡也，以妹喜；殷之亡也，以妲己；周之亡也，以褒姒。三代之滅，皆由於此。有國家者，可不戒哉！無俾小人，以權乃詔命。艮爲小人，巽爲號令。然小人者，所任不離庖厨之間，所務不過厩庫之内。今乃假制詔之命，行號令之權，其爲蠱政害民，非細也。内有惢，下有事。惢，疑也，爲進退不決，夫事之生變，在於不斷。傳曰：需者事之下，則知事之懷疑，蠱之爲害。史墨有言，風落山爲蠱，女感於男爲蠱，於文皿蟲爲蠱。今賤妾肆荒淫，小人權詔命，在於玄理，亦蠱之爲毒也。故賢者揣象賦言以爲深戒。

孟陽第八

䷲震下震上，震。䴉之赫，䴉，達苔切。霆之君。君，呼麥切。《莊子》："奏刀君然."悚忪忪，忪，職容切。駭悚悚。䴉，龍。赫，怒。霆，雷也。君聲悚，悚音索。傳曰：䴉之赫，二龍之怒也；霆之君，浡雷之聲也。悚忪忪，再有所懼也；駭悚悚，重有所驚也。皆震之象。昔王由是省厥心，務敬，慎也。省厥躬，其齋，菲也。肅乃威嚴，遠暴，慢也。勤乃決斷，分疑，誤也。俾爾中外，知爾戒懼。前四者，皆震之德也。古有言，逸樂者必驕慢，則禍至；恐懼者必戒慎，則福生。故《詩》美文王之德，乃云翼翼小心；《易》稱君子之行，則曰乾乾夕惕。由此言之，恐懼，其爲人之福歟？夫上行之，則下效之。故俾爾中外，知爾戒懼也。

䷏坤下震上，豫。馹驫驫，音彪。輦轟轟。咏歌奏和，雷奮龍行。驫，羣馬也。轟，衆車也。傳曰：馹驫驫，馬之羣也；輦轟轟，車之衆也。坤爲車，震爲馬。咏歌奏和，樂之聲作也；雷奮龍行，客之志得也。皆坤震之象也。昔王由是旌車服，法乾也。崇樂懸，則震也。和乃聲，諧乃律。和之與諧，坤之象也。聲之與律，震之象也。安爾上以理厥人，變爾風以移厥俗。車馬衣服，禮之節也。咏歌聲律，樂之和也。夫大禮與天地同節，大樂與天地同和，合於天地，莫過禮樂。先王以是崇之。故孔子有言，移風易俗，莫善於樂。夫移風易俗，其所由來漸矣。得不謂之豫乎？乃使人之理，上之安，何异馬奔於地，車轉於陸，雷之奮，龍之行者耶？安豫之甚也。

䷧坎下震上，解。雷趯于枿，趯，他歷切。龍躍于陂。悸愕愕，愀吚吚。趯，駭。枿，險也。躍，驚。陂，水也。悸，懼。愕，驚也。愀，憂。吚，嘆也，許黎切。傳曰：雷趯于枿，駭於險也；龍躍于陂，驚於水也。震爲雷爲龍，坎爲險爲水。悸愕愕，驚且懼也；愀吚吚，憂而嗟也。嘆辭。昔王由是緩乃法，政有侮法。恤乃獄，信有懷憂。無俾苛酷，以斁爾彝倫。壞政理者，不過於酷法苛令。昔孔子遇婦人哭甚哀，孔子曰：“何悲乎？一似重有憂者。”使弟子問焉婦人曰：“吾舅死於虎，吾夫又死焉，今吾子又死焉。”孔子曰：“盍遷乎？”婦人曰：“無苛政。”孔子喟然嘆曰：“弟子識之，苛政猛於虎。”由此觀之，欲求彝倫之不斁，其可得乎？無俾噯咿，以傷爾和氣，夫政理則人順，人順則氣和；政亂則人怨，人怨則氣逆。昔鄒陽被枉，五月降霜；老婦受誣，三年作旱。夫如是，欲求和氣之不傷，不可得也，君子痛之，故以爲深戒。噯音憂。咿音伊。上畏以威，下法以則。上畏以威，擬夫震也；下法以則，體夫坎也。凡吏爲苛酷者，上無威；人興噯咿者，下無賢。噯咿者，傷和氣；苛酷者，斁彝倫。故曰上畏以威，下法以則也。

䷟巽下震上，恒。夫嚴不鬩，鬩，馨激切。《詩》：“兄弟鬩于墙。”婦順不逆。陰陽胥媲，匹詣切。雷風胥激。嚴，恪。鬩，鬭也。媲，配也。傳曰：夫嚴不鬩，恪於上也；震之象也。婦順不逆，從於下也。巽之象也。陰陽胥媲，可以久也；雷風胥激，可以久也。巽爲陰爲風，震爲陽爲雷。昔王由是嚴乃威，俾勿嫚，則坤。降乃令，俾勿違，法巽。欽于上，順于下。恒，常也。且夫婦配合，陰陽交通，雷震於上，風行於下，豈非常道哉？先王知常道之可久，故擬而效之。端其威嚴，降其號令。望之儼然，而不敢嫚；從之恰然，而不敢違。故曰欽於上，順於下也。

䷭巽下坤上，升。輿之麤，辵之徂。辵，丑略切。股運于腹，婦歸于姑。麤，行也。徂，往也。股，髀也。傳曰：輿之麤，車之行也；辵之徂，髀之往也。坤爲車，巽爲髀。股運于腹，獲其所也；婦歸于姑，

得其宜也。坤爲腹，又爲姑。巽爲股，又爲婦。昔王由是發詔命，法乎
巽。敷率土，則乎坤。順乃人，行乃化。人之與順，坤之象；化之與行，巽
之象。布爾德教，加于醜類。布爾德教，擬夫巽；加于醜類，效夫坤也。且
昇之爲言進也，亦猶股運其腹，婦歸于姑，車之行，足之往，斯非昇者歟？先王
法之，所以出制敷外，順人行化，此之謂布爾德教，加于醜類。《經》曰："德教加
于百姓，刑于四海。"蓋天子之孝也，蓋昇之道也。

　　䷯巽下坎上，井。機聯聯，組牽牽。罙厥皿，罙，彌。躋厥困。
機，關。組，索。罙，入也。皿，器。躋，升。困，深也。傳曰：機聯聯，關之
轉也；坎爲嬌揉。組牽牽，索之引也。巽爲繩直。罙厥皿，器入於深；
巽象。躋厥困，水出於險也。坎象。昔王由是建乃刑法，則乎坎。施
乃教令，法乎巽。行於中，巽爲行也。流於外，坎爲流也。宫不順，巽象。
宫不通，坎象。上則之，下從之。古有言：身正，不令而行；上不正，雖令
不從。由斯言，率從上也。何异機關組索相率耶？亦猶沉器於井，汲水於泉。
此先王取象於此，是以建刑法，施教令，行於中，流於外，無不通。故曰上則之，
下從之。

　　䷛巽下兑上，大過。娣越姒，媢陵姊。風罙于陂，舟休于水。
娣姒，妯娌也。媢，妬。罙，入也。陂，水。休，没也，音溺。傳曰：娣越姒，
少替於長也；媢陵姊，季僭於孟也。娣媢，少女，謂兑也。姊姒，大女，
謂巽也。風罙于陂，過其度也；舟休于水，失其節也。巽爲風，又爲
舟。兑爲陂，又爲水。嗚呼，有社稷者，嗚呼，嘆辭。降爾詔命，出號令也。
徵爾忠諫，召忠直也。無進利口，不正厥言。兑爲口，又爲悦媚，故言不
正也。無任惢心，惢音蘂，心疑也。不果乃事。巽爲順，又爲進退，爲事不
果也。宫或胥唱，宫或胥和。《書》曰："疑謀勿成。"《語》曰："利口之覆邦
家。"此所謂言之不正，事之不果。痛哉，過之爲患也。少陵其長，季僭其孟，
風驚波濤，船沉流浪，亦何异進其利口，任其惢心者哉！賢者嘆之。故欲出號

令，召忠直，使君臣之際，予違汝弼。惡其唱和，過之深也。

☳☱震下兌上，隨。男有嫡，女有嫡。音適。言侃侃，笑欷欷。嫡，婦。嫡，嫁也。侃，樂。欷，笑也。欷，許迪切。傳曰：男有嫡，入而歸婦也；震之謂也。女有嫡，出而從夫也。謂兌。言侃侃，其口動也；笑欷欷，其聲悦也。兌爲口爲悦，震爲動爲聲。昔王由是敷恩惠，内卦之體。錫蕃庶，外卦之象。言它不應，上象爲口，下象爲聲。動它不悦，下象爲動，上象爲悦。悦以勤人，人甘其役。夫布澤及衆也，未有不從者。故言無不應，動無不悦。因此勞人，人無怨苦，以其甘於動爲也。其非相隨之甚耶？何异女嫁於夫，男娶於婦，兼言笑相從也。

運蓍第九

五行之數，一曰水，二曰火，三曰木，四曰金，五曰土，此其生也；五行之生數也。六曰水，七曰火，八曰木，九曰金，十曰土，此其成也。五行之成數也。凡五行生成之數，五十有五。自一至十之總數也。肇於勿芒，動於冥默，物休咎於未形，辨憂虞於既惑，鬼出神入，而變化無窮。窮幽洞靈，而生成不息，體混茫之自然，與天地而爲極，實所謂微妙玄通，深不可測。美算術之功也。故仲尼曰：天一，地二，天三，地四，天五，地六，天七，地八，天九，地十。奇數陽，故配天。偶數陰，故配地。天數五，一三五七九也。地數五，二四六八十也。五位相得，而各有合。謂一與六，二與七，三與八，四與九，五與十，各有合也。天數二十有五，一三五七九之總數也。地數三十。二四六八十之總數也。凡天地之數，五十有五，二十五之與三十也。此所以成變化而行鬼神矣。數術精微。《易》用四十九策者，窮少陽也。少陽之數七，窮謂七七也。《包》用三十六策者，極太陰也。太陰之數六，極謂六六也。窮少陽，蓋尚文也。極太陰，蓋尚質也。文質之變，數之由，陽不窮九，陰不極八，明大衍之不可過也。極九，謂八十一也。蠱八，謂六十四也。大衍之數五十五，故言不可過。陽之策一十有二，象乾三爻，震、坎、艮各一爻，巽、離、兌各二爻，共一十有二也。陰之策二十有四，象坤六爻，巽、離、兌各二爻，震、坎、艮各四爻，共二十有四也。凡三十有六，蓋取數於乾坤。五行八卦，同符合契，共而爲一，曰太一，拱蓍之時。分而爲兩,曰兩儀。分蓍之時。揲之以三,曰三才;謂算之也。營之以四,曰四時。謂運之也。歸餘於終,取象於閏。謂物之也。數之閏也,在於左陽之動也;數之萌也,在於右陰能生也。數動於左,而生於右。混茫既判,天地辟矣。分蓍也。天地既辟,三統分矣。揲蓍也。三統既分,四時序矣。營蓍也。四時既序,閏斯生矣。總蓍也。正閏相生,數無窮矣。

傳曰:五行者,陰陽之精氣,造化之本源。德贊三才,功濟萬物。在乎天也,謂之五星。鎮、歲、太白、熒惑、辰也。據乎地也,謂之五岳。嵩、岱、衡、恒、華也。行於人也,謂之五材。水、火、金、木、土也。若天無五星,則辰宿錯滅;地無五岳,則山澤崩竭;人無五材,則性命勤絶。故知天以五星爲政,地以五岳爲鎮,人以五材爲用。三正之立,五行所成也。人者,上禀五星之氣,下居五岳之分,中受五材之助,故天地之間,惟人最靈。則知人者,五行之端,五行之秀。是以包五藏,蘊五神。五藏,謂肝、肺、心、腎、脾也。五神,謂魂、魄、精、神、志也。河上公曰,魂藏於肝,魄藏於肺,神藏於心,精藏於腎,志藏於脾。五藏盡傷,則五神去矣。全五體,備五事。五體者,謂骨、肉、血、脉、皮。五事者,謂貌、言、視、聽、思也。合而行之,有五德。仁、義、禮、智、信也。皆本於五行。包五藏,蘊五神,全五體,備五事,行五德,皆法象於行也。然則色不以五行,雖有離婁之明,不能定其文彩。五色,謂青、黃、赤、白、黑,爲文章之主。聲不以五行,雖有師曠之聰,不能定其音律。五聲,謂宮、商、角、徵、羽。音律,律之原者也。味不以五行,雖有俞附之術,不能定其性命。五味,謂酸、鹹、甘、苦、辛,爲生氣之本也。氣不以五行,雖有老聃之道,不能定其噓吸。河上公曰:天養人以五氣,鼻藏於心。太史公曰:黃帝理五氣。言不以五行,雖有尼父之德,不能定其詞理。仲尼之訓,未有不先於五行,謂教人以父義、母慈、兄友、弟恭、子孝也。曆數不以五行，雖有重黎之算，不能守其叙。曆數之算，必先五行，時叙分矣。陰陽不以五行，雖有犧炎之聖，不能定其吉凶。陰陽之占，必先五行，而後吉凶決矣。萬物無不由五行以定。包者，定也。定之爲義博矣哉。夫不定而眎，則五色亂於目矣。不定而聽，則五音亂於耳矣。不定而食，則五味亂於口矣。故五色令人目盲，五音令人耳聾，五味令人口爽。鼻不定而吸，則不能理五氣。心不定而語，則不能敷五教。志不定而行，則不能脩五德。身不定而動，則不能用五事。夫視五色，聽五聲，食五味，吸五氣，布五教，行五德，用五事，未有不法定者也。夫有一不定，則人不畏；行之失也。有一不定，則人不信。言之乖也。是以君子定其目而後視，定其耳而後聽，定其味而後食，定其氣而後吸，定其心而後語，定其志而後行，定其身而後動，定其數而後算，定其意而後占，故無失矣。皆資於定。夫至人不占者何，以其定也。占者所以定美惡，至人無惡。行於善也。占者所以定吉凶，至人無凶。履於吉也。占者所以定休咎，至人無咎。保其休也。占者所以定嫌疑，至人無疑。達於嫌也。夫惟定矣，又何假於占哉！定之爲言定也，貴於定，尊於定，故不假於占筮也。

説源第十

　　在昔哲王受明命，皆能變文質，順陰陽，大矣哉，此帝王之能事也。在昔哲王，謂三皇五帝。及三代之君，順陽尚文，順陰尚質，更而必復，有若循環，歷代重之，以爲能事。故孔子云："其或繼周者，雖百世可知也。" 古者天生人而未樹之以君，上下交雜，品位紛錯，陰陽初分，文質未作。謂巢、燧之前也。庖犠之王天下也，畫八卦，法三才而一之，斯尚質之代也。三才之道，各據二位，得其偶數，故尚質也。自黃帝暨乎堯舜，垂衣裳而天下理，蓋取諸乾則尚文也，取諸坤則尚質也。乾爲陽，故尚文。坤爲陰，故尚質。文質更變，歷代不差。故伏羲尚文，神農尚質；黃帝尚文，少昊尚質；顓頊尚文，高辛尚質；唐堯尚文，虞舜尚質。其後夏、商、周，亦皆象此也。通其變而使民不倦，神而化之，使人宜之，是以自天祐之，吉無不利。應天順人，不失其道。後夏有《連山》，殷有《歸藏》，周有《周易》，皆次不同而算術各异，斯文質之更變也。《歸藏》先坤，《周易》先乾，故云卦次不同。殷用二十著，故云算術各异。仲尼有言：其或繼周者，雖百世可知也。斯則百王不易之道明矣。自兹以降，代歷千禩，音祀。人非一性，窮奢極麗，飫欲厭心，不能正本澄源，反文歸質，若河傾海覆，汎濫平陸，流蕩無依，迄至今日，而莫之變也。夫王者之有天下，必改正朔，易服色，以其既往者廢，將來者興。文廢而質興，質廢而文興，亦由水王而火衰，木衰而金王也。故正朔、服色有改者。是以三皇之王，五帝之理，樂不相沿，禮不襲。古之道也。且物極則反，理有固然。文質之體，其將變矣。言《包》之所由作也。喆人觀象立言，垂範作則，將以究索厥理，匡贊皇極，推吉凶於卦象，陳理亂於邦家，廣論易道，冀裨帝業。蓋時尚質之書也。嗚呼，采世人之訂，述作之意焉爾。蓋後包以周義也。衛先生《易論》云：夫尚質則人淳，人淳則俗樸，樸之失，其弊也惷，惷則變之以文。尚文則人和，人和則俗順，順之失，其弊也諂，諂則變之以質，質以變文，文以變質，亦猶寬以濟猛，猛以濟寬，此聖人之用心也。豈苟相反背而妄有述作焉？由斯言之，帝王之道，坦然明白。蘇公脩傳，終以明述作之意，用以論文質之理，又嘆時人不能洗心於精微之道，故云采世人之訂，述作之意，訂審也。

元包數總義

張行成　述

元包數總義卷第一

原　序

揚子云《太玄》，其法本於易緯《卦氣圖》。衛先生《元包》其法合於《火珠林》，皆革其誣俗，而歸諸雅正者也。伏羲始作八卦，因而重之爲六十四，是名先天，陳希夷所傳《先天圖》是也。其數有二，圓圖者，天地，自一陰一陽，各六變爲三十二陰三十二陽者，運行數也。方圖者，地也。八卦縱橫上下，一卦爲主，各變七卦者，生物數也。《卦氣圖》以六十卦爲主，一爻當一策，所謂乾坤之策，三百六十，當期之日。其於繫辭，則《序卦》之義也。主於運行之用者天而地之數，故爲天地之大數也。《火珠林》以八卦爲主，四陰對四陽，所謂天地定位，山澤通氣，雷風相薄，水火不相射。其於繫辭，則《説卦》之義也。主於生物之用者地而物之數，故爲人物之小數也。《卦氣圖》之用，出於孟喜章句。《火珠林》之用，祖於京房《易》。末流之弊，雜亂於星官歷翁，其事失之誣，其辭失之俗。故二君以書爲法爲書，而歸之雅正也。《太玄》日始於寅，義祖《連山》。《元包》卦首於坤，義祖《歸藏》。由是三易，世皆有書矣。唐蘇源明作《元包傳》，李江爲之注，徒言其理，未達其數。夫天下之象生於數，而數生於理。未形之初，因理而有數，因數而有象。既形之後，因象以推數，因數以推理。論理而遺數，譬如作樂而弃音律，造器而捨規矩，雖師曠之聰，工倕之巧，安能無失哉？僕本爲康節之學，患其難明，乃徧采古之言《易》者，而旁通之，因識《元包》之旨，不敢自私，輒具述之，以示同好。皇宋紹興庚辰五月晦張行成謹序。

《元包》卦次

太陰自坤七變成比，自比七變復成坤。餘卦皆然。《包》止用其七變者，用其顯也。八卦爻變，自下而上，至五世，則自上而下也。

坤　復　臨　泰　大壯　夬　需　比
太陽

乾　姤　遯　否　觀　剝　晋　大有
少陰《包》以坤爲首，陰也。《易》以乾爲首，陽也。陰生於上，陽生於下，故《包》先少後長，《易》先長後少。

兌　困　萃　咸　蹇　謙　小過　歸妹
少陽

艮　賁　大畜　損　睽　履　中孚　漸
仲陰

離　旅　鼎　未濟　蒙　渙　訟　同人
仲陽

坎　節　屯　既濟　革　豐　明夷　師
孟陰

巽　小畜　家人　益　無妄　噬嗑　頤　蠱
孟陽

震　豫　解　恒　升　井　大過　隨

《元包》卦變

《周易》乾、坤二卦餘卦類推。《易》主爻而用，七變而反生，十二變而復本。

乾上九己亢龍，九五辰飛龍，九四卯淵龍，九三寅人龍，九二丑見龍，初九子潛龍。

坤上六亥龍戰，六五戌黄裳，六四酉括囊，六三申含章，六二未直方，初六午履霜。

《元包》乾、坤二卦《包》主卦而用，七變而歸魂，十四變而反本。

乾上九上爲世爻不變，九五五世變剥，九四四世變觀，九三三世變否下體成坤，九二二世變遯，初九一世變姤。

若上九變，遂成純坤，無復乾性矣。乾之世爻，上九不變。九返於四而成離，則明出地上，陽道復行。故遊魂爲晉，歸魂於大有，則乾體復於下矣。自大有又七變焉，而乾體復純也。乾、坤，上爻不變，遊魂於離、坎則爲晉、需。若上爻反生，則爲復、姤也。蓋八卦與六爻之用不同。在卦者，十四變而復本。在爻者，十二變而復本。

坤上六上爲世爻不變，六五五世變夬，六四四世變大壯，六三三世變泰下體成乾，六二二世變臨，初六一世變復。

若上六變，遂成純乾，無復坤性矣。坤之世爻，上六不變。六返於四而成坎，則雲上於天，陰道復行。故遊魂之卦爲需，歸魂於比，則坤體復於下矣。自比又七變焉，而坤體復純也。

初九爲復，當子。漸變至上九成乾當已者，自坤變而來，長數也。初九爲姤，當一世。漸變至五世成剥者，自乾變而往，消數也。長數者，氣由虛而造形，未有一之卦也。故乾坤各六變而互生，又六變而復本體。消數者，形隨氣而返虛，已有一之卦也。故乾坤各七變而歸魂，又七變而復本體。未有一者，六爻之用，氣之用也。故六變。已有一者，八卦之用，形之用也，故七變。六變者得十二卦，七變者得十卦。是故《先天圖》無一之卦各六變，有一之卦各五變也。文王之《易》，所主在爻，乾變成坤，坤變成乾，屯升成蒙，蒙降成屯，飛伏升降，不存其本。六十四卦，莫不皆然。《元包》者，《歸藏》易也。所主在卦，一卦七變而歸魂，則卦體復於下，又七變而復本矣，不互變也。大抵主在爻者，以互卦爲體。主在卦者，以世爻爲體。以互卦爲體者，用十二，通乎晝夜之道而知也。夫變不存一，而能不失本體，非若太極之神，周流六虛，兼體動靜者，何以及此哉！

先天自坤變乾，得三十六陽，餘十二陰不盡。自乾變坤，得三十六陰，餘十二陽不盡者，存象之一，以十二爲一也。乾坤各六變，六十三卦而六爻不動者，存卦之一，以六爲一也。《元包》八卦，上爻不變者，存爻之一，以一爲一也。天地人物，大小之用不同，而皆存本，故能生生不窮。一而不變則窮，兩而相易則通。陰陽相爲用，用九以六，故乾之用在離。用六以九，故坤之用在坎。《參同契》曰：“《易》謂日月坎離者，乾坤之妙用。二用無爻位，周流行六虛，是故乾坤互變，坎離不動。當遊魂爲變之際，各能還其本體也。”凡八卦遊魂之變，乾坤用坎離，坎離用乾坤，震艮用巽兌，巽兌用震艮，皆爲陰陽互用，以至六十四卦。若上爻不變，則皆然。是故諸卦祖於乾坤，皆有乾坤之性也。其正以坎離爲用者，惟乾坤爲然。坎離肖乾坤，故用乾坤。震巽艮兌，體雖變而純，可與共學。其一不變，自明而誠。遊魂之際，爲頤、中孚、大小過,則亦肖乾坤坎離也。

　　先天八卦,自乾變坤,得一百九十二陰,而成六十四卦。自坤變乾,得一百九十二陽,亦成六十四卦。總百二十八卦。地卦縱橫各六十四,亦總百二十八卦。《元包》八卦之變,七變而歸魂,八卦成六十四卦。自歸魂之卦,又七變而復本,八卦亦成六十四卦,共百二十八卦也。卦有六十四,天地陰陽,幽顯互用,皆成一百二十八。故甲子六十而百二十。所以人皆有百二十年之壽,得其半者爲下壽也。卦百二十八者,八之十六也。甲子百二十者,八之十五也。十五爲運行之數,十六爲生物之數。其一者,地之本。在先天爲八正卦,在《元包》爲八純卦之體也。八卦每卦十四變,重者五變,實得十卦,總八卦,而八十通之。實不同者,六十四卦而已。故地體足數八十,實用者八八也。坤之退數,即乾之進數。乾之退數,即坤之進數。所不同者爻變,六爻皆變,卦變上爻不變,六爻皆變者,氣之用也。一爻不變者,形之用也。

　　《元包》六十四卦,用世爻者,八卦變爲六十四卦也。《周易》六十四卦,用動畫者,六十四卦變爲四千九十六卦也。《元包》始於坤,而用其消數。變而已定之後,知以藏往也。《周易》始於乾,而用其長數。動而將變之初,神以知來也。是故坤一世爲復,即乾初九之潛龍,至五世皆同。《易》用本卦,而取動畫之象爲占者,觀其爻動而將變之初。《包》用變卦,而取世爻之象爲占者,觀其爻變而已定之後也。以乾坤言之,他卦可類推矣。

　　後天卦依《周易》卦序

　　乾坤　頤大過　坎離　中孚小過

　　已上八卦,皆飛伏匹對。

　　泰否　隨蠱　漸歸妹　既濟未濟

已上八卦,飛伏升降皆對。

屯蒙　需訟　師比　小畜履　同人大有

謙豫　臨觀　噬嗑賁　剥復　無妄大畜

咸恒　遯大壯　晉明夷　家人睽　蹇解

損益　夬姤　萃升　困井　革鼎　震艮　豐旅　巽兌　渙
節

已上四十八卦,皆升降反對。

先天卦依《先天圖》卦序

乾坤　夬剥　大有比　大壯觀　小畜豫

需晉　大畜萃　泰否　履謙　兌艮　睽蹇

歸妹漸　中孚小過　節旅　損咸　臨遯

同人師　革蒙　離坎　豐渙　家人解

既濟未濟　賁困　明夷訟　無妄升　隨蠱

噬嗑井　震巽　益恒　屯鼎　頤大過　復姤

右行自乾坤左行至復姤,三十二匹對,每兩卦各六變而互生,又六變而復本。不存一而變者,氣之變也。爲生氣以變時。

坤復　剥頤　比屯　觀益　豫震　晉噬嗑

萃隨　否無妄　謙明夷　艮賁　蹇既濟

漸家人　小過豐　旅離　咸革　遯同人　師臨　蒙損　坎
節　渙中孚　解歸妹

未濟睽　困兌　訟履　升泰　蠱大畜

井需　巽小畜　恒大壯　鼎大有　大過夬　姤乾

右行從坤至姤,左行從復至乾,各五變而極。存一不變者,爲物隨氣而變也。其不變之一,爲地之一柔一剛,物之根種也。其一在下者,物之命也。故隨氣流轉,不能遊魂,而歸魂與八正

卦之變爲异。自坤復至乾姤,五變而相交,自乾姤至坤復,又五
變而復本。

乾	夬	大有	大壯	小畜	需	大畜	泰
履	兌	睽	歸妹	中孚	節	損	臨
同人	革	離	豐	家人	既濟	賁	明夷
無妄	隨	噬嗑	震	益	屯	頤	復
姤	大過	鼎	恒	巽	井	蠱	升
訟	困	未濟	解	渙	坎	蒙	師
遯	咸	旅	小過	漸	蹇	艮	謙
否	萃	晉	豫	觀	比	剝	坤

右先天方圖,橫數,一卦變七卦,其本卦皆在下。

乾	履	同人	無妄	姤	訟	遯	否
夬	兌	革	隨	大過	困	咸	萃
大有	睽	離	嗑噬	鼎	未濟	旅	晉
大壯	歸妹	豐	震	恒	解	小過	豫
小畜	中孚	家人	益	巽	渙	漸	觀
需	節	既濟	屯	井	坎	蹇	比
大畜	損	賁	頤	蠱	蒙	艮	剝
泰	臨	明夷	復	升	師	謙	坤

右先天方圖,縱數,一卦變七卦,其本卦皆在上。皆以乾一、
兌二、離三、震四、巽五、坎六、艮七、坤八爲次。

元包卦

《元包》,卦用六十四,蓍用三十三,共一百之數,坤數也。坤

數以上位三十六,爲天之用。下位六十四,爲地之體也。坤八八。復八四。臨八二。泰八一。大壯四一。夬二一。需六一。比六八。共七十六。兌二二。困二六。萃二八。咸二七。蹇六七。謙八七。小過四七。歸妹四二。共七十六。乾一一。姤一五。遯一七。否一八。觀五八。剝七八。晉三八。大有三一。共六十八。艮七七。賁七三。大畜七一。損七二。睽三三。履一二。中孚五二。漸五七。共六十八。離三三。旅三七。鼎三五。未濟三六。蒙七六。渙五六。訟一六。同人一三。共六十八。巽五五。小畜五一。家人五三。益五四。無妄一四。噬嗑三四。頤七四。蠱七五。共六十八。坎六六。節六二。屯六四。既濟六三。革二三。豐四三。明夷八三。師六八。共七十六。震四四。豫四八。解四六。恒四五。升八五。井六五。大過二五。隨二四。共七十六。變　　八卦,每卦五而返。存一不變,七世而歸魂者,八卦自變也。其不變之一,在上爲物之性,故遊魂而歸魂也。每卦七變而歸魂,又七變而復本。

《元包》用法

先生曰:五行之數,一曰水,二曰火,三曰木,四曰金,五曰土,此其生也。六曰水,七曰火,八曰木,九曰金,十曰土,此其成也。凡五行生成之數,五十有五,肇於勿芒,動於冥默,物休咎於未形,辨憂虞於既惑。鬼出神入,而變化無窮。窮幽洞靈,而生成不息。體混茫之自然,與天地而爲極。實所謂微妙玄通,深不可測。故仲尼曰:天一地二,天三地四,天五地六,天七地八,天九地十。天數五,地數五,五位相得,而各有合。天數二十有五,地數三十,凡天地之數五十有五。此所以成變化,而行鬼神矣。

《易》用四十九策者，窮少陽也。《包》用三十六策者，極太陰也。窮少陽，蓋尚文也。極太陰，蓋尚質也。文質之變，數之由生，陽不窮九，陰不極八，明大衍之不可過也。陽之策一十有二，陰之策二十有四，凡三十有六，蓋取數於乾坤。五行八卦，同符合契，共而爲一，曰太一。分而爲兩，曰兩儀。揲之以三，曰三才。營之以四，曰四時。歸余於終，取象於閏，數之閏也。在於左，陽之動也，數之萌也。在於右，陰能生也。混茫既判，天地辟矣。天地既辟，三統分矣。三統既分，四時序矣。四時既序，閏斯生矣。正閏相生，數無窮矣。《元包》以五十爲土者，天地之數五十五也。《太玄》以五五爲土者，太衍之數五十也。

《元包》蓍數

《元包》三十六蓍，六用成一卦，共二百一十六蓍，六十四卦，通計一萬三千八百二十四蓍。

得先天生物數十之一，無天之太極、地之四卦數，先天爲天地生物數，《元包》爲成物數。正如經世開物數，八月而用二百四十日。閉物數，四月而用十二日也。

存本數

一揲成一爻，每揲先存二十四蓍，一卦計百四十四蓍，通六十四卦，計九千二百一十六蓍。

每卦，於乾策二百一十六之中，存坤之百四十四，蓋三分用一也。《易》合乾坤之策，以當期之日。《元包》存坤策於乾策之中,《易》以太極爲主。《包》以坤爲主。《易》天地各四體而兼三用,《包》存四體而用二用。用之中,又有用不用者,天地與人物之數,大小不同也。先天存四卦數九千二百一十六,而開物數九萬二千一百六十者,六十四卦皆爲用也。《元包》六十四卦存數亦九千二百一十六,而用策二千八百八十者,止用乾、坤二卦也。

歸奇數

三畫卦,老陽九,三女十二,三男十五,老陰十八。

六畫卦,老陽自重一十八,老陽重三女二十一,老陽重三男二十四,三女自重亦二十四,老陽重老陰二十七,三男重三女亦二十七,老陰重三女三十三,男自重亦三十,老陰重三男三十三,老陰自重三十六。

自十八至三十六,每變加三,凡六變,而有七數。又二十四、二十七、三十中之三變,各重一數,則十數也、歸奇數,自十八而起,三六也。三十六而終,六六也。天以三分,故太玄嬴贊始於十八策,終於六成。故《太玄》踦贊成於三十六策,通之而五十四。故泰積之要,始於十有八策,終於五十有四。而《元包》歸奇,起於十八策,用數終於五十四策也。

十八策一卦。

乾老陽自重。

二十一策總六卦,共一百二十六策。

夬　大有　小畜　履　同人　姤老陽重三女者六卦。

二十四策總十五卦,共三百六十策。

大壯　需　大畜　無妄　訟　遁老陽重三男者六卦。

兌　睽　中孚　離　革　家人　巽　大過　鼎三女自重者九卦。

二十七策總二十卦，共五百四十策。

泰　否老陰老陽重者二卦。

漸　旅　咸　渙　未濟　困　益　噬嗑　隨　歸妹　節損　豐　既濟　賁　恒　井　蠱三男女重者十八卦。

三十策總十五卦，共四百五十策。

觀　晉　萃　升　明夷　臨老陰重三女者六卦。

艮　蹇　小過　坎　蒙　解　震　頤　屯三男自重者九卦。

三十三策總六卦，共一百九十八策。

剝　比　豫　謙　師　復老陰重三男者六卦。

三十六策一卦

坤老陰自重。

六十四卦，總一千七百二十八，得二百八十八之六。用策得二百八十八之十，其六者爲參天，十者爲參天兩地，通四千六百有八，析而十之，得四萬六千八十。則易軌所用四會萬物之數也。《元包》得先天生物數十分之一，存二分用一分，乃得易軌用數十分之一，又去其三分，用其五分也。

卦策數

三畫卦，老陰一十八，三男二十一，三女二十四，老陽二十七。

六畫卦，老陰自重得三十六，老陰重三男得三十九，三男自重得四十二，老陰重三女亦得四十二，老陽重老陰得四十五，三男重三女亦得四十五,三女自重得四十八,老陽重三男亦得四十八,老陽重三女得五十一,老陽自重得五十四。

自三十六至五十四,每變加三,凡六變,而有七數。又四十二、四十五、四十八中之三變,各重一數,則十數也。故數有十,而天用止于七。七數之中,止有六變,其一,則存本也。歸奇自十八而起,六三也。三十六而終,六六也。策數自三十六而起,六六也。五十四而終,六九也。自三六至六六,自六六至六九,皆得十九,天地之終數也。相交共一,而三十七,爲天獨用之數。故萬物本乎天也。自一至萬,天之五也。細數得三十七。

三十六策

坤老陰自重。

三十九策總六卦,共二百三十四策。

剝　比　豫　謙　師　復老陰重三男者六卦。

四十二策總十五卦,共六百三十策。

觀　晉　萃　升　明夷　臨老陰重三女者六卦。

艮　蹇　小過　坎　蒙　解　震　頤　屯三男自重者九卦。

四十五策總二十卦,共九百策。

泰　否老陰、老陽自重者二卦。

漸　旅　咸　渙　未濟　困　益　噬嗑　隨　歸妹　節　損　豐　既濟　賁　恒　井　蠱三男女者十八卦。

四十八策總十五卦,共七百二十策。

大壯　需　大畜　無妄　訟　遯老陽重三男者六卦。

兌　睽　中孚　離　革　家人　巽　大過　鼎三女自重者九卦。

五十一策總六卦,共三百六策。

夬　大有　小畜　履　同人　姤老陽重三女者六卦。

五十四策

乾老陽自重。

六十四卦,總二千八百八十策。則坤之策百四十,四偶之而又十析之者也。《易》一卦,除挂一數,皆得二百八十八,蓍則先天四位之卦數也。惟坤用策與歸奇各半。《元包》兩卦,共存二百八十八,析而十之,乃得六十四卦之用策,故不用者,爲用之宗也。在天地而一,在人物而十者,一甲析于十干也。《包》以坤爲首,地易也。地者,天之用。去十三蓍,而用三十六者,從用數也。坤體本四六,加二用爲六六,則以老陽四九之體爲老陰,六六之用也。是故乾一爻之策,三十六,乾、坤二爻,去挂一之奇,亦三十六。乾之奇十二者,三四也。坤之奇二十四者,三八也。以四合八爲十二。故三十六在乾爻爲四之九,在奇策爲十二之三,十二均之,乃爲二六奇數者,物數也。以乾三少,合坤三多,乾四坤八,陽一陰二,陰得乎陽,物乃生焉。生物本乎陽。故二爻之奇,乃得乾一爻之策。坤以六六,用乾四九,存其四六之體,用乾二六之用,是故一父三男,一母三女,陽畫皆十二,陰畫皆二十四。而《元包》三十六蓍,每用先存二十四也,總六用成一卦,得乾、坤二卦,歸奇之蓍,而合乾一卦之用策,故地爲天之用也。

元包數總義卷二

《元包》數義

《元包》以坤先乾，《歸藏》之易也。《易》者變也，天主其變。《包》者藏也，地主其藏。天統乎體，八變而終于十六。《易》用四十九著者，存挂一之數爲太極；則六八四十八者，體中之用也。地分乎用，六變而終于十二。《包》用三十六著者，以共一之數爲太一；則六六三十六者，用中之用也。《太玄》本三十六著，亦地數也。地虛三以扮天，故用三十三。挂一而三十二，則四八之數，地之體也。《玄》之爲書，以一元行乎地之四體之間，四體即方州部家是也。故《玄》之挂一，有天用地之義；而虛三，有地承天之義。若《元包》三十六，不挂不虛，而每揲存二十四，則八卦用於地上者也。是故乾三奇，震、坎、艮各得其一，巽、離、兌各得其二，則十二畫也。坤三偶，巽、離、兌各得其一，震、坎、艮各得其二，則二十四畫也。陰陽之畫，共三十六。以陰之二，載陽之一，則三十六盡爲用矣。故《易》老陽之策，極于四九，而《包》以六六用之。《易》以兩卦相重，而後天地合。《包》亦以兩揲相通，而後九六均。是故卦數自一至八，凡三十六，重之而七十二。一揲之著，合乎單卦之數，兩揲之著，合乎重卦之數。五行之數五十有五，自三十六言之，五行盈於八卦，十九當閏數之物。自七十二言之，八卦盈於五行，十七當運數之氣。以八歸五，氣類相從，則乾、兌爲金，坤、艮爲土，震、巽爲木，坎爲水，離爲火，吉凶順逆，占法由生。故曰三十有六，取數於乾、坤，五行、八卦同符合契也。其法分而爲二，以三揲之，左右各存三四十二蓍，所謂營之以四，以象四時也。常存此數不用者，坤之二十四氣，爲萬化之基。《易》存四卦之義也。餘十二蓍則爻數，與歸奇數也。爻數不九即六，歸奇數不六即三。爻數得九者，陽畫也。歸奇數則三矣。爻數得六者，陰畫也。歸奇數則六矣。陽畫九而歸奇三，用者三，不用者一也。陰畫六而歸奇六，用不用各半也。三畫皆陽者，乾也。皆陰者，坤也。二陽一陰者，三女也。二陰一陽者，三男也。三畫皆陽，其數二十七。重之而五十四者，六九也。三畫皆陰，其數十八。重之而三十六者，六六也。二陽一陰，其數二十四。重之而四十八者，六八也。二陰一陽，其數二十一。重之而四十二者，六七也。此八重卦之本數，亦六七八九之數。而以六爲主者也，大衍六七八九之數以求爻也。爻者，用也。六七八九皆祖乎四者，用生乎體，自四揲而來也。《元包》六七八九之數，以求卦也。卦者，體也。六七八九皆祖乎六者，體生乎用，自六爻而來也。以用爲主，故《易》爲天。以體爲主，故《包》爲地也。乾之一卦，得五十四，歸奇一十八。坤之一卦，得三十六，歸奇亦三十六。三男四十二，歸奇三十三。女四十八，歸奇二十四。以五十四合三十六，則九十也。以四十八合四十二，亦九十也。以十八合三十六，則五十四也。以三十合二十四，亦五十四也。故《元包》八卦，爻數合之爲三百六十。歸奇數合之爲二百一十六，總之而五百七十有六，得先天八位之卦數。與大衍除挂一而用四十八蓍十二用之數正同,所不同者,大衍以四爲一,故兩卦相偶,用不用之數,即得五百七十有六。《元包》以一爲一,比大衍數四分僅得其一。蓋大衍兼用七八九六,分于男女者,太極用八卦,天地之數也。《元包》專用九六,宗于父母者,八卦自用人物之數也。是故大衍五十之虛一,天之虛之極也。四十九之合一,地之有之極也。四十九之挂一,人之用之極也。在四十八用之外。《元包》以共一爲太一,是四十九合一之義爾。揲之以三爲三才,在三十六用之內。故《易》揲之以四以象四時,備四體而致用者,天用地也。《包》營之以四以象四時,存四體而不用者,地用物也。此所以大小不同也。《元包》存本之數,每揲二十四,一卦六揲而百四十四。凡六十四卦九千二百一十有六,則大衍五百一十二卦之蓍,存乾、坤、坎、離四卦,不用之策數也。《包》所存之數,亦地之本數,故與大衍同。大衍從天,故又有挂一之數,三千七十二。《包》四分得其三,乃地之用數也。《包》八卦之數,乾五十四而八之,則四百三十二。坤三十六而八之,則二百八十八。三男四十二而八之,各三百三十六。三女四十八而八之,各三百八十四。乾歸奇數十八而八之,則一百四十四。坤歸奇數三十六而八之,則二百八十八。三男歸奇數三十而八之,各二百四十。三女歸奇數二十四而八之,各一百九十二。總卦數計二千八百八十,則三百六十之八也。總歸奇數計一千七百二十八,則二百一十六之八也。一千七百二十八,則七十二之二十四。二千八百八十,則七十二之四十。共六十有四。以地之體十六析之,卦數得其十,歸奇得其六,皆二百八十八也。以先天準之,卦數之十,爲離之顯仁,則開物八萬六千四百之數。歸奇之六五,爲坎之藏用,則閉物四萬三千二百之數。一爲存本,則八千六百四十之閏數。然先天視《元包》，皆三十倍矣。此《元包》與大衍先天之合也。所謂八卦自用者，陰陽分爲八位，各以一卦變七卦。自一世至五世，遊魂、歸魂而卦體復各守本體。其一不變，故曰八卦，自用其數也。今世卜筮所用《火珠林》，即是此法，而其文不雅。先生著書，欲傳此一法於後世爾，非爲文也。分而爲二，自左揲至右終而爻見奇，則復歸于左。故曰：數之閏也，在於左；陽之動也，數之萌也，在于右。陰能生也。大衍四十九著，各以一卦變六十四卦，其數之變，至于一十五萬五百二十八，則每著得三千七百二。《元包》三十六著，各以一卦變八卦，其數之變，至于一萬三千八百二十四，則每著得三百八十四，三千七十二者，三百八十四之八也。

　　大衍四十九著此言第三變五百十二卦之數者，先天數也。若第二變六十四卦之數，則每著止得三百八十四，總挂一歸奇用策得一萬八千八百十六也。

　　先除挂一一著，計三千七十二，存天之太極也。

　　再除三揲、三挂三著，計九千二百一十六，爲乾、坤、坎、離四卦之數，存地之太極也。

　　實用四十五著，以應一卦當一節之數。計一十三萬八千二百四十，則六十卦三百六十爻，每爻用三百八十四，地生物之數也。

《元包》三十六著

　　先除二十四著，計九千二百一十六，則乾、坤、坎、離存本之數也。大衍存四卦之數，在十三萬八千二百四十之外者，太極之地數也。《元包》存四卦之數,在一萬三千八百二十四之內者,物之地數也。

餘一十二蓍之用卦數,通歸奇,計四千六百八,則震、巽、艮、兌反復迭用之數也。易之蓍四十八,而策窮于三十六者,乾與坤,坎與離,反復不互見爲四卦,故各當十二。震、巽、艮、兌反復互見爲二卦,故共當十二,而十二常不見,是故《元包》之蓍三十六,存二十四不用之外,所用者十二而已。一萬三千八百二十四,析而十之,即一十三萬八千二百四十,地之生物全數也。九千二百一十六,析而十之,則九萬二千一百六十,地開物之數也。四千六百八,析而十之,即四萬六千八十,地閉物之數也。開物者,易用策之數。閉物者,易歸奇之數。歸奇之數,易之物數也。蓋全數十二會,三分之,天地各用其一,餘一分以爲人物也。兩揲七十二蓍,各存二十四者,存坤之體也。歸奇共九策者,存乾之用也。通之用五之三,不用十九之三者,用其衝氣,存其物體也。

存本數每卦百四十四,歸奇數均之,每卦二十七,用策均之,每卦四十五。以歸奇合存本每卦一百七十一,則《太玄》《九章》之數者,閏數也。以用策合存本,每卦百八十九,合之而三百七十八,則《太玄》五日三辰之策者,餘分數也。以用策并歸奇,每卦七十二,則《太玄》一日之策數者,晝夜之數也。

《周易》《太玄》《元包》《潛虚》蓍數義

《易》三微成蓍,三蓍成象,二象十有八變而成卦者,謂揲蓍法也。三微成蓍者,謂三揲歸奇。三多三少與兩少一多、兩多一少,三微之氣已成一象。則爻之微象也。蓍謂爻也。天三變成一象于上。而六七八九之數成一爻于下,故謂六七八九爲四象也。三著成象者，三爻既具，得三畫一卦，爲地之一象，則卦之著象也。著象相交，乃成一重卦矣。四十九著，除挂一之外，以四揲之，得一十二。奇數得四三、四四、四五、四六，用數得四六、四七、四八、四九，老陽用者九，不用者三。少陽用者七，不用者五。少陰用者八，不用者四。老陰用者六，不用者六。奇數通挂一，則老陰用者，以四爲一而得六。不用者，以五爲一而得五。少陽用者，以七爲一而得四。不用者，亦以七爲一而得三。老陽、少陰之奇，通挂一則不可分矣。六七爲本，屬乎天。八九爲標，屬乎地。地之奇數不可分者，宗於一天也。先生曰：陽不窮九，陰不極八，明大衍不可過者，著爲天數故也。并而均之，則用策一爻皆三十者，天五地六之二中，奇策一爻皆十九者，天九地十之二終也。并兩卦用策得三百六十，當一期之日，并兩卦云挂一之奇策，得二百一十六。當重乾之策三十六者，老陽之數也。三百六十者，十之也。二百一十六者，六之也。數有十，天以三爲體，地以四爲體，天兼二用。故天六而地四，兩卦奇策得老陽之六者，天之三防變於上，而後地之四象化於下。地之四象未見，故用六也。兩卦用策，得老陽之十者，地以四體承天六，用載元氣而左行，以成一歲之日。故用十也。六者二三也。得其參天，十者，二五也。兼參天兩地矣。其挂一之著一十二，以代虛一之著一十二。既揲成挂，則虛一之著，即爲二卦十二爻之本體。皆不用而用，以之宗者也。是故六十四卦，用策萬一千五百二十得三百八十四之三十。奇策七千二百九十六，得三百八十四之十九。通爻體三百八十四爲七千六百八十，乃得三百八十四之二十。用者三十爲天數，托於地以顯諸仁。奇者二十爲地數，歸於天以藏諸用。通之爲大衍五十，易倚天地正數而立之之數，所謂三天兩地而倚數者也。

　　繫數以乾坤之策,當期之日者,起於一爻,均得三十,策爲一月而十二之,故後天軌革,以卦當年,以爻當月,以策當日也。康節謂一爻爲一策者,以用卦六十之爻,與乾坤之策數同。故《後天卦氣圖》以六十卦直三百六十日也。《繫辭》以二篇之策當萬物數者,三百六十爲一年,積一世三十年,得萬有八百,加閏數七百二十,成三十二年。以三十二之數而均于三十,則年得三百八十四日。三百六十爲天道六變之正,餘二十四爲中盈朔虛之分,月得二日也。三百六十者,去閏之數也。故當期之日者,用數也。加二十四者,通閏之數也。故當萬物之數者,體數也。閏數爲物數,歸奇以象閏,故亦爲物數。閏數爲物數者,自餘分言之,天之餘以與物。自十九言之,天地之終則爲物也。二百二十八者,十二爻之奇策,二百一十六而加十二,積策成爻,爲天之微象,則未成物者也。三百八十四者,六十四卦之爻數,三百六十而加二十四,積爻成卦,爲地之著象,則已成物者也。天用六變,餘分六日,以與物陰。又於六變之中,克其六日,共爲十二,以成十二辰之體。在天當十二次,在地當十二野,皆物之體也。故乾、坤二卦,挂一之著十二,以代虛一之著十二,而當十二氣之用。應之以十二爻,則十二物之體也。天一而二,地二而四,故閏之本體在年數者,六而十二。當乾、坤二卦之爻,在月數者,十二而二十四。當乾、坤、坎、離四卦之爻,陰陽合德,剛柔有象,是爲十二物之根種,與天地同分于太極,所賴以生生不窮者也。其二卦之奇策二百一十六,爲天之六,其二卦之用策三百六十,爲天地之十,則歲常用之,以生成此十二物。故挂一象三,其著十二,在奇策則成二百二十八,偶之爲二十四,而在用策,則成三百八十四,皆爲物數也。二百一十六，爲老陽之氣，六變得坤之百四十四。陽以陰凝，而後歲功成物矣。其奇策二百一十六，則未成物也。是故二百一十六，當自子至午七月，而加餘分之日。百四十四，當自未至亥五月，而減小月之日。坤位在未，地道代終，故坤作成物也。先天卦數，六十四卦得五百七十六，則二卦去挂一之蓍數也。蓍，天也。故通挂一。數，地也。故去挂一。蓍爲實，獨用其顯，故用其用數。數爲虛，兼用幽顯，故盡用五百七十有六也。二卦用策，以當三百六十爻，則一卦成三十卦。二卦去挂一之策，以當五百七十六數，則一卦成三十二卦。亦用數不通閏，體數通閏之理也。五百七十六，得三十六之十六，則八卦而一卦，變八卦之數也。用數得其二六，則六子之六卦數四百三十二也。體數得其四，則乾、坤之二卦數百四十四也。位數在地，坎、離主之。乾、坤退藏，六子用事。是故乾、坤合體，共當坤之策。六子通用，再得乾之策也。五百七十六，在爻則用十而存六，在數則用十二而存四者，天地之分、日辰之用不同，是故經世之位十六。地常晦一，從會而用十二也。

　　蓍去挂一而四十八，爲十二之四。老陽之策三十六，以四九之體，爲六六之用。則用之者三，不用者一也。《太玄》之蓍三十三，於老陽用策之中，地虛三以拼天，天用三六，地用三五，爲天地相交而互用者也。玄用易蓍四分之三，故天有四方，玄有三方，數皆自三而變者，去其不用之一，以當北方罔冥之一，玄而用其直，蒙酉之三方，以當天地人之三元也。天統乎體，體者有四。地分乎用，用者有三。易爲天，用地之數，故用四而別虛一，挂一于四體之外。玄爲地，承天之數，故用三而又虛三，挂一于三用之內也。用數之中，自分用與不用，則亦用之者三，不用者一。

是故玄蓍極用不過三九，其虛、其挂、其奇并之而不用一九也。夫自體言之，四而用三。自用言之，又四而用三。所謂地常晦一，故地體十六，用其十二，而十二又用其九也。易以四揲者，從地之四象也。三揲成一爻者，太極元氣含三爲一，天之三也。六爻爲一卦者，用之六也。易即用六爻者，體用合一也。所謂從體起用，故謂天用地也。玄以三揲者，從天之三元也。兩揲成一重者，陰陽合德，剛柔有體，地之兩也。四重爲一首者，體之四也。玄別用九贊者，體用分兩也。所謂去體從用，故爲地承天也。易三揲之奇，一揲不五則九，再揲、三揲皆不四則八者，天除其一，地除其二也。玄兩揲之奇，皆不三則六者，地除其二也。易通三揲而奇十九，得天九地十之數。玄通二揲而奇九，得天九而已，故易爲天包地，玄爲地承天也。易一卦之奇，得十九之六，并之而一百十四，得玄一首四揲之暗數。玄之四重者，地之四體也。其初揲之暗數者，地中之虛用，故當物數也。玄一首之奇，得九之四，并之而三十六，得易一爻，老陽之策數。乾之六爻者，天之六用也。其一爻之防數者，天元之本始，故當日數也。無非天用地，地承天之理也。玄之蓍，本用老陽之策四之九，虛其三則爲三之十一。用二十七者，爲去二用九。用二十四者，爲去三用八。用二十一者，爲去四用七。是去其二三四之九，而用其七八九之二十四也。九者乾也。去之以存九天之用。二十四者，坤也。用之以立四重之體也。易揲以四，玄揲以三，揲去其一，蓍易用六七八九之策，玄用七八九之策，去其六之一數。六者，坤之數，是爲不用之一。其實則方州部家所以載其體，其虛則玄之所生也。易去其三四五六之數，用其六七八九之策，天四地四，中交共一，則從天之七，四者體也。中交所以起用，故離之則四十八者，爲先天八卦六爻之體。合之則四十二者，爲經世日月一變之用也。玄去其二三四之數，用其七八九之策，天三地三，中虛五六，則成地之八，三者用也。中虛所以生體，故虛之則三十三者，爲《太玄》虛三承天之蓍。實之則四十四者，爲觀物陰陽剛柔之數也。

《元包》三十六蓍者，用乾四九之體，爲坤六六之用，故以坤爲首。存其四六，用其二六，則三分之中，用一而存二也。老陽之數三十六，進之爲三十六旬。一年之中，開物之日二百四十，則天地生物之數，爲天地之用。閉物之日一百二十，則物已成體致用之數，爲萬物之用。是故經世以開物八月爲生物之數，於閉物四月之中取交數，餘數十二以爲閏數，則物數也。《元包》三分用一，是爲物數，故主八卦兼五行而用也。用數之中，又自分用不用，析十二爲四，分用不用各半者，爲坤之六。去一用三者，爲乾之九，并之則八分之中。不用其三者，存其三天。用其五者，用其參天兩地也。大抵與《易》之理皆合，然《易》用六者，爲四六二十四。用九者，爲四九三十六。歸奇不用三天者，每卦得一百八，爲三十六之三。策數用參天兩地者，每卦得百八十，爲三十六之五。《易》以四爲一者，《包》以一爲一。《易》以四九爲一者，《包》以一九爲一。《易》爲地歸奇於天，《包》爲物歸奇於地。是故《易》爲天地之大數，《包》爲人物之小數也。

《元包》曰：《易》用七七，極少陽也。《包》用六六，窮老陰也。明大衍之不可過也。是故《易》《元包》皆不越五十之數。然而《潛虛》用七十蓍，何也？曰：坤當百數，故十數之。衍得百位，《易》用其半，虛一以從天七之用。《玄》爲地承天而布氣之數，《包》爲地配天而載物之數。故皆不過乎易數也。虛與《包》皆爲物數，然包於元者，獨指地之元氣。潛於虛者，兼太極之氣與神。故包名書以元，首卦以坤；而虛名書以虛，首圖以氣也。太極判而生天地，天地交而生萬物。天與其氣以載神，地與其形以載氣。是故虛於百數之中，十取其七而用之。在七則體地之十，在十則用天之七。所以體用十數，名用七變，而蓍用七十也。《易》用七七而虛一者，存太極也。《虛》用七十而虛五者，存五氣之元也。《易》爲天數，《虛》爲物數，《易》體三才六位，《虛》體五行十數也。虛實用五變者，天之五也。并始終而七變，則天之盈數也。體用五行之十數者，地之二五也。并合數而十九，則天地之終數也。體極十九，用極于七。故《易》初揲之奇，均一爻而七，并三揲均之，而一爻盡于十九。歸奇者閏數，是以月行一日之餘，得十九分度之七。而經世動植，數聲數每位而七，音數二位而十九也。經世有三數，《潛虛》得其物。餘二者，則天地之數也。

《關氏易傳》研究

《關氏易傳》由魏關朗撰,唐趙蕤注,宋阮逸刊正。是書《隋書》、兩《唐書》皆不著録,始見于宋人李淑所著《邯鄲圖書志》,因唐時文獻未見記載,故宋人多以爲阮逸托名僞作。全書共有十一章,分別爲:卜百年義第一,統言易義第二,大衍義第三,乾坤之策義第四,盈虚義第五,闔闢義第六,理性義第七,時變義第八,動静義第九,神義第十,雜義第十一。傳注者希望通過本書可以實現"欲令天下順時而進,知難而退"的目的。本書的版本主要有《唐宋叢書·經翼》本、《説郛》本、《范氏奇書》本、《津逮秘書》本、《學津討原》本等。此書是在盛唐背景下對《易經》的重新解讀,也是對傳統易學的繼承與發展。

一、《關氏易傳》真僞辨

　　《關氏易傳》一書,因《隋書》、兩《唐書》均未著録,故宋人多以爲僞作。如南宋著名目録學家、藏書家晁公武在《郡齋讀書志》卷一“關子明《易傳》”條載:“元魏太和末,王虬言於孝文,孝文召見之,著成《筮論》數十篇。唐趙蕤云:‘恨書亡半,隨文詮解,纔十一篇而已。’李邯鄲始著之目,云:‘王通贊《易》,蓋宗此也。’”[①] 雖没有直接提出此書爲僞作,但説“李邯鄲始著之目”,已經有所懷疑。另南宋藏書家、目録學家陳振孫在《直齋書録解題》卷一“易類”中直接提出:“後魏河東關朗子明撰,唐趙蕤注。隋、唐《志》皆不録。或云阮逸僞作也。”[②] 通過“或云”提出此書係阮逸僞作的觀點。南宋人黎靖德所編的《朱子語録》卷一三七中也提出:“今之僞書甚多,如鎮江府印關子明《易》并《麻衣道者易》,皆是僞書。”[③] 直接指出《關氏易傳》爲僞書。

　　明清時人對《關氏易傳》的相關考證逐漸增多。如明方以智《通雅》卷三《撰釋詁》云:“書不盡信,明其理、事、文、氣,時變

---

① 〔宋〕晁公武撰,孫猛校證:《郡齋讀書志校證》(上),上海古籍出版社2011年版,第17頁。

② 〔宋〕陳振孫撰,徐小蠻、顧美華點校:《直齋書録解題》,上海古籍出版社1987年版,第5頁。

③ 〔宋〕朱熹著,〔宋〕黎靖德編:《朱子語類》(第8册),崇文書局2018年版,第2485頁。

而無逃矣。……周末文盛,諸子各造一奇,托者亦可觀。漢出之七十二緯則無足取。因仲尼傾蓋有《子華》,因柱史出關有《尹喜》《鶡》《文》《鶡冠》之類往往而然。葛洪之托劉歆,衛元嵩之托蘇源明,趙蕤之托關朗,慶虬之托相如。"①認爲此書爲"趙蕤之托關朗"所作。清朱彝尊《經義考·易》"關氏易傳"中對此書有較詳細的考論,云:"陳師道曰:'世傳王氏《玄經》、薛氏《傳》及關子明《易傳》、李衛公《對問》,皆阮逸所著,逸嘗以草示蘇明允,而子瞻言之。'晁公武曰:'關子明《易傳》,《四庫》書不載,李邯鄲始著之目,云王通贊《易》,蓋本此也。'陳振孫曰:'關氏《易》,隋、唐《志》皆不録,或云阮逸僞作。'朱子曰:'關子明《易》,僞書也。'項安世曰:'唐李鼎祚《集解》易,盡備前世諸儒之説,獨無所謂關子明者,蓋阮逸僞作也。'"②在多方論證後,直接判定《關氏易傳》爲阮逸僞作。另如清代經學家胡渭在《易圖明辨》中説:"宋仁宗朝劉牧著《易數鈎隱》以九宮爲《河圖》,五合爲《洛書》,其學盛行于世。同時有阮逸者,陰欲排之,乃撰關子明《易傳》,而兩易其名,季通不察,以爲真古書也。"③提出阮逸僞作《關氏易傳》是針對《易數勾隱》而作。還有清姚際恒在《古今僞書考·關朗易傳》中云:"陳直齋曰:'唐趙蕤注。然隋、唐《志》皆不載;或云阮逸僞作。'恒按:《文中子》阮逸所注,人疑即其僞造。關朗稱元魏孝文時人,王通祖同州刺史彥師事之;

①〔明〕方以智:《通雅》卷三,《影印文淵閣四庫全書》第857册,北京出版社2012年版,第126頁。

②〔清〕朱彝尊撰,林慶彰、蔣秋華、楊晉龍等主編:《經義考新校》(2),上海古籍出版社2010年版,第204—205頁。

③〔清〕胡渭撰,譚德貴等點校:《易圖明辨》,九州出版社2008年版,第110頁。

嘗爲彥筮得夬之革,決百年中當有達人出,修洙泗之教;歷數周、
齊、陳、隋事,無不懸合,蓋寓意于通也。如此牽合證佐,故人知
《易傳》亦逸僞造也。"也認爲《關氏易傳》爲宋人阮逸僞書。另
《四庫全書總目提要·經部七·易類存目一》"關氏易傳"中也曾
作詳細的考辨,云:"是書《隋志》《唐志》皆不著録。晁公武《讀
書志》謂李淑《邯鄲圖書志》始有之。《中興書目》亦載其名,云
'阮逸詮次刊正'。陳師道《後山談叢》、何薳《春渚紀聞》及邵
博《聞見後録》皆云,阮逸嘗以僞撰之稿示蘇洵,則出自逸手,更
無疑義。逸與李淑同爲神宗時人,故李氏書目始有也。《吳萊集》
有此書《後序》,乃據《文中子》之説力辨其真。文士好奇,未之
深考耳。"① 也認爲《關氏易傳》爲宋人阮逸僞作。

　　當代學者對《關氏易傳》也多有專論,如歷史學家黃雲眉在
《古今僞書考補證》中對此書有較詳細考證,在"眉按"中説:"吳
萊《關子明易傳後序》曰:'予始讀文中子《中説》,頗載關朗子
明事,後得天水趙蕤所注《關子易傳》十有一篇,大概《易》上、下
《繫》之義疏耳。或曰:王氏《中説》,本于阮逸;關氏《易傳》,
肇于戴師愈。師愈,江東老儒也。觀其傳,統言消息、盈虚、爻象、
策數之類,獨與張彝相問答,彝嘗薦之魏孝文;而王氏之贊《易》,
世傳關氏學也。是又豈盡假托而後成書歟?'(《淵穎集》)蓋真
以爲關朗所作。王通《中説》係謬書(説詳後),其言本不足據。
此書爲阮逸僞撰,陳師道《後山談叢》、何薳《春渚紀聞》及邵博
《聞見後録》皆云阮逸嘗以僞撰之稿示蘇洵,則出自逸手,不須更
辨。萊又從而信之,失考甚矣! 唐李鼎祚輯漢以來三十六家解

---

① 〔清〕永瑢等:《四庫全書總目》,中華書局 1965 年版,第 48 頁。

《易》之說，成《周易集解》一書，其自序云：'臣少慕玄風，游心墳籍，歷觀炎漢，迄今巨唐，采群賢之遺言，議三聖之幽賾。集虞翻、荀爽三十餘家，刊輔嗣之野文，補康成之逸象，各列名義，共契玄宗。先儒有所未詳，然後輒加添削。'今觀其書，實能廣攬衆說，折衷諸長，而獨不引關氏《易傳》，則本無其書可知，此僞托之一旁證也。《文獻通考》又有阮逸《易筌》六卷，每爻必以古事繫之，陳振孫嘗誚其牽合，而此書牽合之迹，亦灼然可驗，其作僞之手段相似，此僞托之又一旁證也。又考注者趙蕤，字太賓，梓州鹽亭人。博學韜鈐，長于經世。開元中召之不赴。著有《長短經》十卷（見《唐書·藝文志》及孫光憲《北夢瑣言》）。李白嘗師事之（見《唐詩紀事》）。是其人似非注《易傳》者。且令蕤曾注此書，則此書不載于《隋志》，亦應載于新、舊《唐志》，今乃始見于李淑《邯鄲圖書志》（李淑與阮逸同爲神宗時人），則此書之產生，必在唐代以後，而阮逸之僞托，更無疑義矣。"[1]直接判定此書成書于唐代以後，爲宋人阮逸之僞托。另如著名古籍整理研究專家、目録版本學家嚴佐之教授在《古籍版本學概論》中說："僞書指托名僞撰的假書，如經書中的《子夏易傳》《關朗易傳》……集部中的《隆平集》等等。"[2]也認爲此書爲僞作，但沒有具體說明爲何人僞作。

　　自《關氏易傳》流傳後，也有文人認爲此書在易學史上占有重要地位，對此書評價較高。如程顥、程頤兄弟在《二程粹言》中云："關子明推占吉凶，必言致之之由與處之之道。曰：'大哉人謀，其與天地相終始乎！故雖天命，可以人勝也。善養生者，

① 黃雲眉：《古今僞書考補證》，商務印書館 2019 年版，第 9—10 頁。
② 嚴佐之：《古籍版本學概論》，華東師範大學出版社 2008 年版，第 156 頁。

引將盡之年;善保國者,延既衰之祚,有是理也.'"① 認爲此書所論具有一定道理。《玉海》卷三六《藝文》"後魏關子明易傳"條介紹此書云:"書目《關子明易傳》一卷,唐趙蕤注,魏孝文使并州刺史王虯與子明著《筮論》數十篇。蕤云:亡篇過半,今無能詮次,但隨文解注,庶學者觸類而長,阮逸詮次刊正。……《文中子》錄子明事,太和末穆公與談《易》,言于孝文帝。帝曰:'且與卿就成筮論。'子明曰:'乾坤之策,陰陽之數,推而行之,不過三百六十六。演而伸之,不過三百八十四,天之道也。象生有定數,吉凶有前期,變而能通,故治亂有可易之理。'……《子明易傳》卜百年義第一,次以統言易義、大衍、乾坤策、盈虛、闔闢、理性、時變、動靜、神義,終於雜義第十一。"初次向人們介紹了此書的基本內容。再如元人吳萊在《關子明易傳後序》中說:"予始讀文中子《中說》,頗載關朗子明事。後得天水趙蕤所注《關子易傳》十有一篇,……夫《易》之道大矣,世之言《易》者,往往不求其道之一,卒使其學鑿焉而各不同。是故談理致者多溺于空虛,守象數者或流于讖緯,此豈聖人之意哉? 蓋天地之初,未始有物也,聖人特因其自然之理,故推而爲七八九六之數,非苟畫焉,將以著其未畫之妙而已。後之儒者苟造其理,而過爲其畫之求。《太玄》,準《易》者也。《洞極》,則又擬《玄》者也。《玄》之數起于三,而《洞極》之數亦起于三。生以配天,育以配地,資以配人,猶《易》所謂三極之道也。故凡三體九變,三九二十有七,始于萌而實訖于幾,正且通焉。今其書,世見之者亦少,《中說》所載殆未嘗及此。然而王氏每尊其學之所自,且欲自當達者

---

① 〔宋〕程顥、〔宋〕程頤著,〔朝〕宋時烈編,〔韓〕徐大源點校:《程書分類》(下),上海辭書出版社 2006 年版,第 662 頁。

以爲聖人復出，王道復行，而洙泗禮樂之敎復明于斯世，毋乃徒托于此而侈言之歟？至于考之以典禮，稽之以龜策，即人事以申天命，懸曆數以示將來。關氏之學，蓋深于《易》者也。"認爲此書在易學史上具有重要地位，對此書評價極高。

另外，也有史書及學人著作對《關氏易傳》有記錄或辨析，但没有涉及論述其真僞問題。如宋陳亮在《文中子附録後》中説："關子明之筮，同州府君實書而藏之。備其本末者，亦福疇也。"① 文中"福疇"爲王通第三子。阮逸也在《文中子中説序》中云："又福時于仲父凝得《關子明傳》，凝因言關氏卜筮之驗，且記房、魏與太宗論道之美，亦非《中説》後序也。蓋同藏緗帙，卷日相亂，遂誤爲序焉。"《宋史・藝文志》卷二二二載"關朗《易傳》一卷"②。張固也在《新唐書藝文志補》中説："後魏關朗傳《易》事，附見王通《中説》。《中説》鐘駁不堪，宋咸、洪邁頗疑其人其書，唯《唐志》有之，世人未敢輕信。王通贊《易》，實宗關氏《傳》，晁公武、吳萊俱言之矣，則信《中説》而疑關氏《易傳》，未見公允。"未能提出新見。此外，李小成的《關朗易學考論》一文對《關氏易傳》也有深入研究，據該文考論"明末學者方孔炤在他的易學著作《周易時論合編圖象幾表》中論及《關子明易傳》，在卷四'關子明易傳'條下專論關朗的易學思想。清人杭章齋《學易筆談(附三種)》中的《易楔》卷一"圖書"中，論及關朗在易圖發展中的重要作用"。③ 都對《關氏易傳》有所介紹或研究。

綜合來看，認爲《關氏易傳》爲僞書者，主要依據有三：一、

---

① 〔宋〕陳亮：《陳亮集》，中華書局 1974 年版，第 193 頁。

② 〔元〕脱脱等：《宋史》，中華書局 1977 年版，第 5034 頁。

③ 李小成：《關朗易學考論》，《周易研究》2005 年第 2 期。

此書爲後魏關朗所作，却不載于《隋志》《唐志》，始見于宋李淑的《邯鄲圖書志》。二、成書于中唐的《周易集解》收集并引用唐時及以前三十餘家易學著作，但沒有引用或提及《關氏易傳》。三、阮逸曾有《易筌》六卷，每爻必以古事繫之，與《關氏易傳》體例相似。認爲此書爲宋人阮逸僞作，主要原因有二：一、《文中子》爲阮逸所注，而《關氏易傳》的撰者爲文中子關朗，阮逸對關朗本人及思想頗有研究，故被人懷疑即其僞造。二、此書最早見于李淑的《邯鄲圖書志》，李淑與阮逸恰好又同爲宋神宗時人，兩人生活年代相似。故陳振孫等人都提出《關氏易傳》係阮逸僞作的觀點。

在沒有更充足證據出現的背景下，不能貿然認定《關氏易傳》爲僞書。主要原因有三：一、關朗對易學確有研究，唐李延壽《關朗傳》中記錄了府君王彥向關朗請教《易》學之事，唐以後提到關朗的材料也多論述關朗易學成就。特別是宋朱熹在程顥、程頤弟子所錄各家《二程語錄》基礎上編定的《河南程氏遺書》中載有“如關朗卜百年事最好，其閑須言如此處之則吉，不如此處之則凶，每事如此，蓋雖是天命，可以人奪也”。二、唐人趙蕤在《關氏易傳》中對關朗所作的介紹與史傳相合。三、以史傳不載爲由，來否定其書不存在太過武斷。正如金生楊在《漢唐巴蜀易學研究》中所指出的：“由于《關氏易傳》及趙蕤的《注》長期被定爲僞書，影響了人們對其思想的深入考察。……雖然，我們不可斷然肯定關朗著、趙蕤注《關氏易傳》就一定是真，但其中注重變化，‘即人事以申天命，懸曆數以示將來’等諸多易學思想都是十分可貴的。尤其是該書的存在本身就極具意義，對巴蜀乃至全國易學的發展作出了特殊貢獻，值得今人反思和借鑒，而絕不可拘拘于'僞書'而弃之不顧。"① 我們也認爲在没有更直接證據的情况下，不能貿然認定《關氏易傳》爲阮逸僞作。

　　自《關氏易傳》在宋代流傳後，其書名在不同文獻記載中略有差异。宋陳師道《後山談叢》、宋孫奕《示兒編》、清朱彝尊《經義考》等文獻中稱爲《關子明易傳》，《玉海》稱爲《後魏關子明易傳》，宋黎靖德《朱子語録》中稱爲《關子明易》，元吴萊《淵穎集》稱爲《關子易傳》。在這些文獻中，雖對書名稱呼稍有差异，但毫無疑問都是指同一本書。此書在明清時就已少見，在明代著名藏書家范欽刊刻的《范氏奇書》二十一種中就將"唐趙蕤注《關氏易傳》"列爲不易得之書。

---

① 金生楊:《漢唐巴蜀易學研究》，巴蜀書社 2007 年版，第 321 頁。

二、《關氏易傳》傳、注者考辨

　　自《關氏易傳》在宋代流傳後，其傳、注者就受到了時人的廣泛關注與討論，在有些文獻中雖對關朗及趙蕤等人基本情況及事迹有所記録，但不够系統。爲了探究傳、注者與《關氏易傳》之關係，對此書相關文人仍有繼續深入討論之必要。

1.關朗生平及思想

　　關朗字子明，北魏河東解人，有經濟大器，妙極占算，不求宦達。其事迹主要記載于王通的《中説·録關子明事》、李延壽所作《關朗傳》和《關氏易傳》中。《中説》是文中子王通的弟子們爲了紀念他，仿孔子弟子作《論語》而作，是用講授記録的形式保存下王通授課時的主要内容，以及與衆弟子、學友、時人的對話，其中卷十《關朗篇》載："或問關朗。子曰：'魏之賢人也。孝文没而宣武立。穆公死，關朗退。魏之不振有由哉！'"① 是對關朗事迹的最早記録。此書另有《録關子明事》，對關朗生平進行了較爲簡略的介紹。文云："字子明，河東解人也。有經濟大器，妙極占算，浮沈鄉里，不求宦達。"② 《全唐文·關朗小傳》與

---

① 〔隋〕王通：《文中子中説》，江蘇古籍出版社 2017 年版，第 93 頁。

② 王路曼、池楨注説：《文中子》，河南大學出版社 2016 年版，第 278 頁。

此記同。

　　魏太和末,王虬署關朗爲公府記室,虬與談《易》,以爲奇才。薦于孝文帝。孝文帝問《老子》《易經》,關朗諷帝慈儉爲本,飾之以刑政禮樂。文帝稱其有"管、樂之器"。後多次受文帝召見。對關朗見孝文帝事迹較爲詳細的記載,也是《中説·録關子明事》,主要記録了文中子的曾祖父穆公向孝文帝推薦關朗之事,文云:"太和末,余五代祖穆公封晋陽,尚書署朗爲公府記室。穆公與談《易》,各相嘆服。穆公謂曰:'足下奇才也,不可使天子不識。'入言于孝文帝。帝曰:'張彝、郭祚嘗言之,朕以卜算小道,不之見爾。'穆公曰:'此人道微言深,殆非彝、祚能盡識也。'詔見之,帝問《老》《易》,朗既發明玄宗,實陳王道,諷帝慈儉爲本,飾之以刑政禮樂。帝嘉嘆,謂穆公曰:'先生知人矣。昨見子明,管、樂之器,豈占算而已!'穆公再拜,對曰:'昔伊尹負鼎幹成湯,今子明假占算以謁陛下,臣主感遇,自有所因,後宜任之。'帝曰:'且與卿就成筮論。'既而頻日引見,際暮而出。會帝有烏丸之役,敕子明隨穆公出鎮并州,軍國大議馳驛而聞,故穆公《易》筮,往往如神。"[1]

　　王虬去世後,關朗遂不仕,虬子王彦以師事之,學習《春秋》及《易》,共隱臨汾山。景明四年(503),關朗受王彦之邀,爲占百年事。在《中説·録關子明事》中對關朗占易之事記載詳盡,主要是通過文中子的祖父王彦與關朗對話的形式來加以記録,文云:"景明四年,同州府君服関援琴,切切然有憂時之思,子明聞之,曰:'何聲之悲乎?'府君曰:'彦誠悲先君與先生有志不就

---

①　王路曼、池楨注説:《文中子》,河南大學出版社 2016 年版,第 279 頁。

也.'子明曰:'樂則行之,憂則違之.'府君曰:'彥聞:治亂損益,各以數至,苟推其運,百世可知,願先生以筮一爲決之,何如?'子明曰:'占算幽微,多則有惑,請命蓍,卦以百年爲斷.'府君曰:'諾.'于是揲蓍布卦,遇《夬》(兌上乾下)之《革》(兌上離下),捨蓍而嘆曰:'當今大運,不過一再傳爾.從今甲申二十四歲,戊申大亂而禍始,宮掖有蕃臣秉政,世伏其强,若用之以道,則桓文之舉也;如不以道,臣主俱屠地.'府君曰:'其人安出?'朗曰:'參代之墟,有異氣焉,若出,其在并之郊乎?'府君曰:'此人不振,蒼生何屬?'子曰:'當有二雄舉而中原分.'府君曰:'各能成乎?'朗曰:'我隙彼動,能無成乎?若無賢人扶之,恐不能成.'府君曰:'請刻其歲.'朗曰:'始于甲寅,卒于庚子,天之數也.'府君曰:'何國先亡?'朗曰:'不戰德而用詐權,則舊者先亡也.'府君曰:'其後如何?'朗曰:'辛丑之歲,有恭儉之主,起布衣而并六合.'府君曰:'其東南乎?'朗曰:'必在西北.平大亂者未可以文治,必須武定.且西北用武之國也.東南之俗,其弊也剽;西北之俗,其興也勃.又況東南,中國之舊主也?中國之廢久矣.天之所廢,孰能興之?'府君曰:'東南之歲可刻乎?'朗曰:'東南運曆,不出三百,大賢大聖,不可卒遇,能終其運,所幸多矣.且辛丑,明王當興,定天下者不出九載.己酉,江東其危乎?'府君曰:'明王既興,其道若何?'朗曰:'設有始有卒,五帝三王之化復矣.若非其道,則終驕亢,而晚節末路,有桀、紂之主出焉.先王之道墜地久矣,苟化虐政,其窮必酷.故曰:大軍之後,必有凶年;積亂之後,必有凶主.理當然也.'府君曰:'先王之道竟亡乎?'朗曰:'何謂亡也?夫明王久曠,必有達者生焉.行其典禮,此三才五常之所繫也.孔子曰:文王既没,文不在兹乎？故王道不能亡也。'府君曰：'請推其數。'朗曰：'乾坤之策，陰陽之數，推而行之，不過三百六十六，引而伸之，不過三百八十四，天之道也。噫，朗聞之，先聖與卦象相契，自魏已降，天下無真主，故黃初元年庚子，至今八十四年，更八十二年丙午，三百六十六矣，達者當生。更十八年甲子，其與王者合乎？用之則王道振，不用，洙泗之教修矣。'府君曰：'其人安出？'朗曰：'其唐晉之郊乎？昔殷後不王而仲尼生周，周後不王，則斯人生晉。夫生于周者，周公之餘烈也；生于晉者，陶唐之遺風也。天地冥契，其數自然。'府君曰：'厥後何如？'朗曰：'自甲申至甲子，正百年矣。過此未或知也。'"詳細記述了關朗占卦之經過。

關朗所占一一應驗，使王彥退而學《易》。《中説·錄關子明事》載"府君蹶然驚起，因書策而藏之，退而學《易》。蓋王氏《易》道，宗于朗焉。其後，宣武正始元年歲次甲申，至孝文永安元年二十四歲戊申，而胡后作亂，爾朱榮起并州，君臣相殘，繼踵屠地。及周、齊分霸，卒并于西，始于甲寅，終于庚子，皆如其言。明年辛丑歲，隋高祖受禪，果以恭儉定天下。開皇元年，安康獻公老于家，謂銅川府君曰："關生殆聖矣，其言未來，若合符契。"最終發出了"嗚呼！此關先生所言皆驗也"的感嘆。趙蕤在《序》文中與此記略同，云："彥蹶然驚起，因書策而藏之，退而學《易》。王氏《易》道，蓋宗關氏焉。"記載了王彥學《易》之原因。

關朗除了作《關氏易傳》外，還有"《洞極真經傳》五卷"存世，據《宋史·藝文志》載："關朗《洞極真經傳》五卷。"但元胡一桂所撰《周易啓蒙翼傳》中說此書是關氏家傳的聖人之書，據《周易啓蒙翼傳·外篇》中關朗的自序云："朗，業儒，蓄書積數世矣。自六代祖淵，會鼎國之亂，徙家于汾河，所藏之書，散逸幾盡,其秘而存者,唯《洞極真經》而已。六世祖嘗謂家人曰:《洞極真經》,聖人之書也,吾後數世,當有賢者生,如得其用,功不下于稷、契,倘不時偶,其顏淵之流乎。是經之蘊當可明也。"① 另清人胡煦所撰《周易函書約存》《易圖明辨》《易學象數論》《山西通志》等書都有記載,祇是《易圖明辨》和《山西通志》中稱此書爲《洞極元經傳》。

關朗易學成就突出,受到了後人的充分肯定。如宋陳亮對關朗易學成就給予了充分肯定。他在《書文中子附錄後》中説:"世往往以其筮爲怪。《易》有理有數。數,出于理者也。得其理足以知百世之變,明其數足以計將來之事,而又何怪焉! 如子明之論人謀天命,有後世儒生之所不及知者。文中子家世之明王道,子明蓋有助焉。"② 另宋人楊時在彙輯整理的程顥、程頤兄弟語録《二程粹言》中云:"關子明推占吉凶,必言致之之由與處之之道。曰: 大哉! 人謀其與天地相終始乎? 故雖天命,可以人勝也。善養生者,引將盡之年; 善保國者,延既衰之祚,有是理也。"③ 另朱熹所作《周易本義》序例中有云:"蔡元定曰: 圖書之象,自漢孔安國、劉歆,魏關朗子明,有宋康節先生邵雍堯夫,皆謂如此。至劉牧始兩易其名,而諸家因之。故今復之,悉從其舊。"④ 元黄澤《易學濫觴》中説:"古之所傳通于音律者,率能知政治得失,世或有其人。而精于數者,如揚子雲、關朗、陳希夷之

① 〔清〕馬國翰輯:《道家佚書輯本十七種》,臺灣世界書局 1970 年版,第 21 頁。

② 〔宋〕陳亮:《陳亮集》,中華書局 1974 年版,第 193 頁。

③ 〔宋〕程顥、〔宋〕程頤著,〔朝〕宋時烈編,〔韓〕徐大源點校:《程書分類》(下),上海辭書出版社 2006 年版,第 662 頁。

④ 蕭漢明:《〈周易本義〉導讀》,齊魯書社 2003 年版,第 68—69 頁。

流,往往得數之用,是世蓋有得其難者?"清王夫之《讀通鑒論》卷一五有云:"蘇綽、李諤定隋之治具,關朗、王通開唐之文教,皆自此昉也。"① 這些論斷都充分肯定了關朗在易學發展史上的貢獻及地位。

對關朗易學的成就,後人在見到其作品、後人或其行止所在地時,多在詩歌作品中加以稱頌。如宋人劉鑒在《見率齋王簾使》中説:"人物東南又一初,甲田氣運恰相符。王通今日經重續,關朗當年筮不誣。"明代象數易學家來知德在《戊子求溪元日縱筆》其二中云:"關朗當年原是北,丁寬此日又之東。鳳鳴自是驚凡鳥,未論梧桐與枳叢。"明人趙貞吉在《過孟津次先己酉韵》中有:"回御指滄浪,吾家沱水傍。苾芻香座穩,平仲野陰凉。卜世傳關朗,交鄰托仲光。續經猶畏老,無力賦《長楊》。"明代學者郭子章在《郭氏易解》卷八"損論"中説:"予讀關子明損益盛衰之説,而知子明於《易》深矣。"② 都對關朗其人及易學成就推崇有加。

需要指出的是,在部分文獻中對於關朗事迹的記載也有明顯謬誤之處,如《文中子·中説》中記文中子王通:"受《書》於東海李育,受《詩》於會稽夏琠,受《禮》於河東關朗,受《樂》於北平霍汲,受《易》于族父仲華。"在宋人邵伯温的《邵氏聞見録》及宋人邵博所撰的《聞見後録》卷四中均與此記同。但是對于王通向關朗學"禮"之事,多數學者認爲不可能存在,如《郡齋讀

---

① 〔清〕王夫之著,傅雲龍、吴可主編:《船山遺書》(第 5 卷),北京出版社 1999 年版,第 3053 頁。

② 〔明〕郭子章著,謝輝點校:《郭氏易解》,上海古籍出版社 2017 年版,第 115 頁。

書志》《文獻通考·經籍考》都指出："關朗在太和中見魏孝文,自太和丁巳,至通生之年甲辰,蓋一百七年矣,而其書有問《禮》于關子明?"①對王通問"禮"于關朗之事提出質疑,所論令人信服,也可見部分文獻記載之謬誤。

2.趙蕤生平及《關氏易傳》注文思想

趙蕤,字太賓,梓州鹽亭(今屬四川)人,漢儒趙賓之後,開元中隱士,長于術數,李白嘗師事之。主要撰述有《長短經》十卷,也曾爲《關氏易傳》作注。其生平事迹主要見于《新唐書·藝文志三》《北夢瑣言》《唐詩紀事》《楊升庵集》及《蜀中廣記》等文史典籍。據《新唐書·藝文志三》載:"趙蕤,《長短要術》十卷。字太賓,梓州人。開元中,召之不赴。"另孫光憲《北夢瑣言》卷五《附載候嗣歸隱趙蕤附》載:"趙蕤者,梓川鹽亭縣人也,博學韜鈐,長于經世。夫婦俱有節操,不受交辟,撰《長短經》十卷,王霸之道見行于世。"②《圖經》載:"蕤,漢儒趙賓之後,鹽亭人,屢徵不就,所著有《長短經》。"其他典籍所記趙蕤基本情況均與上述記載相似。《長短要術》與《長短經》似爲一書而二名。

趙蕤曾長期隱居于梓州長平山,故又號東岩子,因不受玄宗徵召,被時人稱爲處士。在李白《上安州裴長史書》中云:"昔與逸人東嚴子隱于岷山之陽,白巢居數年,不迹城市。養奇禽千計,呼皆就掌取食,了無驚猜。廣漢太守聞而异之,詣廬親睹,因舉

① 〔清〕周中孚:《鄭堂讀書記》(上),北京圖書館出版社 2007 年版,第 668 頁。

② 〔五代〕孫光憲撰,林艾園校點:《北夢瑣言》,上海古籍出版社 2012 年版,第 39 頁。

二人以有道,并不起。"① 書中所云"東嚴子"即是趙蕤。《蜀中廣記》卷四四稱其隱居于梓州長平山,文云:"趙蕤,鹽亭人,好學不仕,著書屬文,隱于梓州長平山。博考六經諸家异同之旨,玄宗屢徵不就,李白嘗就學焉。"明人陳耀文的學術筆記《正楊》"李白家世"條載:"又與逸人東岩子隱于岷山之陽,巢居數年,不迹城市,廣漢太守聞而异之,因舉二人有道,并不起。"明人楊慎所撰《譚菀醍醐》與此記同。兩書所指"岷山之陽"即爲趙蕤夫婦隱居處長平山安昌岩。明人曹學佺《蜀中名勝記·鹽亭縣》稱:"趙徵君蕤,此縣人,習術數之學,隱居不仕。著《長短經》,李太白往返之。"另唐人侯圭《東山觀音院記》載:"梓州諸寺山院陳迹,慧義則有庾開府、王子安、李北海、趙蕤處士碑,牛頭則有閭丘博士均、嚴員外碑,南禪院應天院則有李員外商隱、净光徹大碑,圓梵寺、兜率寺則有崔相國、楊相國記,靈泉院、法社龕則有王校書魯記,皆雄詞健筆,抉异挑奇,相繼馳名於諸夏矣。"② 又《容齋四筆》卷三"李太白怖州佐"載李白"又與逸人東岩子隱于岷山,巢居數年,不迹城市。養奇禽千計,呼皆就掌取食,了無驚猜"。③ 清吳任臣所編《十國春秋》中也稱"趙蕤素以節操見,而著作鬱然,故不可没"。以上資料均證實趙蕤確曾長期在岷山隱居。

　　趙蕤隱居時,李白曾跟從他學習一年有餘。據《唐詩紀事》

　　①〔唐〕李白著,鮑方校點:《李白全集》,上海古籍出版社 1996 年版,第 242 頁。

　　② 周紹良主編:《全唐文新編》(第 4 部第 2 册),吉林文史出版社 2000 年版,第 9865 頁。

　　③〔宋〕洪邁著,穆公校點:《容齋隨筆》(下),上海古籍出版社 2015 年版,第 364 頁。

卷一八載:"太白恐,弃去,隱居戴天大匡山,往來旁郡,依潼江趙徵君蕤。蕤亦節士,任俠有氣,善爲縱橫學,著書號《長短經》。太白從學歲餘,去游成都。"《蜀中名勝記·鹽亭縣》中記:"縣有濯筆溪,云太白從徵君習書處也。"另《楊升庵集》卷七"太白懷鄉句"條載:"《淮南臥病書懷寄蜀中趙徵君蕤》詩云:'國門遥天外,鄉路遠山隔。朝憶相如臺,夜夢子雲宅。'皆寓懷鄉之意。趙蕤,梓州人,字雲卿,精于數學,李白齊名。蘇頲《薦西蜀人才疏》云:'趙蕤術數,李白文章。'宋人注李詩遺其事,并附見焉。"文中所云《淮南臥病書懷寄蜀中趙徵君蕤》是李白在淮南時病中所作,因古代士人經朝廷徵聘者被尊稱爲徵士,君爲敬稱,故詩中稱"趙徵君蕤"。全詩爲:"吳會一浮雲,飄如遠行客。功業莫從就,歲光屢奔迫。良圖俄弃捐,衰疾乃綿劇。古琴藏虛匣,長劍挂空壁。楚冠懷鍾儀,越吟比莊舄。國門遥天外,鄉路遠山隔。朝憶相如臺,夜夢子雲宅。旅情初結緝,秋氣方寂歷。風入松下清,露出草間白。故人不可見,幽夢誰與適。寄書西飛鴻,贈爾慰離析。"① 向朋友表達自己的壯志難酬及思鄉之情。李白另有《贈錢徵君少陽》(一作送趙雲卿)詩云:"白玉一杯酒,緑楊三月時。春風餘幾日,兩鬢各成絲。秉燭唯須飲,投竿也未遲。如逢渭水獵,猶可帝王師。"鼓勵朋友在國難當頭之時,施展其治國安民之術。可見,兩人間具有亦師亦友的親密關係。在當前所見李白所存詩作中,多將趙蕤稱爲"徵君"。在古代,一般將不就朝廷徵辟的士人稱作"徵士",對這些徵士的尊稱就是"徵君"。李白將趙蕤稱爲"徵君",就表現出了對趙蕤的尊敬之情。

---

① 郁賢皓編選:《李白集》,鳳凰出版社 2014 年版,第 28—29 頁。

　　趙蕤在當時以《關氏易傳》及《長短經》爲人所知，亦以"術數"爲人所贊，被認爲是"縱橫家"。如蘇頲在《薦西蜀人才疏》中所説："趙蕤術數，李白文章。"就有此意。趙蕤自己也曾提出"書讀縱橫，則思諸侯之變"的觀點。《全唐文》中現存趙蕤所作《關子明易傳叙》和《長短經叙》兩文，均體現出"縱橫家"思想。《關子明易傳叙》云："蕤非聖人，五十安知天命？然從事於《易》，雖亂離中，未嘗釋卷。蓋天命深微，莫研其極。而子明之傳，蕤粗通之，然恨此書亡篇過半。今所得者，無能詮次，但隨文義解注，庶學者觸類而長，當自知之爾。"[1] 在《長短經叙》中云："趙子曰：匠成輿者，憂人不貴；作箭者，恐人不傷。彼豈有愛憎哉？實伎業驅之然耳。是知當代之士、馳騖之曹，書讀縱橫，則思諸侯之變；藝長奇正，則念風塵之會。此亦向時之論，必然之理矣。故先師孔子，深探其本、憂其末。遂作《春秋》，大乎王道；製《孝經》，美乎德行。防萌杜漸，豫有所抑。斯聖人製作之本意也。然作法於理，其弊必亂。若至於亂，將焉救之？是以御世聖人，罕聞沿襲，三代不同禮，五霸不同法。非其相反，蓋以救弊也。是故國容一致，而忠文之道必殊；聖哲同風，而皇王之名或異。豈非隨時設教沿乎此，因物成務牽乎彼？沿乎此者，醇薄繼於所遭；牽乎彼者，王霸存於所遇。故古之理者，其政有三。王者之政化之，霸者之政威之，强國之政脅之，各有所施，不可易也。管子曰：'聖人能輔時而不能違時。智者善謀，不如當時。'鄒子曰：'政教文質，所以匡救也。當時則用之，過則捨之。'由此觀之，當霸者之朝而行王者之化，則悖矣；當强國之世而行霸者之威，

──────────

　　① 周紹良主編：《全唐文新編》（第 2 部第 3 册），吉林文史出版社 2000 年版，第 4100 頁。

則乖矣。若時逢狙詐，正道陵夷，欲憲章先王，廣陳德化，是猶待越客以拯溺，白大人以救火，善則善矣，豈所謂通於時變歟？夫霸者駁道也，蓋白黑雜合，不純用德焉。斯於有成，不問所以，論於大體，不守小節。雖稱仁義不及三王，而扶顛定傾，其歸一揆。恐儒者溺於所聞，不知王霸殊略，故叙以長短術，以經綸通變者。創立題目，總六十三篇，合爲十卷，名曰《長短經》。大旨在乎寧固根蒂，革易時弊，興亡治亂，具載諸篇，爲沿襲之遠圖，作經濟之至道。非欲矯世誇俗，希聲慕名，輒露見聞，逗機來哲，凡厥有位，幸望詳焉！"①體現出趙蕤“縱橫家”的思想。

　　正是因趙蕤所作《長短經》着眼于經國治世、帝王權謀，也多談縱橫之術，故後世多評趙蕤爲縱橫家。如宋楊天惠《彰明逸事》稱趙蕤爲“節士，任俠有氣，善爲縱橫學”。另如《御制詩集》載“《長短經》九卷”，下注“唐趙蕤，讀畫齋本。兼縱橫家”。也正是因《長短經》被史學家稱爲“置于枕頭，秘而不宣”之書，堪與被稱爲《正經》的《資治通鑒》齊名，故而將與之比肩的《長短經》稱爲《反經》。當清廷組織編纂《四庫全書》時，乾隆皇帝特意爲大臣勵守謙進獻的南宋净戒院刊本《長短經》扉頁題詩一首，以彰顯榮耀，詩有云：“郪縣創爲救弊論，愛憎敺業匠和函。向時雖類縱橫説，憂末原歸理道談。宋刊弄自教忠堂，通變稱經曰短長。比及亂時思治亂，不如平日慎行王。卷原稱十今失一，總目翻看餘一篇。"②對趙蕤所作《長短經》推崇有加。

────────────

①　周紹良主編：《全唐文新編》（第2部第3冊），吉林文史出版社2000年版，第4100—4101頁。

②　〔唐〕趙蕤著，李孝國等注譯，董立平等審校：《長短經：全注全譯》，中國書店2013年版，第834頁。

其實，趙蕤的《長短經》內容龐雜，包羅儒、法、縱橫諸家，在儒者看來，它講王道，講爲政，是儒家治國之學，趙蕤自己就稱它爲"儒門經濟長短經"；而在法家看來，它講霸道、講權謀，乃"事功之學"；在縱橫家看來，它講因時制變，當是"策士詭譎之謀"；而在任俠仗義者眼中，它卻是馳俠使氣、行走天下、殺身謀國的教科書，故也有人以"雜家"視之。對此書的多重解讀，也可證明此書所具有的多重價值。金生楊在《漢唐巴蜀易學研究》中總結説："《長短經》成于開元四年（716），正是唐朝鼎盛時期，距天寶年間"安史之亂"（755—763）的爆發尚有 39 年。趙蕤寫作該書用意于'防萌杜漸'，'通于時變'，防範社會動亂，并爲之出謀畫策。他説：'先師孔子深探其本、憂其末，遂作《春秋》，大乎王道；製《孝經》，美乎德行。防萌杜漸，預有所抑，斯聖人製作之本意也。'趙蕤以孔子之行表明自己'防萌杜漸'的製作之意。"[①] 指出了《長短經》創作之意圖。

另外，趙蕤對易學也有獨到見解，他認爲"易道無不包，詩、書、禮、樂俱在其中"。他選擇爲《關氏易傳》作注釋，通過闡發關氏易學的思想，表達對易學具用實踐意義的推崇，也表現了他對《周易》的準確把握（詳見後論），顯示出趙蕤特有的"術數"學思想。

正是因趙蕤所作《長短經》、所注《關氏易傳》的巨大影響，及他體現出的不受皇帝徵召的氣節，受到後人贊頌。如宋人王紳在《潼川州五仙詩》"趙蕤"中云："高人抱沖志，不與凡士同。譬之凌霄鶴，鷄鶩安能從。邈哉趙大賓，錦綉盤心胸。百家盡研

[①] 金生楊：《漢唐巴蜀易學研究》，巴蜀書社 2007 年版，第 318—319 頁。

究,探索歸會通。業成事肥遯,不肯干王公。竟作赤松游,千載存徽風。"黃庭堅也在《題王觀復所作文後》中説:"如梓州生陳子昂之文章,趙蕤之術智,皆所謂人杰地靈也,何必城南有錦屏山哉!"① 乾隆皇帝也在《題趙蕤〈長短經〉》詩中云:"既是梓州善經濟,不應辟召又何焉。津瀛文苑繼家聲,四庫搜羅俾贊成。邂近世臣獻遺簡,向年論學憶西清。"② 他們都從不同角度對趙蕤贊賞有加。

3.阮逸生平及思想

在宋明文獻記載中多認爲《關氏易傳》爲宋人阮逸僞作,本書雖在前篇已對此問題作過考證,出于學術研究嚴謹性及完整性需要,同時爲了對趙蕤其人有更爲詳細的研究,本文將所搜集的阮逸相關資料加以梳理,以明阮逸與《關氏易傳》之關係,并方便學者檢索研究使用。

阮逸,字天隱,建州建陽(今屬福建)人。史書無傳,其仕履可以根據《八閩通志》及《續資治通鑒長編》各卷記載作粗略考證。天聖五年(1027)進士③。景祐二年(1035)典樂事。慶曆中,以詩得罪除名,貶竄遠州。皇祐中,特遷户部員外郎。《宋詩紀事》卷一二"阮逸"條載:"逸,字天隱,建陽人,安定先生胡瑗

① 〔宋〕黃庭堅著,屠友祥校注:《山谷題跋》,上海遠東出版社1999年版,第54頁。

② 吴景仁輯注:《乾隆薊州詩注釋》,天津社會科學院出版社2004年版,第491—492頁。

③ 〔弘治〕《八閩通志》卷四九《選舉》"天聖五年丁卯王堯臣榜":"阮逸,建陽人。"

之門人。天聖五年進士，爲鎮江軍節度推官。皇祐中，與瑗同典樂事，遷尚書屯田員外郎。"①阮逸是北宋著名音樂家，精通樂理、經學、詞賦。據史書記載，其主要著作有《皇祐新樂圖記》《野言》和《易筌》等。《宋史·藝文志》載："阮逸，《皇祐新樂圖記》三卷。"又載："阮逸，《野言》一卷。"另載："阮逸，《易筌》六卷。"但《四庫全書》中却認爲《易筌》爲明人焦竑撰。在現存文獻中，主要記載阮逸頗通音律、任武學諭及"作僞書"等事。

阮逸頗通音律之事，在《宋史》《嘉定鎮江志》《方輿勝覽》等史籍中多有記載。如《宋史》載："景祐初，更定雅樂，與鎮東軍節度推官阮逸同校鐘律者，即其人也。"又載："初，馮元等上《新修景祐廣樂記》，時鄧保信、阮逸、胡瑗等奏造鐘律，詔翰林學士丁度、知制誥胥偃、右司諫高若訥、韓琦，取保信、逸、瑗等鐘律詳考得失。"又載："其阮逸、胡瑗、鄧保信并李照所用太府寺等尺及阮逸狀進《周禮》度量法，其説疏舛，不可依用。"又載："康定元年，阮逸上《鍾律制議》并圖三卷。"又載："奉詔與參議阮逸所上編鍾四清聲譜法，請用之於明堂者。"又載："其阮逸所上聲譜，以清濁相應，先後互擊，取音靡曼，近於鄭聲，不可用。"又載："今將有事于明堂，然世鮮知音，其令太常并加講求。時言者以爲鎛鐘、特磬未協音律，詔令鄧保信、阮逸、盧昭序同太常檢詳典禮，別行鑄造。"都從不同方面記載了阮逸頗通音律的才干。

另南宋史彌堅修、盧憲所纂的《嘉定鎮江志》"阮逸"條載："景祐三年，爲鎮江軍節度推官。詔令較定舊鐘律，作鐘磬律度。案之雖與古多不合，猶推恩而遣之，轉鎮安節度掌書記，知城父

―――――――――――――

① 〔清〕厲鶚輯撰：《宋詩紀事》，上海古籍出版社 2013 年版，第 293 頁。

縣。"另清人畢沅撰《續資治通鑒》載:"知杭州鄭向,言鎮東節度推官阮逸頗通音律,上其所撰《樂論》十二篇,并《律管》十三。詔令逸赴闕。"① 南宋祝穆所著《方輿勝覽》中也載:"阮逸,嘉禾人,景祐初,上《樂論》十二篇,與布衣胡爰同召校定新舊樂律。"南宋陳振孫所撰《直齋書録解題》亦載:"《皇祐新樂圖記》三卷,屯田員外郎阮逸、光禄寺丞胡瑗撰。凡十二篇,首載詔旨,次及律度、量衡、鍾磬、鼓鼎、鸞刀,圖其形制,刊板頒之天下。虎丘寺有本,當時所頒藏之名山者也。其末志頒降歲月,實皇祐五年十二月二十一日,用蘇州觀察使印,長貳押字。余平生每見承平故物,未嘗不起敬,因録藏之,一切依元本摹寫,不少异。"② 南宋孝宗時人王稱所作《東都事略》卷六九載:"未幾,同議雅樂,琦以胡瑗、阮逸、鄧保信黍尺鍾律之法出私見,乖戾古制,奏罷之,仍用王樸樂。"③ 也都記載了阮逸具有音律之能。

而清代也有對阮逸通音律之事的記載,雖多是對前代文獻的撰述,但也具有一定的史料價值。如清嘉慶時人徐松所輯《宋會要輯稿·樂二》載:"二十一日,詔翰林學士丁度、知制誥胥偃、直史館高若訥、直集賢院韓琦取鄧保信、阮逸、胡瑗等鍾律,定奪得失、可施行與否,以聞。"④ 又載:"阮逸、胡瑗《鍾律奏議》三卷,

①〔清〕畢沅:《續資治通鑒》,北京燕山出版社 2008 年版,第 932 頁。

②〔宋〕陳振孫:《直齋書録解題》,山東畫報出版社 2004 年版,第 245 頁。

③〔宋〕王稱撰,孫言誠、崔國光點校:《東都事略》,齊魯書社 2000 年版,第 570 頁。

④ 劉琳、刁忠民、舒大剛等校點:《宋會要輯稿》,上海古籍出版社 2014 年版,第 359 頁。

并所造黃鍾律管、銅龠一、木龠一,各受黍千二百粒。"①清代莫友芝撰《邵亭知見傳本書目》載:"《皇祐新樂圖記》三卷,宋阮逸、胡瑗奉敕撰。"② 這些文獻對我們認識阮逸的音律之能具有重要價值。

　　阮逸對軍事謀略也多有研究,曾出任鎮江軍節度推官,後調任鎮安軍掌書記,并曾任過短暫時間的武學諭。據宋人所作《翰苑新書》"武學"條載:"唐開元間,始置太公尚父廟,以留侯張良配。中春、中秋、上戊祭之,牲、樂如文宣王,仍以古名將十人爲十哲配享。……慶曆三年,詔置武學於武成王廟。以阮逸爲教授。八月,罷武學,以議者言'古名將如諸葛亮、羊祜、杜預等,豈專學孫、吳'故也。"又"博士學諭"條載:"本朝武學諭,慶曆三年置學,始以阮逸爲之,本朝官制未防省。"

　　明清時,對阮逸軍事謀略的介紹與研究,多是對《翰苑新書》的重複。如明萬曆時人彭大翼所撰《山堂肆考》"詔復武學"條載:"宋慶曆三年,詔置武學于武成王廟,以阮逸爲教授。後議者以爲古名將諸葛亮、羊祜、裴度等,豈專學孫、吳哉? 遂罷。"明末清初著名學者顧炎武所作《日知錄》卷一七"武學"條引《山堂考索》言:"武學置於慶曆三年,阮逸爲武學諭。未幾省去,熙寧復置,選知兵書者判武學,置直講如國子監。靖康之變,不聞武學有禦侮者。"③但也有資料與其他文獻記載稍有差异,如清人厲

　　① 劉琳、刁忠民、舒大剛等校點:《宋會要輯稿》,上海古籍出版社 2014 年版,第 360 頁。

　　②〔清〕莫友芝撰,梁光華、歐陽大霖點校:《邵亭知見傳本書目莫繩孫稿抄本》(點校本),貴州大學出版社 2017 年版,第 84 頁。

　　③〔清〕顧炎武著,〔清〕黃汝成集釋,欒保群、呂宗力校點:《日知錄集釋》(全校本),上海古籍出版社 2013 年版,第 1027—1028 頁。

鶚編輯的由宋代詩歌資料彙集而成的《宋詩紀事》卷一二"阮逸"條載:"逸,……安定先生胡瑗之門人。"①認爲阮逸爲胡瑗之門人,其他資料未見相關記載。另清惠棟在《惠氏春秋左傳補注》"昭公元年"載:"阮逸謂,荀吳用車法爾,雖捨車而法在其中焉,服氏之説未可非也。"也未見其他文獻有載,具有一定的史料價值,也都是在説阮逸具有軍事才能。

對于阮逸作僞書的相關記載,最早出于北宋詩人陳師道所撰《後山談叢》,該書卷二"阮逸作僞書"條載:"世傳《王氏元經》《薛氏傳》《關子明易傳》《李衛公對問》皆阮逸所著,逸以草示蘇明允,而子瞻言之。"②後張邦基所撰的《墨莊漫録》卷八載:"何薳子楚作《春渚紀聞》云:《關子明易傳》《李衛公對問》,皆阮逸著撰。予考之《唐·藝文志》及本朝《崇文總目》皆無之,子楚之言或然也。"另鄭獬的《鄖溪集》"書文中子後"條載:"予按淹以貞觀二年卒,後二十一年,高宗即位,長孫無忌始拜太尉,其不合于史如此。故或者疑爲阮逸所作。"元馬端臨所作《文獻通考》卷二二一載:"世所傳王通《元經》、關子明《易傳》及李靖《問對》皆阮逸僞撰,逸嘗以草示奉常公云。奉常公者,老蘇也。"明楊慎《升庵集》卷七二"蛙鳴"載:"然《元經》非出文中子,蓋阮逸贋作耳。"謝肇淛在《五雜組》卷一三"求書"中説:"近代异書輩出,刳剟無遺,或故家之壁藏,或好事之帳中,或東觀之秘,或昭陵之殉,或傳記之裒集,或鈔録之殘剩,其間不準之誣,阮逸之

---

①〔清〕厲鶚輯撰:《宋詩紀事》,上海古籍出版社 2013 年版,第 293 頁。

②〔宋〕陳師道撰,李偉國校點:《後山談叢》,上海古籍出版社 2012 年版,第 118 頁。

贋，豈能保其必無？"① 都是從不同角度在説阮逸僞作之事。

而清人對阮逸的批評則更爲具體，引證也更爲豐富。如清目録學家、藏書家姚際恒在《姚際恒文集》"關朗易傳"條載："陳直齋曰：'唐趙蕤注。然隋、唐《志》皆不載；或云阮逸僞作。'恒按：《文中子》阮逸所注，人疑即其僞造。關朗稱元魏孝文時人，王通祖同州刺史彦師事之；嘗爲彦筮得夬之革，決百年中當有達人出，修洙泗之教；歷數周、齊、陳、隋事，無不懸合，蓋寓意于通也。如此牽合證佐，故人知《易傳》亦逸僞造也。"② 另清人朱彝尊所撰《經義考》中對此書有較詳細的論述，文載："陳師道曰：'世傳王氏《玄經薛氏傳》及《關子明易傳》《李衛公對問》，皆阮逸所著，逸嘗以草示蘇明允，而子瞻言之。'晁公武曰：'《關子明易傳》，《四庫》書不載，李邯鄲始著之，目云王通贊《易》，蓋本此也。'陳振孫曰：'《關氏易》，隋、唐《志》皆不録，或云阮逸僞作。'朱子曰：'《關子明易》，僞書也。'項安世曰：'唐李鼎祚《集解》易，盡備前世諸儒之説，獨無所謂關子明者，蓋阮逸僞作也。'"清代經學家胡渭也在《易圖明辨》中説："宋仁宗朝劉牧著《易數鈎隱》，以九宫爲《河圖》，五合爲《洛書》，其學盛行于世。同時有阮逸者，陰欲排之，乃撰《關子明易傳》，而兩易其名，季通不察，以爲真古書也。"③

① 〔明〕謝肇淛：《五雜組》，中央書店 1935 年版，第 206 頁。

② 據顧實《重考古今僞書考》："清《四庫存目》據晁氏《讀書志》，謂李淑《邯鄲圖書志》始有此書，《中興書目》亦載其名；云阮逸詮次刊正。陳師道《後山談叢》、何薳《春渚紀聞》及邵博《聞見後録》皆云'阮逸嘗以僞撰之稿示蘇洵'，則出自逸僞作，無可疑義。逸與李淑同爲神宗時人，故《李氏書目》始有之也。"

③ 〔清〕胡渭：《易圖明辨》，九州出版社 2008 年版，第 110 頁。

對于阮逸所作《中説注》，多數學者認爲是阮逸所注。如《直齋書録解題》卷九載：“《中説注》十卷，太常丞阮逸天隱撰。”王世貞所作《讀書後·讀文中子》載：“蓋夫子大聖人，七十子之徒，其齒莫重於顏、季、二路，然未有長於夫子者。至考房、杜、李、魏諸賢，皆北面而事文中子，而皆長於文中子。文中子以開皇四年生，以大業十二年卒，壽僅二十三。今李衛公以貞觀廿三年卒，年七十九，魏鄭公以十七年卒，年七十三，當并長文中子十六歲也。房梁公以貞觀廿二年卒，年七十一，當長文中子九歲也。杜密公以二年卒，年四十六，當長文中子四歲也。它若淹若威若州達，即不可考。要之，其齒皆不卑于房、杜者，文中子固十五而抗顏爲人師，然豈必處處作項橐哉？將文中子之微言，固不止是，而好事後進有剿入而亂其真者耶？若以爲阮逸僞作，則斷乎非逸所能辦，聊志於此，以示傳疑。”[1]

但明宋濂堅持認爲《文中子》一書是阮逸僞作，他在《諸子辯》“文中子中説”條云：“《文中子中説》十卷，隋王通撰。通字仲淹，文中蓋門人私謐，因以名其書。世之疑通者有三：一云《唐書·房杜傳》中，略不及其姓名，此書乃阮逸僞作，未必有其人。按皮日休著《文中子碑》，謂通‘生乎陳、隋之世，以亂世不仕，退于汾晉，序述《六經》，敷爲《中説》，以行教于門人’。皮，唐人也，距隋爲近，其言若此。果無是人乎？書果逸之僞作乎？一云通行事于史無考，獨《隋唐通録》稱其有穢行，爲史官所削。然史氏之職，善惡畢書，以爲世法戒。人有穢行，見諸簡策者多矣，何特削通哉？一云房、杜、李、魏、二温、王、陳輩，未必其門人，脱

---

[1]〔明〕王世貞：《讀書後》，《影印文淵閣四庫全書》第 1285 册，北京出版社 2012 年版，第 37 頁。

有之，何不薦諸太宗而用之？隋大業十三年五月，通已先卒，將焉薦之？劉禹錫作《王華卿墓志》，載其家世行事，有曰‘門多偉人’。雖未可必其爲房、杜諸公，要不可謂非碩士也。第其書出于福郊、福畤之所爲，牽合傅會，反不足取信于人。如仁壽四年，通始至長安，李德林卒已九歲，而書有‘德林請見’之語。江都有變，通不及聞，而書有‘泫然而興’之言。關朗在太和中見魏孝文，自太和丁巳至通生之歲開皇四年甲辰，一百七年矣，而書謂‘問禮于關子朗’。此最爲謬妄者也。噫！孟子而下，知尊孔子者曰荀、楊。楊本黄老，荀雜申、商，唯通爲近正。讀者未可以此而輕訾之。”多方論證此書爲阮逸僞作。

阮逸現存詞一首，名《花心動》，詞云：“仙苑春濃，小桃開，枝枝已堪攀折。乍雨乍晴，輕暖輕寒，漸近賞花時節。柳搖臺榭東風軟，簾櫳静，幽禽調舌。斷魂遠，閑尋翠徑，頓成愁結。　　此恨無人共説。還立盡黄昏，寸心空切。强整綉衾，獨掩朱扉，簟枕爲誰鋪設。夜長更漏傳聲遠，紗窗映、銀缸明滅。夢回處，梅梢半籠淡月。”[1]另存句一，據《宋詩紀事》卷十二載：“《隱居詩話》云，至和中，阮逸爲王宫記室，王能詩，多與逸唱和，有句曰：‘易立丸山石，難枯上林柳。’有言其事者，朝廷方治之。會逸坐他事，因廢棄。”[2]《全閩詩話》卷二“阮逸”條與此記相似，云：“至和中，阮逸爲王宫教授，有宗室能詩，多與逸唱和。逸有句曰：‘易立泰山石，難枯上林柳。’有言其事者，朝廷方治之，會逸復以請

---

① 黄勇主編：《唐詩宋詞全集》（第6册），北京燕山出版社2007年版，第2905頁。

② 〔清〕厲鶚輯撰：《宋詩紀事》，上海古籍出版社2013年版，第293頁。

求受賄事,因廢斥之。"① 另《宋詩紀事》存詩《題竹閣》一首,詩
云: "僧閣倚寒竹,幽襟聊一開。清風曾未足,明月可重來,曉意
烟垂草,秋姿露滴苔。佳賓何以仁,雲瑟與霞杯。"②

　　另在文獻中也有對阮逸軼事的記載,如北宋王鞏《甲申雜
記》載: "辛諫議子有儀,嘗與阮逸善。一日,謂逸曰:'君未娶,
我有一相知無子,家饒財,有女求婿,其家房緡二千。當爲營之,
苟成,以一千謝我。'逸唯唯。姻既成,逸以前約語其婦翁,婦翁
難之,有儀怨甚。乃以逸有'易立太山石,難芳上林柳'之句,告
謀不軌。逸下吏,全家流竄。後有儀爲海州都曹,至淮,舟没,憑
轎子浮水上,得脱。既至岸,舟人雖小兒悉免,有儀家人無一存
者,唯長子他道。及官滿歸洛,長子忽失所在,視之,得尸井中。
世以爲阮逸之報也。"③ 記錄了阮逸不信守承諾,而謀害人命之
事。當然,此書多記不足信之事,如記"崇寧元年六月,西京民家
豬生二男、一女、一豬"。故僅聊作一説存録于此。

4.戴師愈生平及創作

　　元吴萊《淵穎集》卷七《關子明易傳後序》云: "予始讀文中
子《中説》,頗載關朗子明事,後得天水趙蕤所注《關子易傳》十
有一篇,大概《易》上下繫之義疏耳。或曰,王氏《中説》本于阮

---

①〔清〕鄭方坤編輯,陳節、劉大治點校:《全閩詩話》,福建人民出版社
2006 年版,第 94 頁。

②〔清〕厲鶚輯撰:《宋詩紀事》,上海古籍出版社 2013 年版,第 293 頁。(此
詩又見〔宋〕范仲淹《和章岷推官同登承天寺竹閣》)

③ 江畬經編輯:《歷代小説筆記選(宋)》,上海書店 1983 年版,第 75 頁。

逸,《關氏易傳》肇于戴師愈。師愈,江東老儒也。"①首次提出了
"《關氏易傳》肇于戴師愈"的觀點。因此,本節將對戴師愈事迹
及易學著作進行考辨,以明辨《關氏易傳》與戴師愈有無直接關
係。

　　戴師愈(?—1179),字孔文,號玉溪子,南康軍星子(今屬江
西)人,隆興元年(1163)進士,授湘陰主簿,有《麻衣道者正易心
法》《廬山古今人物列傳》等,《江西通志》卷一六四"南康府"載:
"戴師愈,號玉谿子,星子人。博學强記,撰《廬山古今人物列傳》
十三卷,又作《麻衣易》,後登隆興進士,授湘陰簿。"②《正德南康
府志》卷一六、清王梓材等《宋元學案補遺·主簿戴玉溪先生師
愈》等記載與《江西通志》所載相似。

　　所謂"《關氏易傳》肇于戴師愈"之説,應該源自戴師愈《〈麻
衣道者正易心法〉序》所云:"《易》學病失其傳久矣。姑溪太守
李公出《麻衣説》《關子明傳》,曰:'吾得二書,不敢私諸己。今
用廣於人,或字畫之訛,子其爲我正之。'準竊幸管窺,不敢辭,昕
夕瞻對,若祥光爛然,發乎蔀屋之下,信夫神物也。公得其傳,明
其道,又以傳於世,蓋將拯《易》學之病而還《易》之本旨,豈誦説
云乎哉!公用心也仁矣。"③因此,吳萊認爲《麻衣正易心法》與
《關子明傳》都是戴師愈僞撰,故提出"《關氏易傳》肇于戴師愈"
之説。

　　《麻衣道者正易心法》是用四言詩的形式寫成,共四十二章,

─────────

①　黃雲眉:《古今僞書考補證》,商務印書館 2019 年版,第 9 頁。

②　趙之謙等:《江西通志》,京華書局 1967 年版,第 3500 頁。

③　曾棗莊主編:《宋代序跋全編》(二),齊魯書社 2015 年版,第 1135—
1136 頁。

每章四句,合計六百七十二字,言簡意賅,古樸深奧。自此書流傳後,很多人對此書評價很高。如《文獻通考》卷一七六"經籍考三"于"《麻衣道者正易心法》一卷"下考曰:"李潛序曰:此書頃得之廬山一異人(或云許堅)。或有疑而問者,余應之云:'何疑之有?顧其議論可也。'昔黃帝《素問》、孔子《易大傳》,世尚有疑之,嘗曰:'世固有能作《素問》者乎?固有能作《易大傳》者乎?雖非本真,是亦黃帝、孔子之徒也。'余於《正易心法》亦曰:'世固有作之者乎?雖非麻衣,是乃麻衣之徒也。'胡不觀其文辭議論乎?一滴真金,源流天造,前無古人,後無來者,翩然於羲皇心地上馳騁,實物外真仙之書也。讀來十年方悟,浸漬觸類,以知《易》道之大如是也。得其人,當與共之。"① 和朱熹、呂祖謙齊名的張栻在《題麻衣道者〈正易心法〉》中云:"嗚呼!此真麻衣道者之書也。其説獨本於羲皇之畫,推乾坤之自然,考卦脉之流動,論反對變復之際深矣,其自得者歟?希夷隱君,實傳其學。二公高視塵外,皆有長往不來之願,抑列禦寇、莊周之徒歟?……然其書之傳,固非牽於文義,鑑於私意者所可同年而語也。"② 都對此書評價甚高。

自宋至清,歷代都有學者對《麻衣道者正易心法》是否爲戴師愈偽撰的問題進行過考證。有人認爲此書是麻衣道者撰,宋初陳摶作注。如戴師愈在《〈麻衣道者正易心法〉跋》中云:"五代李守正叛河中,周太祖親征,麻衣語趙韓王曰:'李侍中安得久?其城中有三天子氣。'未幾城陷,時周世宗與宋朝太祖侍行。

---

① 張興武:《補五代史藝文志輯考》,上海古籍出版社 2016 年版,第 337—338 頁。

② 曾棗莊主編:《宋代序跋全編》(七),齊魯書社 2015 年版,第 4442 頁。

錢文僖公若水，陳希夷每見，以其神觀清粹，謂可學仙，有昇舉之分，見之未精，使麻衣決之，麻衣云：'無仙骨，但可作貴公卿耳。'夫以神仙與帝王之相，豈易識哉？麻衣一見決之，則其識爲何如也。即其識神仙、識帝王眼目以論《易》，則其出於尋常萬一也，固不容於其言矣。"①另宋釋志磬《佛祖統記》卷四三載："陳摶受《易》於麻衣道者，得所述《正易心法》四十二章，理極天人，歷詆先儒之失，摶始爲之注。及受《河圖》《洛書》之訣，發易道之秘，漢晉諸儒如鄭康成、京房、王弼、韓康伯皆所未知也。"都認爲此書爲麻衣道者撰，陳摶注。

　　但也有人認爲《正易心法》爲戴師愈僞作，此書價值不高。最早提出這一觀點者爲朱熹，據其《再跋〈麻衣易説〉後》云："予既爲此説，後二年，假守南康。始至，有前湘陰主簿戴師愈者來謁，老且躄，使其婿自掖而前。坐語未久，即及《麻衣易説》。其言暗澀，殊無倫次。問其師傳所自，則曰得之隱者。問隱者誰氏，則曰彼不欲世人知其姓名，不敢言也。既復問之邦人，則皆曰書獨出戴氏，莫有知其所自來者。予省前語，雖益疑之，然亦不記前已見其姓名也。後至其家，因復扣之，則曰學《易》而不知此，則不明卦畫之妙而其用差矣。予問所差謂何，則曰坎、兑皆水而卦畫不同，若煮藥者不察而誤用之，則失其性矣。予了其妄，因不復問。而見其几間有所著雜書一編，取而讀之，則其詞語氣象宛然《麻衣易》也。其間雜論細事，亦多有不得其説，而公爲附託以欺人者。予以是始疑前時所料三五十年以來人者，即是此老。既歸，亟取觀之，則最後跋語固其所爲，而一書四人之文，體

① 曾棗莊主編：《宋代序跋全編》(六)，齊魯書社 2015 年版，第 3985 頁。

制規模乃出一手,然後始益深信所疑之不妄。然是時戴病已昏,不久即死,遂不復可窮詰。獨得其《易圖》數卷閱之,又皆鄙陋瑣碎,穿穴無稽,如小兒嬉戲之爲者。"① 又《晦庵集》卷七一《雜著》"偶讀謾記"條載:"正如麻衣道者本無言語,祇因小説有陳希夷問錢若水骨法一事,遂爲南康軍戴師愈者僞造《正易心法》之書以托之也。《麻衣易》予亦嘗辯之矣。然戴生樸陋,予嘗識之,其書鄙俚不足惑人。此《子華子》者,計必一能文之士所作,其言精麗,過《麻衣易》遠甚。如論《河圖》之二與四抱九而上躋,六與八蹈一而下沉,五居其中,據三持七,巧亦甚矣。唯其巧甚,所以知其非古書也。"對戴師愈及《正易心法》評價不高。

　　自朱熹提出《正易心法》爲戴師愈僞作的觀點後,獲得後世很多文人認同,如明宋濂《諸子辯》"孔叢子"條云:"近世之爲僞書者,非止咸也。若阮逸《關朗易傳》《李靖問對》,若張商英《素書》,若戴師愈《麻衣易》,亦往往不能迷明者之目,竟何益哉!"②

　　總之,從現有文獻來看,沒有證據可以直接支持吳萊所提出的"《關氏易傳》肇于戴師愈"的觀點,《正易心法》爲戴師愈僞作的觀點也存在爭議,故僅聊作一説存録于此。

---

①　曾棗莊主編:《宋代序跋全編》(七),齊魯書社 2015 年版,第 4310 頁。
②　〔明〕宋濂:《宋濂全集》第二册,浙江古籍出版社 2012 年版,第 270 頁。

三、《關氏易傳》之主要内容

　　《關氏易傳》全文加注釋文字合計 13600 字,共十一章,内容主要分爲:卜百年義第一、統言易義第二、大衍義第三、乾坤之策義第四、盈虚義第五、闔闢義第六、理性義第七、時變義第八、動靜義第九、神義第十和雜義第十一。原書内容應該比現在所見要多,趙蕤在序文中説:"然恨此書,亡篇過半,今所得者,無能詮次,但隨文義解注,庶學者觸類而長,當自知之爾。"另趙蕤在序文中還介紹了關朗生平、主要事迹及此書創作緣起等情況。

　　第一章爲"卜百年義第一",由同州刺史王彦問關子"夫治亂損益,各以數至,苟推其道,百世可知。彦不佞,願假先生之筮,一以決之"而引起,然後通過王彦問卦、關朗解卦的方式,推斷出著卦内容所暗含的百年變革之主要内容及具體年份,通過兩人問答的方式展現歷史興廢之理,并結合後世已經發生的歷史事實,從今甲申(魏宣武帝正始元年)開始,預言"二十四年戊申,天下當大亂""辛丑之歲,明王當興,定天下者,不出九載""自魏以降,天下無真主"等歷史事件,指出著卦内容在後世一一應驗,使人倍感《易》理幽深,天數通神。

　　本章開始由同州刺史王彦問關子"治亂損益"之道,符合王彦同州刺史的身份,毫不突兀。南北朝時期是中國歷史上一個大分裂時期,自晋短暫統一後不久,天下又迅速進入紛争狀態。

在這樣的時代背景下,王彥占筮天下形勢的真實意圖,也就是問這種南北朝對峙的局勢什麼時候再結束。他認爲各種歷史事件的出現和變化都有一定的規律,即"各以數至"。這種命運思想,早在三國時李康所作《運命論》中就曾提出過,文云:"吉凶成敗,各以數至,咸皆不求而自合,不介而自親矣。"[①] 李康認爲:"夫治亂,運也;窮達,命也;貴賤,時也。故運之將隆,必生聖明之君;聖明之君,必有忠賢之臣。其所以相遇也,不求而自合;其所以相親也,不介而自親。唱之而必合,謀之而必從。道合玄同,曲折合符。得失不能疑其志,讒構不能離其交,然後得成功也。其所以得然者,豈徒人事哉?授之者天也,告之者神也,成之者運也。"《關氏易傳》中的"各以數至"思想也許來自文中子王通,《文中子》云:"子曰:'治亂,運也,有乘之者,有革之者。窮達,時也,有行之者,有遇之者。吉凶,命也,有作之者,有偶之者。一來一往,各以數至,豈徒云哉?"[②] 兩者論述有相似之處。這種基于"各以數至"的思想,是中國古代占卦得以廣泛應用的重要原因。

關子所説:"占算幽微,至誠一慮,多則有惑。請命蓍卦,以百年爲斷。"也體現出關朗嚴謹而虔誠的占卦態度。對于關朗所采用的占卦方式,據《關氏易傳》已經難以確知。《周易古筮考通解》中載:"此也是依照納甲法來推斷。有人懷疑這是僞造,其實不然,豈知近代象著《黄金策》的胡宏,著《易冒》的程良玉,著《增删卜易》的野鶴老人,都能以一卦而定人平生之吉凶,并能推

---

① 《全上古三代秦漢三國六朝文》(第 3 册三國),河北教育出版社 1997 年版,第 432 頁。

② 王路曼、池楨注説:《文中子》,河南大學出版社 2016 年版,第 253 頁。

斷數十年之事勢運行。況且象關朗這樣深明易筮之人，期限百年之事，怎麼會不能呢。"①認爲關朗應熟諳納甲之法。

　　對于關朗所論內容，《周易古筮考通解》中有較爲詳細的解釋，載："朗布卦之年爲晉惠帝永寧元年，其曰'當今大運不過二再傳'，寓懷帝、愍帝而西晉亡也。曰'從今甲申二十四年戊申，天下當大亂'者，言自永寧辛酉，二十四年至東晉太寧二年甲申，又二十四年至永和四年戊申，天下大亂也。曰'蕃臣柄政'者，寓桓溫也。曰'臣主俱屠'者，寓桓氏篡晉，桓氏滅而晉亦隨亡也。曰'二雄舉而中原分'者，寓劉裕與北魏也。曰'始于甲寅，卒于庚子'者，寓劉宋始盛之年，及楊堅爲隋王之年也。堅既爲隋王，天下將統一，而南北之局終，故曰卒也。曰'辛丑之歲，當有恭儉之主并六合'者，考楊堅篡周之歲爲周大象辛丑，三年由是滅陳而一統也。隋起西北，故曰'必在西北'。其曰'辛丑之歲明王當興，不出九載定天下'者，應楊堅辛丑篡周，又九年爲開皇，九年己酉滅陳也，故曰'己酉江東其危也'。曰'晚節末路，有桀紂之王'者，應煬帝也。其曰'丙午三百六十六'者，言自黃初元年至陳後主四年丙午，足三百六十六年。其曰'達者生'，不知所指（觀下曰'不用則洙泗之教修矣'，言大人在下也。疑應文仲子王通，凡房、杜皆通弟子）。其曰'更十八年甲子，當有王者合焉'者，自陳後主四年丙午，又十八年至隋文帝仁壽四年甲子，而唐太宗生也。"②是目前所見對關朗之占

---

　　① 尚秉和原著，劉光本撰：《周易古筮考通解》，山西古籍出版社 1994 年版，第 136 頁。

　　② 尚秉和原著，劉光本撰：《周易古筮考通解》，山西古籍出版社 1994 年版，第 132—133 頁。

最爲詳盡的解釋。

第二章爲“統言易義第二”，主要講乾坤之義，提出“乾、坤，易之門也。易變動乎乾、坤之中也”的觀點。本章主要體現了撰注者“變”的思想，關朗云：“行而變，變而通，此所謂易。”又說：“是故天道曰陰陽，地道曰柔剛，人道曰仁義。行之則三，變而通之則一。”趙蕤在注文中說：“總群變以會乎一，則聖人乘之御大器，是謂天人合應也。”又云：“關氏易占，極變而已。”此可謂一語中的，深諳《關氏易傳》之精髓。

關朗在傳文中提到的“乾、坤，易之門也”的觀點，有歷史淵源，如《繫辭》曰：“乾，陽物也；坤，陰物也。陰陽合德，而剛柔有體，以體天地之撰，以通神明之德。”東漢道家學者魏伯陽在《參同契》中說：“天地設位，而易行乎其中矣。天地者，乾坤之象也。設位者，列陰陽配合之位也。易謂坎離。坎離者，乾坤二用。二用無爻位，周流行六虛。”這種觀點也受到了南宋哲學家薛季宣的認同，他在《書〈古文周易〉後》中提出：“夫《乾》《坤》，《易》之門也，非《乾》《坤》無以見《易》，故以《文言》起之。”①

關朗尤其重視以《易》講變化之道，并認爲《易》是變化之書。他在首篇《卜百年義》中以占算形式講求天人之變，此章所說“行而變，變而通，此所謂易”，就是他對易理的概括總結。在具體闡述時，認爲“三才、五常，參同而用也”。他將這種變化之極稱爲神，說：“用之於既往之謂變，用之於未來之謂占。觀其變，極其數，知其來，受命如響，乾、坤之神。夫易，極乎神而已矣。”這種變化體現了他天人相與的理念，他認爲天人相與關鍵在人，

---

① 曾棗莊主編：《宋代序跋全編》（七），齊魯書社 2015 年版，第 4462 頁。

所以他説：“時繫乎天，變由乎人。”這種變易思想，也體現在趙
蕤所作的《長短經》中，《長短經》所云“大旨在乎寧固根蒂，革
易時弊”，就是因時救弊的變通之法，這種時政當依時而變的思
想對于統治者治理國家多有裨益。可以説關朗所認爲的“唯變
所適”思想，是“與時俱進”這一古老而又年輕思想的精髓所在。

金生楊在《漢唐巴蜀易學研究》中認爲關朗的變化思想，是
繼承了王弼“卦以存時，爻以示變”之説，發出“作《易》者，乘時
效變之謂乎”的感嘆。在《闔闢義》中，關朗以闔闢、往來、君子、
小人解釋窮通變化以及權而合道之義，甚至認爲没有静止，祇有
變化，而以漸變爲尚。他説：“艮，止也，止無不漸。漸，進也。萬
物無不有漸，漸其聖人之進乎？ 古者無爲而治，百姓日用而不
知，其漸之然乎？”

第三章爲“大衍義第三”，主要回答了“大衍之數五十，其用
四十有九”的問題，用“天數兆于一，生于二，成于三，此天地人
所以立也。衍于五，成于六，偶于十，此五行、六爻、十日所以錯
綜也”，來闡釋《易·繫辭上》所云“天一，地二，天三，地四，天五，
地六，天七，地八，天九，地十。天數五，地數五，五位相得而各有
合”的問題。并用五行與數字相對應的關係原理來闡釋“有生
于無，終必有始”的道理，文中所云：“水生乎一，成乎六；火生乎
二，成乎七；木生乎三，成乎八；金生乎四，成乎九；土生乎五，成
乎十。獨陽不生，獨陰不成。故天一必待地六而成之，地二必待
天七而成之。”又回答了張彝所問“然則其用何謂四十有九，其
一將不用乎”和“凡衍天地之數，五十有五。今云五十，而又去
其一，何謂也”兩個問題。

從現存資料來看，“大衍義”最早出自三國魏王弼用語，是

對《易·繫辭上》中"大衍之數五十,其用四十有九"一語的解釋和發揮,原意指演卦的方法。對"大衍之數五十,其用四十有九"自古就受到易學家的重視,但解釋却衆説紛紜,并未統一,如西漢京房在解釋時説:"五十者,謂十日、十二辰、二十八宿也。凡五十其一不用者,天之生氣將欲以虚來實,故用四十九焉。"[①] 東漢荀爽説:"卦各有六爻,六八四十八,加乾坤二用,凡有五十。初九,潛龍勿用,故用四十九也。"東漢鄭玄解釋説:"天地之數,五十有五,以五行氣通,五行减五,大衍又减一,故四十九。"這些觀點并未統一。後世比較公認王弼的觀點,王弼認爲:"演天地之數,所賴者五十也。其用四十有九,則其一不用也。不用而用以之通,非數而數以之成,斯《易》之太極也。四十有九,數之極也。夫無不可以無明,必因于有。故常于有物之極,而必明其所由之宗也。"是用"一"象徵世界本體"無",用"四十有九"象徵天地萬物,以此發揮"以無爲體,以無爲用"[②] 的思想。

"大衍義第三"就是關朗試圖以五行數解説大衍之數而作。文中所云:"大衍之數五十,其用四十有九,何謂也? ……五行:水生乎一,成乎六; 火生乎二,成乎七; 木生乎三,成乎八; 金生乎四,成乎九; 土生乎五,成乎十。獨陽不生,獨陰不成,故天一必待地六而成之,地二必待天七而成之。其體雖五,而成必六。六者非他,天地生成之謂也。天數五,地數五。五者非他,三天兩地之謂也,地二、天三,合而爲五。其二不用者,六來則一去也,既成則無生也。有生於無,終必有始,既有,則無去矣。故大

① 盧央著,〔漢〕京房原著:《京氏易傳解讀》(下),九州出版社 2004 年版,第 538 頁。

② 張岱年主編:《中國哲學大辭典》,上海辭書出版社 2010 年版,第 182 頁。

衍五十,其用四十有九者,入有去無之謂也。"其中"衍于五,成于六,偶于十"就是"聖人立策衍數"。他提出的"十爲小衍,五十爲大衍"的觀點,或源于干寶的"衍,合也"。王永寬在《河圖洛書探秘》中認爲《關氏易傳》"從五行的含義解釋一六、二七、三八、四九、五十的關係,正和河圖的數字排列相符。此後關于有與無、來與去的議論,深得《易經》中相依共生的意旨。朱熹《易學啓蒙》中引用《關氏易傳》云:'關子明云:河圖之文,七前六後,八左九右。洛書之義,九前一後,三左七右,四前左,二前右,八後左,六後右。'這裏所指出的正是河圖洛書的數字排列規則"[1]。從關朗占法來看,既說蓍數,又說卦象,他欲從蓍數、卦象的動、靜中,來證明"易所以先知也"的論點。但遺憾的是,如何占易未能明了。

第四章爲"乾坤之策義第四",通過回答"乾之策二百一十有六,坤之策百四十有四,何謂也"的問題,來分析乾坤及二篇之策數,似歸原于"參天兩地"之變化。關朗解釋說:"陽爻九,一爻三十六策;陰爻六,一爻二十四策。三天兩地,舉生成而六之也。三六而又二之,故三十六策,爲乾;二六而又二之,故二十四策,爲坤。"又回答了張彝所問"二篇之策,萬有一千五百二十,當萬物之數,豈亦三天兩地乎"的問題,關朗解釋說:"爻所以著象,策所以推數,象六、數五,三天、兩地。先三十而六之,一百八十;又二而六之,一十有二,合百九十二。故二篇共三百八十四爻。陽爻六,一爻三十六策,六爻二百一十六策。先三之,百八十爻,得六千四百八十策;又二之,十二爻,得四百三十二策,共

---

① 王永寬:《河圖洛書探秘》,河南人民出版社 2018 年版,第 89 頁。

六千九百一十二策。陰爻六，一爻二十四策，六爻百四十四策。先三之，一百八十爻，得四千三百一十策；又二之，十二爻得二百八十八策，共四千六百有八策。是二篇合之，一萬一千五百二十，蓋舉盈數而溢之也。”所謂“盈數”是指十、百、萬等整數。如《左傳·莊公十六年》云：“使以十月入。曰：‘良月也，就盈數焉。’”杜預注：“數滿於十。”孔穎達疏：“《閔元年傳》曰：‘萬，盈數也。’數至十則小盈，至萬則大盈。”最後趙蕤總結出“萬數象萬物，大略也”的結論。

本章趙蕤在注文中所云“三天兩地”，是借用《説卦》所言“昔者聖人之作《易》也，幽贊於神明而生蓍，參天兩地而倚數”。王弼注：“參，奇也；兩，偶也。七九陽數，六八陰數。”宋劉牧《易數鈎隱圖》卷上《太極第一》云：“天一、天三、天五成九，此陽之數也，故乾元用九；地二、地四成六，此陰之數也，故坤元六。”後世多采此説。如明來知德《周易集注》卷一云：“參天者，天之位三，天一、天三、天五也；兩地者，地之位二，地二、地四也。倚者，依也，天一依天三，天三依天五，而爲九，所以陽皆言九；地二依地四，而爲六，所以陰皆言六。”[1] 據學者鄧東研究，“乾坤之策的數值，所依據的是五行曆的一年五分之法，所用之數的算法出自五行曆，是《繫辭上》的作者專爲五行曆量體定制的兩個數值”。[2] 關于具體算法，潘雨廷曾在《讀易提要》卷三“《關氏易傳》提要”條中作算式以説明，并提出“凡算閏餘，蓋以日爲準，

---

[1] 〔明〕來知德撰，王豐先點校：《周易集注》，中華書局 2019 年版，第 161—162 頁。

[2] 鄧東：《〈説卦〉與〈繫辭上〉所涉及的四种曆法》，《山東科技大學學報（社會科學版）》2017 年第 1 期，第 96 頁。

策數之以參兩互乘之,亦可備一説耳。然未若揲四之四乘九、六而得三十六、二十四爲簡潔"[1] 的觀點。

第五章爲"盈虛義第五",接第四章内容,關朗繼續給弟子張蠡講"何謂盈虛"的問題。關朗通過講"七百二十爲起法,七千二百爲統法,七十二萬爲通法。氣朔之下,收分必全盡,爲率;七千二百萬,爲大率,謂之元紀,歲、月、日、時,皆甲子"的規律,總結説:"當期之數,過者謂之氣盈,不及謂之朔虛。"本章主要是通過具體的闡釋來解釋"盈虛"的概念,相對簡單易懂,故趙蕤注文也不多。

所謂"盈虛"指盈滿或虛空。《莊子·秋水》云:"察乎盈虛,故得而不喜,失而不憂,知分之無常也。"[2]《漢書·食貨志下》云:"以調盈虛,以收奇羨。"在本章中,關朗對"盈虛"的解釋爲"過者謂之氣盈,不及者謂之朔虛",但没有展開討論。對此,《舊五代史·曆志》有詳細闡釋,可以參看。志云:"至於應變分用,無所不通,所謂包萬象矣。故以七十二爲經法,經者常也,常用之法也。百者數之節也,隨法進退,不失舊位,故謂之通法。以通法進經法,得七千二百萬,謂之統法。自元入經,先用此法,統曆之諸法也。以通法進統法,得七千二百萬,氣朔之下,收分必盡,謂之全率。以通法進全率,得七千二百萬,謂之大率,而元紀生焉。元者,歲月日時皆甲子,日月五星,合在子正之宿,當盈縮先後之中,所謂七政齊矣。"[3]

---

① 潘雨廷:《潘雨廷著作集》(肆),上海古籍出版社 2016 年版,第 86—87 頁。

② 〔戰國〕莊周:《莊子》,岳麓書社 2016 年版,第 86 頁。

③ 〔宋〕薛居正等:《舊五代史》,中華書局 1976 年版,第 1864 頁。

　　文中所謂“五行六氣”,趙蕤在注文中并未闡釋。據黄元御《四聖心源》載:“天有六氣,地有五行,六氣者,風、熱、暑、濕、燥、寒,五行者,木、火、土、金、水。在天成象,在地成形,六氣乃五行之魂,五行即六氣之魄。”① 對“五行六氣”説有所闡釋。在中國古代思想中,認爲五行與六氣是相互聯係的,如《内經》言:“在天爲六氣,在地爲五行,在人爲五臟六腑,在藥爲五味,見之于面者五色,證之以耳者五聲。其在食物有五谷、五畜、五臭,在地有五方,在天有五星,在時有五聲六律。凡此種種,自當以天、地、人爲主,其他各種,皆侔色揣稱以爲配合,由四時推論而得者。”而且五行六氣與人的行爲也産生了密切的關係,中醫也認爲“人身是五行六氣所成的,五行六氣是融合的,并不發現一行一氣的,是圓運動的”②。肖起國也在《老子天道論》中論述説:“道運而德生,道生天地,在天爲六氣,在地爲五行,地之五行生成就具有了五行之德。人與萬物在氣交之中,萬物秉天地的五行之德而生,所以,萬物和人類生成之後也具有了天地的五行之德。”③就是對這種聯係的生動闡釋。

　　趙蕤注文所云“漢太初九年,冬至甲子朔,日月如合璧,五星如連珠”,應確有其事,據《漢書·律曆志上》載:“宦者淳于陵渠復覆《太初曆》晦朔弦望,皆最密,日月如合璧,五星如連珠。”④對此,顏師古引孟康注解:“謂太初上元甲子夜半朔旦冬至時,七

　　①〔清〕黄元御著,孫洽熙校注:《四聖心源》,中國中醫藥出版社2009年版,第17頁。

　　②〔清〕彭子益著,嚴芳主編:《圓運動的古中醫學》(重校合訂本),山西科學技術出版社2018年版,第227頁。

　　③ 肖起國:《老子天道論》,九州出版社2013年版,第126頁。

　　④〔漢〕班固撰,〔唐〕顏師古注:《漢書》,中華書局1962年版,第976頁。

曜皆會聚斗、牽牛分度,夜盡如合璧連珠也。"① 所謂"五星連珠"
是一種奇特而罕見的天象。水、金、火、木、土五大行星都在黄道
帶上運行,從地球上看去,五顆星幾乎排在一起或聚在一起,人
們稱這種天象爲"五星連珠"。古時以見到這種天象爲祥瑞之
兆。唐杜光庭《道德真經廣聖義》論及王道與天象的關係時云:
"夫王者有道,則日月如合璧,五星如連珠。"② 宋謝枋《五星》詩
中對五星連珠現象有所評論,詩云:"五緯煌煌聚在秦,項王稱霸
沛公臣。誰知四百年天下,已屬寬仁大度人。"③ 南宋劉黻《贈鍾
春谷星學》詩云"五星聚東井,老人現端門。總是太平象,渾儀
妙用存。"清陳法在《日月合璧五星連珠賦(有序)》中云:"臣聞
聖人之極,則日月揚輝;百姓安寧,則五星同色。或政平而多耀,
或世治而重光;景星紀瑞于堯年,五緯相叶于漢代。"④ 都是對這
種"日月合璧,五星連珠"天象的記錄與贊頌。趙蕤所注也具有
記錄歷史天象的文獻價值。

　　第六章爲"闔闢義第六",通過回答王彦所問"闔户謂之坤,
闢户謂之乾,一闔二闢謂之變,往來不窮謂之通,何也"的問題,
來闡釋關朗對《繫辭上》中"是故闔户謂之坤,闢户謂之乾,一闔
一闢謂之變,往來不窮謂之通"的理解。關氏言:"闢變而闔,闔
變而闢,往通則來,來通則往。故一闔一闢謂之變,往來不窮謂
之通。"趙蕤在注文中云:"蓋易窮則變,闔久則開,開久則闔,通

---

① 〔漢〕班固撰,〔唐〕顔師古注:《漢書》,中華書局 1962 年版,第 977 頁。

② 〔唐〕杜光庭撰,鞏曰國點校:《道德真經廣聖義》,鳳凰出版社 2017 年
版,第 198 頁。

③ 周維德集校:《全明詩話》(一),齊魯書社 2005 年版,第 172 頁。

④ 政協平壩縣委員會編:《陳法詩文集續》,貴州人民出版社 2011 年版,第
10 頁。

用常久之道焉。故變則通，通則久，此之謂也。"詳細闡釋了易道變化之理。

"闔闢"意思本指閉合與開啓，《繫辭上》云"一闔一闢謂之變"，"闔"即一種拘斂關閉的趨勢，"闢"即一種舒放開闊的趨勢。前者表現了事物主守的穩定的方面（"陰"），後者則與之相反，表現了事物健動的非穩定的方面（"陽"）。易學認爲，正是由于這二者的交互作用，纔形成了宇宙大化的恒動不已、恒生不息的生命過程。唐楊炯《渾天賦》云："乾坤闔闢，天地成矣；動靜有常，陰陽行矣。"① 正是此意。

本章所云"物不可以終通，故受之以否"，出自《序卦》。"否"，下坤上乾，坤爲地，乾爲天。《彖》云："否之匪人，不利君子貞、大往小來，則是天地不交而萬物不通也，上下不交而天下無邦也。內陰而外陽，內柔而外剛，內小人而外君子，小人道長，君子道消也。"② 否與泰正相反，天在上而居于上，地在下而居于下，反映着天地上下的截然對立而失去了統一性和聯係。表示天地相互不交萬物不能生 ③，又因言變之義，故用"否"卦名相示。

本章所云"物不可以終否，故受之以同人"，語出《序卦》。"同人"，下離上乾，離爲文明，乾爲剛健。《彖》云："文明以健，中正而應，君子正也。唯君子爲能通天下之志。"④ 表示處否塞之世時，唯有明察而剛健的"君子"行中正之道纔能得民衆的響應，上下心同、志同纔能撥亂反正，所以繼否卦之後爲同人。⑤ 同

① 〔唐〕楊炯著，徐明霞點校：《楊炯集》，中華書局 1980 年版，第 2 頁。

② 余萬倫：《周易經解》，巴蜀書社 2019 年版，第 41 頁。

③ 徐志銳：《周易大傳新注》，齊魯書社 1986 年版，第 515—516 頁。

④ 余萬倫：《周易經解》，巴蜀書社 2019 年版，第 43—44 頁。

⑤ 徐志銳：《周易大傳新注》，齊魯書社 1986 年版，第 515—516 頁。

人卦表示使別人同意自己的行爲,在本質上是宣傳思想,同人的過程就是一個宣傳思想的過程,同人的程度決定于努力的程度。一些人具有共同的思想,這些人就成爲一類,與其他人不同。同人好辦事,所以亨通①,此處關朗仍在言"變"之義。

本章中關朗將"洗心"解釋爲"洗濯物心,無所瀆污"。趙蕤注文云"洗濯萬物之心"。"洗心"出自《易·繫辭上》:"六爻之義,易以貢,聖人以此洗心,退藏於密。"孔穎達疏云:"行善得吉,行惡遇凶,是蕩其惡也。"是指洗滌心胸,比喻除去惡念或雜念。這與禪宗的頓悟開示過程類似,從洗心到藏密修悟過程,也是一種頓悟過程。唐司馬退之《洗心》詩說:"君有出俗志,不貪英雄名。傲然脫冠帶,改換人間情。"北宋邵雍《洗心吟》說:"人多求洗身,殊不求洗心。洗身去塵垢,洗心去邪淫。塵垢用水洗,邪淫非能淋。必欲去心垢,須彈無弦琴。"②可見,關朗和趙蕤的解釋與古義相似,并受到了後人的廣泛認同。

第七章爲"理性義第七",通過回答"窮理盡性,以至於命,何謂也"與"何謂有亨、有塞"的問題,來闡釋關朗對"性""命""亨""塞"的理解。他認爲"性命之理,以天言之曰陰陽,以地言之曰柔剛,以人言之曰仁義。蓋乎一性也"。提出性命相通之理,并說:"亨之,塞之,遇其時。時也者,繫乎君天下者也。君天下,得君子之道,則時亨矣;得小人之道,則時塞矣。"并提出"時命一而已"的觀點。

在本章中,趙蕤提出了"天命,曆數是也;人命,道德是也"

---

① 余萬倫:《周易經解》,巴蜀書社 2019 年版,第 44 頁。

② 〔宋〕邵雍著,郭彧、于天寶點校:《邵雍全集》(肆),上海古籍出版社 2016 年版,第 370 頁。

的觀點,將天命、人性牽合在一起,論證了天命、人性的應與關係,成爲宋代爲倫理道德尋求宇宙本體依據的先行者。在趙蕤看來,道德合于曆數就是天命,也就是仁義之道,就是人性。天命的盛衰通塞,關乎道德的亨通與否,實際上是以仁義之道的人性判斷天命的昌否亨塞情況。并認爲道德與曆數密切相關,受曆數影響。趙蕤所云"曆數昌,則道德亨;曆數否,則道德塞",就是認爲人性的善惡是天地陰陽的反映。

關朗和趙蕤都主張對"情"進行否定,關朗説:"情者,天之邪氣,人之亂行也。"對此,潘雨廷先生在《讀易提要》中給予批評云:"未免失'情'之本義。蓋'情'者,性中而尚有陰氣,然可謂'情'無善乎。"[①]趙蕤在爲此句作注時云:"邪氣,水、旱、薄、蝕、妖、祥是也,此謂天命。亂行,僭窺、賊殺、怪力是也,此之謂人命也。"主張"去邪、遠亂、制情",都主張對"情"加以限制。

第八章爲"時變義第八",此章并不像前幾章那樣以問題來起,而是直接闡釋關朗對《易經》所説"卦以存時,爻以示變"的看法。關朗認爲"晝動,六時也;夜静,六時也。動則變,静則息。息極則變,變極則息。故動静交養,晝夜之道也。乾、坤,分晝夜時也。屯、濟,時變之際也。六六之用,其時變之周流也"。趙蕤在注文中也認爲"天人和須,不可异也。卦以爻成,時以變生,雖云天時、人事,及其變,則合會一也"。并通過乾、坤、屯、濟四卦,來具體闡釋"卦以存時,爻以示變"的意思。

所謂"時變",本意指四時季節的變化。《易·賁》云:"觀乎天文,以察時變。"孔穎達疏云:"以察四時變化。"《史記·天官

① 潘雨廷著,張文江整理:《讀易提要》,上海古籍出版社2017年版,第87頁。

書》云："終始古今,深觀時變,察其精粗,則天官備矣。"也可以指時世的變化,時世變化的規律。《史記·魏其武安侯列傳》:"魏其誠不知時變,灌夫無術而不遜,兩人相翼,乃成禍亂。"[①]唐吳筠《元日言懷因以自勵詒諸同志》詩云:"安用感時變,當期升九天。"[②] 關朗所論與古意同。

在《關氏易傳》中關朗還采用了王弼"以爻爲人,以位爲時"[③] 的説法,王弼在《周易略例·明卦適變通爻》中云:"夫卦者,時也,爻者,適時之變者也。夫時有否泰,故用有行藏。卦有小大,故辭有險易。一時之制,可反而用也。一時之吉,可反而凶也。故卦以反對,而爻亦皆變。是故用無常道,事無軌度,動静屈伸,唯變所適。故名其卦,則吉凶從其類; 存其時,則動静應其用。尋名以觀其吉凶,舉時以觀其動静,則一體之變,由斯見矣。"[④] 提出了"適時説"。關朗在此章中所云"卦以存時,爻以示變,時繫乎天,變由乎人",與王弼所言基本相同。不過王弼的"時變説"是要讓人們按自己所處的社會地位之别而行動,關氏所講的"時變"之義,是以六爻之變言陰陽之變,言六十四卦之變,還是有一定區别。趙蕤注文認爲"天人和須,不可異也。卦以爻成,時以變生,雖云天時、人事,及其變,則合會一也",主張卦存時而繫乎天,爻示變而在于人,天時與人事會合在一起,相和相須。

---

①〔漢〕司馬遷撰,〔南朝宋〕裴駰集解,〔唐〕司馬貞索隱,〔唐〕張守節正義:《史記》,中華書局 2013 年版點校本二十四史修訂本,第 3433 頁。

②〔清〕彭定求等編:《全唐詩》,中華書局 1960 年版,第 9661 頁。

③〔魏〕王弼:《周易正義》(上),九州出版社 2004 年版,第 35 頁。

④〔魏〕王弼、〔晋〕韓康伯注,施偉青點校:《周易王韓注》,岳麓書社 1993 年版,第 247 頁。

　　第九章爲"動靜義第九"，仍以"張彝問動靜之象"起，關朗回答時以天地喻動靜，説："天地者也。天常動，地常靜。常動，柔克者也；常靜，剛克者也。故曰動靜有常，剛柔斷矣。"認爲動靜皆要有常態。并特別提出"易行乎天地之中者，人也"和"人皆天地之靈，五行之秀"的主張。趙蕤在注文中也提出："聖人與天地合德，則曰三才。聖人作而萬物睹，則曰六爻者，效天下之動也。聖人或出、或處，用則行，捨則藏，故曰無定處，有藏密也。"最終總結爲"知神，則知靜"，這一觀點與道家思想相合。

　　關朗和趙蕤在此章中都提出應重視人的價值。關朗曰："天地之道，無立人之事，安足爲易哉？易行乎天地之中者，人也。人參天地爲才，效天地爲爻。虛其位，實其用。三才相參，六爻相效。位無定處，用有藏密。吉凶前知，非至神孰能與於此。萬物化，聖人者也。故物不能自神，蓋神之者，人也。"趙蕤在注文中云："天地有儀象而已，有人才故曰三才。"又提出"凡萬物有靈異者，若人不貴之，則不靈不神也"。都主張應重視人的價值。

　　關朗和趙蕤兩人又都重視"時中"的概念。關朗云："聖人有六動，動不失乎時中。""時中"一詞最早出現于《周易》"蒙"卦的《象傳》，云："蒙，亨。以亨行，時中也。"意思是説"蒙卦"表示希望亨通。趙蕤注云："卦六爻，曰六時。人動乎其中，靜乎其中，不可過，不可不及，故曰時中也。"在後來的儒家思想中，"時中"作爲合時的含義，則不僅被看作是個人道德修養和行爲實踐所應遵循的根本原則，同時也被推廣爲治國安邦的重要原則之一。如蘇軾在闡釋"蒙"卦時云："聖人之于蒙也，時其可發而發之，不可則置之，所以養其正心，而待其自勝也，此聖人之功也。"①就是對"時中"的具體闡釋。

　　兩人又提出了動靜之間具有密切相連、相互轉換的辯證關係。關朗云："知至則知幾,知幾則知動。知動則知神,知神則知靜矣。"趙蕤解釋說："神不行而至,不疾而速,是歸於靜也。"認爲動靜之間具有相互轉換的關係。兩人的觀點與老子所說"萬物芸芸,各歸其根,歸根曰靜,靜曰復命"具有相似性,是借《關氏易傳》來發揮老莊思想。

　　第十章爲"神義第十",是關朗對"神"的進一步解釋,關朗說："神也者,《易》之靈也。"認爲"神"是《周易》的靈魂。"神"在《繫辭》中出現的頻率很高,如《繫辭》中有"陰陽不測謂之神""易也,無思也,……非天下之至神,其孰能與於此""唯神也,故不疾而速,不行而至""神以知來,智以藏往""是故闔户謂之坤,……民咸用之謂之神"等有多次出現。《關氏易傳》中提出了"靈應冥契,不思而得,强名曰神。猶言神靈歆饗,靈應無迹者也。日月之明在乎天,而所明在地也"的觀點。這種觀點早在《易·繫辭》中就多有涉及,《繫辭》云："《易》與天地準,故能彌綸天地之道……仰以觀於天文,俯以察於地理,是故知幽明之故。原始反終,故知死生之説。精氣爲物,游魂爲變,是故知鬼神之情狀。"也許就是關氏所言的來源。這種觀點又見虞翻所云："乾神似天,坤鬼似地。聖人于天地合德,鬼神合吉凶,故不違。"韓康伯所云："神也者,變化之極,妙萬物而爲言,不可以形詰者也,故陰陽不測。"這些觀點與關朗所論有相似性,也許具有一脉相承之關係。

----

① 〔宋〕蘇軾著,李之亮箋注:《蘇軾文集編年箋注》(十二),巴蜀書社 2011 年版,第 123 頁。

　　在探討對"神"的理解時,關朗與張弢兩人也都堅持了"人本位"的觀點,關朗説:"易之神在乎道,而所神在人也。"張弢曰："然則天地至神,必待人而存乎。"都體現出一種進步的思想,是對前人觀點的發展。

　　本章傳文"神無方,道無迹,人無至"中的"無方""無迹""無至"分别取自《繫辭》《關尹子》(趙蕤注云《老子》)和《文中子》,體現出了多家思想合一的特點。"神無方"出自《繫辭》:"範圍天地之化而不過,曲成萬物而不遺。通乎晝夜之道而知。故神無方而《易》無體。"這裏的"神",不是"鬼神之情狀"的"神",而是指與"物質"相對的精神。"神"不是一定的,所以説"神無方",即神没有方所。"道無迹"出自《關尹子》第六章:"勿以行觀聖人,道無迹。"[①]意思是不要以有無行動來看聖人,因爲真正的道是没有痕迹的。"人無至"出自《文中子》:"至於以佛爲聖人,以無至無迹爲道。"但南宋陳亮等學者多認爲這是撰集《中説》者爲了張大其師而抄入的。傳文首次將《繫辭》《關尹子》和《文中子》三書的内容合三爲一,具有一定的開創意義,也體現出傳注者思想的多元互通性。

　　最後一章爲"雜義第十一",依據《序卦》《雜卦》解釋卦序及乾、坤、小過、大過、豫、屯、需、小畜、臨、損、益、蒙、咸、恒、鼎、震、艮、漸、兑、巽、無妄、暌、家人、否、泰、履等卦之義。總體上看類于《易·序卦》,但内容似不完整。本章體現出關朗獨特的易學觀念,他提出的"屯六變而比,比六變而同人,同人六變而蠱,蠱六變而剥,剥六變而大過,大過六變而遁,遁六變而暌,暌六變

―――――

① 樂後聖總編,張清華主編:《道經精華》第五册《關尹子》,時代文藝出版社 2003 年版,第 31 頁。

而夬,夬六變而井,井六變而漸,漸六變而兌,兌六變而既濟,終焉"的觀點,是一種全新的易學觀點。以"既濟"爲終的觀點與傳統易學中以"未濟"爲終的觀點有較大差异。趙蕤注文解釋説:"今《易》并至未濟終焉,而關氏此則以既濟爲終者,蓋未濟者,入屯之首也。天地不交,坎、離不接,是未濟也。天地始交,雲雷相遇,然後有屯也。文王、仲尼終之以未濟者,時可知戾。然終焉二字,疑非仲尼之辭,蓋後人傳之誤也。夫既者,盡也。盡濟,則終焉。"對《關氏易傳》以"既濟"爲終,作出了合理的解釋。

本章中,還有大量總結歷史興衰之語,如關朗云:"殷因於夏禮,所損益可知也。周因於商禮,所損益可知也。故夏以金德,垂四百餘年。殷以水德,垂六百餘年。周以木德,垂八百餘年。得其道也,數不能逃。後王不能應其數者,禮不行乎易中者也。"趙蕤注云:"夏人尚忠,至忠則少敬。故殷人尚敬,蓋政弊則救之也。運衰,則盛之至也。至敬則不文,故周人尚文,亦救殷政之弊也。夫文者,和之也。和者,太過則蕩,不及則局促。是以循環相救者,禮也。三十年爲世,百世,三千年也,此言三王與禮,則時運可以推也。""金生數四,成九;水生一,成六;木生三,成八。夏得生數,殷、周得成數,故四百、六百、八百年,不能逃其數。所以然者,禮得其時也。"從五行的角度解讀了歷史興替的原因。這種解讀歷史的方法,早在戰國時鄒衍論著終始五德之運時就已經開始使用,《史記・封禪書》載:"齊威、宣之時,騶子之徒論著終始五德之運。及秦帝而齊人奏之,故始皇采用之。"《資治通鑒》亦載:"初,齊威、宣之時,鄒衍論著終始五德之運;及始皇并天下,齊人奏之。始皇采用其説,以爲周得火德,秦代周,從所不勝,爲水德。"① 總之,鄒衍、關朗等人終始五德説,實際上是利用五行相勝説來表達一種革命的歷史觀,是出于維護王朝正統性的目的。這種解釋歷史興替的方式,在後世也屢見不鮮。

趙蕤還對傳文"古者無爲而治,百姓日用而不知,其漸之然乎"進行了注解,這有助于理解"漸"的涵義,注文云:"'民可使由之,不可使知之',蓋得漸之道也。"其中"民可使由之,不可使知之"出自《論語·泰伯篇》,文云:"子曰:興于詩,立于禮,成于樂。子曰:民可使由之,不可使知之。"對這句話如何斷句,學界多有争論,如何晏的《論語集釋》、邢昺的《論語疏》、楊伯峻的《論語譯注》都是如上句讀。除了上一種句讀外,還有四種,一種認爲"民可,使由之;不可,使知之";二種認爲"民可使,由之;不可使,知之";三種是王蔚所提出的"民可使,由之不可;使知之";四種爲王昌銘先生所提出的"民可使由之? 不。可使知之"。不同的句讀會對句子含義產生完全不同的理解。本文認爲根據關朗傳文所云"漸,進也。萬物無不有漸。漸,其聖人之進乎"和趙蕤注云"漸進,如四時,無暴寒遽熱也",可以發現趙蕤所謂"漸"應是"表示程序、數量等慢慢地變化"的意思。這與孔穎達《周易正義》所云"漸者,不速之名也。凡物有變移,徐而不速,謂之漸"意思相同。故斷爲"民可使由之,不可使知之"更符合《論語》原意。

本章最後通過周公與孔子的例子來闡釋處世之道,云:"履之而不處,其周公與。需之而不進,其仲尼與。不處、不進,其時乎。"趙蕤在注文中闡釋説:"此解《繫辭》履卦,因人事明之也。

① 〔宋〕司馬光編著,〔元〕胡三省音注:《資治通鑑》,中華書局1956年版,第235頁。

周公攝政而不處也；仲尼所順行其道也，道既不行，則反魯著書，有待而不進也……不處者，以其時有主也；不進者，以其時無道也。"這對後世讀者根據不同環境，應該采取不同的處世方式來進行生活，具有一定的指導意義。

　　總之，對《關氏易傳》十一篇的概括，元吳萊説："天水趙蕤所注《關子易傳》十有一篇，大概《易》上下《繫》之義疏耳。"此言至當。各章之間存在一定的内在邏輯綫索，正像金生楊在《漢唐巴蜀易學研究》中所總結："第一篇以王彦請關朗占百年大勢，預言朝代更迭及王通出生等大事。第二篇以乾坤之義論《易》主變化，明天人相與。第三篇解釋大衍之數，以明蓍法大義。第四篇言乾坤策數涵義。第五篇以歲時釋盈虚之義。第六篇論君子小人闔闢之義。第七篇釋'窮理盡性以至命'的性命之理。第八篇論卦爻時變大義。第九篇論動静通神義。第十篇論《易》之神在道而所以神在人。第十一篇依據《序卦》《雜卦》解釋卦序及乾、坤、小過、大過、豫、屯、需、小畜、臨、損、益、明夷、咸、恒、鼎、震、艮、漸、兑、巽、無妄、睽、家人、否、泰、履等卦之義。"[1]

---

① 金生楊：《漢唐巴蜀易學研究》，巴蜀書社 2007 年版，第 298—299 頁。

四、《關氏易傳》之主要特點

《關氏易傳》相較于《周易正義》《元包經傳》等著作,同樣在易學史上有一定地位,并表現出獨特的特徵,具體如下:

1."以人爲本"的易學觀

"以人爲本"思想最早見于《管子·霸言》篇:"夫霸王之所始也,以人爲本。本理則國固,本亂則國危。"[1]另《尚書·周書·泰誓上》也提出:"惟天地萬物父母,惟人萬物之靈。"此後很多典籍也都反映了這種"人貴"論的思想。如《黃帝內經》提出了:"天覆地載,萬物悉備,莫貴于人"的人命至重思想。著名軍事家孫臏在《孫臏兵法》中也曾提出:"間于天地之間,莫貴于人"的觀點。在《周易》中更是提出了天、地、人所謂"三才"之説,云:"立天之道,曰陰與陽;立地之道,曰柔與剛;立人之道,曰仁與義。"將人提升到與天、地齊平的地位。《老子》在"三才"的基礎上也提出了"四大"説,即:"故道大,天大,地大,人亦大。域中有四大,而人居其一也。人法地,地法天,天法道,道法自然。"將人在自然界中的地位進一步固化下來。

---

① 〔春秋〕管仲著,劉鑾嬌譯註:《管子精華》,遼寧人民出版社 2018 年版,第 111 頁。

　　受傳統文化中"以人爲本"思想的影響,在《關氏易傳》中,也滲透着"以人爲本"思想。如"時變義第八"中,傳文云:"卦以存時,爻以示變,時繫乎天,變由乎人。"趙蕤注云:"天人和須,不可異也。卦以爻成,時以變生,雖云天時、人事,及其變,則合會一也。"另如"動靜義第九"中,關朗在闡釋"動靜之象"時云:"天地之道,無立人之事,安足爲易哉?易行乎天地之中者,人也。"在"神義第十"中,闡釋對神的理解,云:"易之神在乎道,而所神在人也。故曰神而明之,存乎其人。"關朗的弟子張彝也説:"然則天地至神,必待人而存乎。"這些論斷都體現出了《關氏易傳》傳注者們"以人爲本"的思想。

　　"以人爲本"的易學觀還表現在關朗非常重視人事與人謀的思想中。關朗所云:"天意、人事,豈徒然哉!故曰龜策不出聖謀。聖謀定將來之基,龜策告未然之事,遞相表裏,安有異同。"又説:"人謀,所以安天下也。夫天下,大器也。置之安地則安,置之危地則危。是以平路安車,狂夫審乎難覆;乘奔馭朽,童子知其必危。豈有周禮即行,曆數不延乎八百;秦法即立,宗祧能逾乎二世?噫,天命、人事其同歸乎!"認爲天命與人事具有密切聯係。

　　關朗及趙蕤在《關氏易傳》中反復提出"重視人事"的主張,目的是希望統治者能够施行仁政,重視對人才的選用。關朗所主張的"文質迭用,勢運相乘"就是對統治者提出的忠告;趙蕤也用"隋文帝雖混一天下,而任非賢才,不行三五之道,齪齪於驕亢之政,果煬帝篡立,復大亂焉"的歷史事例,提出了"得天命者,必得人事。苟人事不修其道,則天亦廢之矣"的觀點。他們都希望統治者能够施行仁政,關注百姓疾苦,希望統治者能够"任賢才,行三五之道"。

　　《關氏易傳》中雖重視人，但對人所擁有的"情"却是否定的，在"理性義第七"中認爲"情者，天之邪氣，人之亂行也"，又認爲與"情"相對的是"性"，要"制情"。對傳文"蓋接物而變己者也"的注文云："物，事也。己，性也。君子之性，接小人之事，則上文'恕'之謂也；小人之性，接君子之事，則上文'懼'之謂也。恕下、懼上，而情所以和也。夫和天下，非權變安能通之。是以聖人洗心、藏密，蓋因權也。"在"理性義第七"中對"有命"解釋云："天命，曆數是也；人命，道德是也。曆數昌，則道德亨；曆數否，則道德塞。是以有命者亨之、塞之，不離乎仁義之道，此謂之有性也。"又提出了"性有五，仁義爲首"的觀點，并提出《易經》所説"立人之道，曰仁與義"是通過"體仁、和義、合禮、幹智"來闡釋的。提出性與情是相對的觀點。趙蕤在注文中説："一必有二，陽必有陰，静必有動，故性必有情。情者，二而不能一也，猶陰而不能陽也，動而不能静也。在我爲一，應物爲二，内明爲陽，外昏爲陰。情静、性動亦然也。"故主張"制情"。

2. 用辯證思想來看問題

　　《關氏易傳》傳注者們在闡釋易學過程中，也體現出了鮮明的辯證論思想。認爲對于一個問題，可有一個肯定命題和一個否定命題，這二個方面都應注意。認爲事物是變化的，社會歷史是不斷發展的，因此每一個時代政治措施應根據實際情况的變化進行改進。

　　《關氏易傳》的傳注中提出了"一必有二"的光輝論點，如趙蕤在爲"大衍義第三"中傳文"盈於此，則虚於彼"作注時，云：

"又解物不兩大之義也。如相望之際,天輪晝時,則日盈於此,而月虛於彼矣。天輪夜時,則月盈於此,而日虛於彼矣。又如見日,則晝爲此,夜爲彼;見月,則夜爲此,日爲彼。"正像趙蕤所説:"陽必有陰,静必有動。"他提出了任何事物都有矛盾對立面的觀點。

另關朗在"雜義第十一"傳文中提出"始盛者,由衰而益者也;始衰者,由盛而損者也"的觀點,也具有辯證思想,趙蕤注云:"如貧賤者,得百金之資,九品之禄,則自爲盛也。蓋衰中得益者也。富貴者,减萬金之資,降一品之禄,則自爲衰也。蓋盛中得損者也。勢相形耳。"就是通過盛衰變化來闡釋變化之理,極具辯證思想。對于這一論斷,明代學者郭子章在《郭氏易解》卷八"損論"中説:"予讀關子明損益盛衰之説,而知子明於《易》深矣。本之於道,稽之於德,而極之於數,約之於禮,推之於時,而歸之於《易》,何其晰也!然又曰'聖人濟其衰,戒其盛',於盛衰之際,尤卷卷焉。"[1]對關氏之論評價極高。

另外,《關氏易傳》傳注者還把事物的運動和變化看作是一種普遍的原則,主張不能絕對化地看待問題。如"闔闢義第六"傳文:"君子小人相亨、相屯。"注文云:"君子亨,則小人屯。小人亨,則君子屯。此一闔一闢,相反而然也。"另"動静義第九"注文云:"陽卦多陰,陰卦多陽。陽一君而二民,此君子之道;陰二君而一民,小人之道。皆本於陰陽。不期然而然者,神也。《繫辭》云:'陰陽不測之謂神。'"再如"理性義第七"中,趙蕤爲傳文"有性,有情"作注時,注云:"一必有二,陽必有陰,静必有動,故性必有情。情者,二而不能一也,猶陰而不能陽也,動而不能静也。在

---

① 〔明〕郭子章著,謝輝點校:《郭氏易解》,上海古籍出版社2017年版,第115頁。

我爲一,應物爲二,内明爲陽,外昏爲陰。情静、性動亦然也。"都是把事物對立面的相互依存和轉化看成是事物本身的屬性。

3.傳注文多與歷史事實、文中子生平相結合

《關氏易傳》中爲了説明此書的真實性與價值,對關朗解卦應驗之事多有記録,注文中更是對其後應驗加以説明,故此書内容多與歷史相合。如"卜百年義第一"中,當王彦問"明王既興,其道若何"時,關子回答説:"設斯人有始有卒,五帝三王之化復矣;若無三五之道,則必終之以驕,加之以亢,晚節末路,有桀、紂之主出焉。"趙蕤注云:"得天命者,必得人事。苟人事不修其道,則天亦廢之矣。隋文帝雖混一天下,而任非賢才,不行三五之道,齦齦於驕亢之政,果煬帝篡立,復大亂焉。"另如趙蕤在爲傳文"且辛丑之歲,明王當興,定天下者,不出九載"作注時,云"隋開皇元年己酉,平陳,天下始一統",都與歷史相合。再如"盈虚義第五"中,趙蕤在注文中用"漢太初九年,冬至甲子朔,日月如合璧,五星如連珠。觀斯可以爲元紀也"來闡釋"盈虚"之理。另如趙蕤在闡釋"如不以道,臣主俱屠地也"之傳文時,用"莊帝立,三年誅爾朱榮,朱榮子復殺莊帝"來加以説明。在作品中趙蕤多次采用以史實作爲注文,使人倍感《關氏易傳》的易理幽深,天數通神,體現出了關氏解卦在後世一一應驗的正確性。

《關氏易傳》注文中,趙蕤也多用文中子事迹來闡釋卦辭。如對"卜百年義第一"傳文"夫明主久曠,必有達者興焉",趙蕤注云:"上無明主行其道,則下當有達者修其文,仲尼、文中子是也。"傳文"三百六十六矣,當有達者生焉",趙蕤注云:"應文中

子生,是年文中子三歲矣。"另如傳文"更十八年甲子,當有王者合焉",趙蕤注云:"隋文帝仁壽四年矣。文中子至長安謁文帝,帝不能用,亦應王者合也。"傳文"用之則王道振,不用則洙泗之教修矣",趙蕤注云:"孔子退居洙泗之間修王道。文中子不遇,亦然。"趙蕤在注文中多次引用文中子事迹來説明傳文,體現出了注文的真實性,也有爲文中子立傳的功用。

　　需要指出的是,有些傳注文受傳統象數易學的影響,對歷史上朝代更替的原因失之考究,引起後人非議。如"雜義第十一"中解釋夏、商、周三代之更替時,傳文云:"殷因於夏禮,所損益可知也。周因於商禮,所損益可知也。故夏以金德,垂四百餘年。殷以水德,垂六百餘年。周以木德,垂八百餘年。得其道也,數不能逃。"趙蕤注文云:"夏人尚忠,至忠則少敬。故殷人尚敬,蓋政弊則救之也。運衰,則盛之至也。至敬則不文,故周人尚文,亦救殷政之弊也。夫文者,和之也。和者,太過則蕩,不及則局促。是以循環相救者,禮也。三十年爲世,百世,三千年也,此言三王與禮,則時運可以推也。金生數四,成九;水生一,成六;木生三,成八。夏得生數,殷、周得成數,故四百、六百、八百年,不能逃其數。所以然者,禮得其時也。"對三代更替的原因有失細究。正如明郭子章在《郭氏易解》中對《關氏易傳》評論説:"前王之禮,行乎《易》中,故純而且久。後王之禮,不行乎《易》中,故駁而不純。愚又觀之二卦,損以二簋用享之禮行於損,益以用亨用圭之禮行於益,皆所謂施之典禮、行乎《易》中者也。故武周造周,至八百餘年,其或繼周者,雖百世可知。而漢於禮樂,謙讓未皇,唐於閨門,尚多慙德,宋陳橋兵變,君臣禮乖,又何論《易》之行不行哉? 我明高皇帝以夏驅夷,得《春秋》攘夷之意。

元孫既俘，免行獻俘之禮，合祀天地，大得人子合享父母之情。當極益之時，持極損之戒，正所謂以禮行《易》者。以故二百五十餘年，金甌完固，亡一缺折，國曆悠長，真可軼商而逾周者。子明之言，詎不信哉！”[①] 對關氏所論提出批評。

4. 多引用聖人言論或儒道經典

　　《莊子》的《天下》篇所言“以重言爲真”，是指借有見解、有才德之長者或先人的言論來論説自己的觀點。這種“重言”的論述方法，在《關氏易傳》中也多次使用。如在“卜百年義第一”中引孔子所言：“文不在兹乎？”在“統言易義第二”中引孔子所説：“動静有常，剛柔斷矣。方以類聚，物以群分，吉凶生矣。”在“統言易義第二”注文中引董仲舒所云：“天人相與之際，甚可畏也。”在“時變義第八”中在説明傳文“卦以存時，爻以示變，時繫乎天，變由乎人”時，注文云：“王弼曰：‘以爻爲人，以位爲時。’今關氏義同。”另如“動静義第九”中，趙蕤在爲傳文“知神則知静矣”作注時，就直接引用老子名言“萬物芸芸，各歸其根，歸根曰静，静曰復命”。趙蕤在注文中引用這些聖人言論，無非是想表達趙蕤所説“關氏極言深微，亦可畏也，慎之意也”的意思，通過采用“重言”的方式，從側面説明《關氏易傳》觀點的正確性。

　　除了引用名人言論外，《關氏易傳》的注文還多采用儒道典籍來論證。如在給“大衍義第三”中爲傳文“有生則滋”作注時，趙蕤用“《左傳》曰：物生而後有象，象而後有滋，滋而後有數”

―――――――――――――――

[①]〔明〕郭子章著，謝輝點校：《郭氏易解》，上海古籍出版社 2017 年版，第 115 頁。

來加以闡釋，并強調説："義與此同，滋猶滋蔓也。"在注文中有："《洪範》言：龜從，筮從，卿士從，庶民從，皆是吉。"當然，作爲易學著作，《關氏易傳》更多的還是引用《周易》中的内容。如在"闔闢義第六"中，傳文"方以類聚，物以群分，則吉凶生矣"。另"時變義第八"中，爲傳文"極則變，變以久，不可禦也"作注時，直接引用《周易》原文，説："《易》曰：'易，窮則變，變則通，通則久。'又曰：'言乎遠，則不禦。'"有時還分别引用不同經典的内容，合而用之，如爲"神義第十"傳文"神無方，道無迹，人無至"中的"無方""無迹""無至"就分别取自《繫辭》《關尹子》《文中子》，體現出了多家思想合一的特點。在傳、注文中引用經典，也可以起到"重言"的作用。

趙蕤在爲《關氏易傳》作注時，有時也在試圖解釋《易經》中的觀點。如在"理性義第七"注文中用"性有五，仁義爲首"來闡釋《易經》所云："立人之道，曰仁與義。"另如"時變義第八"中用"六六之用，其時變之周流也"和"是以六十卦，循環相生"就有闡釋《易經》"變動不居，周流六虚"之意。再如在"雜義第十一"中關朗用"聖人以此，施之於典禮，推之於時運，必使濟其衰，戒其盛，行乎易中矣"，來闡釋《易經》"危者使平，易者使傾"之義。這些傳、注文對後人理解《易經》多有助益。

5.對"道"的推崇

在《關氏易傳》中多次提到"道"，如王虬在向孝文帝介紹關朗時説："此人言微道深，非彝、祚所能知也。"另如王彦問關朗説："先生每及興衰之際，必曰用之以道，輔之以賢，未可量也，無乃持二端乎”的問題時，關朗回答說：“堯、舜禪代，曠世不逢。伊、周復辟，近古亦絶。此非運之不可變，化之不可行，蓋道攸世促。求才實難。或有臣而無君，或有君而無臣，故全之者鮮矣。”可見，關朗對“道”有獨特理解。當王彦又問：“先王所刻治亂興廢，果何道也？”關朗回答說：“文質迭用，勢運相乘。稽損益以驗其時，百代無隱。考龜策以延其慮，千載可知。未之思歟，夫何遠之有？”就是對自己認爲的“道”的解釋。

對于關朗所說“道”的含義，趙蕤在注文中也有闡釋，如在“卜百年義第一”中關朗提出“若用之以道，則桓、文之舉也。如不以道，臣主俱屠地也”的觀點，趙蕤在注文中分別用“魏宣武正始元年甲申，至十二年乙未而崩。明帝立，跨十二年，戊申亦薨。此大運再傳也”及“莊帝立，三年誅爾朱榮，朱榮子復殺莊帝，俱屠地之應也”，來解釋“用之以道”和“不以道”的不同結果。王彦又問：“明王既興，其道若何？”關朗回答說：“設斯人有始有卒，五帝三王之化復矣；若無三五之道，則必終之以驕，加之以亢，晚節末路，有桀、紂之主出焉。”可見，關朗所說的“道”，實際上是五帝三王之道。因此，他認爲王道是不會消亡的。當王彦問“先王之道竟亡乎”時，關朗說：“何謂能亡也？夫明主久曠，必有達者興焉。而能行其典禮，此三才五常所由繫也。”趙蕤注云：“王道如天地，雖有弊虧之變，而不能無天地也。上無明主行其道，則下當有達者修其文，仲尼、文中子是也。繫于達也。”認爲“道”如天地，雖有弊虧，但是永存于世的。

關朗和趙蕤都認爲“道”的運行與人的行爲密切相關。關朗說：“道不虛行，存乎其人。是故天道曰陰陽，地道曰柔剛，人道曰仁義。行之則三，變而通之則一。”趙蕤注云：“道謂理天下之道。”

在"動靜義第九"中張彝問動靜之象時,關朗回答説:"天地之道,無立人之事,安足爲易哉? 易行乎天地之中者,人也。"在"神義第十"中,在回答張彝所問"何謂神"的問題時,關朗説:"神也者,易之靈也。靈應冥契,不思而得,强名曰神。……易之神在乎道,而所神在人也。故曰神而明之,存乎其人。又曰苟非其人,道不虛行。"在"雜義第十一"中關朗説:"人之動者,鳴乎言,形乎文。得其道則吉,失其理則凶。"又説:"人不交,不久,故咸、恒,人道之統也。"趙蕤注云:"凡人相交,得其道,則久而不開;交不以道,非交也,故不久。"在"闔闢義第六"中提出"闢往則闔來,闔往則闢來。以氣言之爲啓、閉,以道言之爲離、合,以内外言之爲往、來。"在解釋"同似异,而必通"時,趙蕤注云:"君子各任以所見,不待於外,而後徇之也。故乍見之,似各异也。終久同歸乎道,故曰必通。"關朗在論述"君子和小人,小人和君子,豈本性也? 蓋接物而變己者也"時,提出了"權者,變而合道者也"的觀點。趙蕤注文解釋説:"君子之性,接小人之事,則上文'恕'之謂也;小人之性,接君子之事,則上文'懼'之謂也。恕下、懼上,而情所以和也。夫和天下,非權變安能通之。是以聖人洗心、藏密,蓋因權也。"都認爲"道"的運行與人的行爲密切相關。

在《關氏易傳》中,關朗還提出了"君子之道"與"小人之道"的區別問題。在"理性義第七"中説:"君天下,得君子之道,則時亨矣;得小人之道,則時塞矣。然而,君子亨,則時治,命也;小人亨,則時亂,命也。時命一而已矣。"認爲無論是"君子之道",還是"小人之道"都與"時"密切相關。趙蕤注云:"若否、泰二卦,以君子小人定其時也。天命歸善,則人命遇亨,君子得行其道;若天命歸惡,則人命遇塞,小人得行其道。二者皆屬乎命也。"

另外，關朗還提出了"至剛"與"至柔"都是非常"道"的觀點。如關朗在"動靜義第九"中提出"至剛，非常道也；至柔，非常道也"的觀點，這一觀點應該來自《周易》"剛柔相推，變在其中矣"。趙蕤注云："道在剛柔間，則動靜不失中矣。"對這一觀點易學家多有闡釋，如三國虞翻説："'剛柔相推而生變化'，故'變在其中矣'。謂繫象象九六之辭，故'動在其中''鼓天下之動者，存乎辭'者也。"這一"剛柔相推，變在其中"的觀點，後代易學家也多有闡釋，如宋龔原説："象者一卦之成體也，故天下之賾存焉；爻者六位之變動也，故天下之動存焉，剛柔相推所以成爻也。而'爻者言乎變'，則'變在其中矣'，'繫辭焉而命之'，所以明爻也，而辭者以鼓天下之動，則'動在其中矣'，卦則兆于成列而備于重，爻則兆于變而備于動，故吉凶悔吝生焉。"明蔡清説："天文地理，人事物類，一剛一柔盡之矣，二者之外，再無餘物也，故凡剛者皆柔之所推也，凡柔者皆剛之所推也，而《易》卦中亦祇是剛柔二者而已，非剛則柔，非柔則剛，在剛皆柔之所推，在柔皆剛之所推。"都是對這一論題的繼續闡釋。

《關氏易傳》并不是作者憑空所作，而是在盛唐背景下，對《易經》的重新解讀，因此與傳統易學具有密切的聯係，有對傳統易學的繼承與發展。如"統言易義第二"中所云："子曰：'蓍之德圓而神，卦之德方以知。神以知來，知以藏往。'"就出自《繫辭傳》所記："蓍之德圓而神，卦之德方以知。"趙蕤注云："關引《系辭》，展轉解釋。"指出了《關氏易傳》與傳統易學的密切聯係。另如"闔闢義第六"，就是在闡釋《繫辭上》中"是故闔户謂之坤，闢户謂之乾，一闔一闢謂之變，往來不窮謂之通"的意思，

用"吉來則凶往,有變則能通"來解釋《周易》所云"小往大來,
吉、亨"的意思,趙蕤注云:"凡言往來,則上下、內外、出入、大小、
吉凶相反,皆同也。"再如"時變義第八",全篇都在闡釋關朗對
三國時期曹魏經學家王弼所説"卦以存時,爻以示變"的看法,
關氏同意王弼所説"以爻爲人,以位爲時"的觀點,趙蕤在注文
中進一步闡釋説:"天人和須,不可異也。卦以爻成,時以變生,
雖云天時、人事,及其變,則合會一也。"就是對王弼觀點的進一
步發展。另如在"雜義第十一"中,趙蕤在注文中對《關氏易傳》
以"既濟爲終"加以解釋,就是對《周易》以"未濟爲終"觀念的
發展,注文云:"今《易》并至未濟終焉,而關氏此則以既濟爲終
者,蓋未濟者,入屯之首也。天地不交,坎、離不接,是未濟也。
天地始交,雲雷相遇,然後有屯也。文王、仲尼終之以未濟者,時
可知戾。然終焉二字,疑非仲尼之辭,蓋後人傳之誤也。夫既者,
盡也。盡濟,則終焉。此義爲得也。六六而變,未詳。"

　　在繼承傳統易學基礎上,《關氏易傳》的傳、注者也聯繫時代
背景來表述自己的政治觀點。如在傳文中就提出"善人少,惡人
多。暗主衆,明君寡"的觀點,指出當時盛世背景下的社會環境
正在向不好的方面進行改變。另在"理性義第七"中,關朗就提
出了"今小人多,君子少,吾安敢言命"的觀點,趙蕤注云:"子罕
言命者,蓋亦時亂,小人多,故難言之也。惟君子能知命,是則卦
以存否、泰二時,蓋爲君子設也,明矣。"可見,《關氏易傳》的傳、
注者均希望通過本書可以實現"欲令天下順時而進,知難而退"
的目的。

五、《關氏易傳》
未廣泛流傳的原因

　　《關氏易傳》與《元包經傳》命運相似,創作完成後也并没有在社會上廣泛流傳,《隋書》、兩《唐書》均未見記載,唐李鼎祚所作《周易集解》中也未見采用或提及,此書最早始見于宋李淑的《邯鄲圖書志》。雖在宋、明時,多有文人對此書進行介紹與評論,但後世傳播也不廣,明清時就已逐漸少見,在范欽刊刻的《范氏奇書》二十一種中就已將《關氏易傳》列爲不易得之書。其原因主要有三:

　　第一,《關氏易傳》與《元包經傳》的命運相似,創作完成于安史之亂前的開元年間,安史之亂的突然爆發與艱難平定,使人們對象數易學中的經世思想産生了懷疑,加之中唐朝廷也逐漸冷落象數易學,作爲象數易學代表的《關氏易傳》就很難獲得人們的重視與認可。

　　傳統象數易學着重從陰、陽、奇、偶之數和卦爻數以及八卦所象徵的物象,來解説經傳文義,并推占運勢吉凶。象數所用占筮之法較爲複雜,據《周禮·春官·宗伯》記載:"掌三易之法,一曰《連山》,二曰《歸藏》,三曰《周易》。其經卦皆八,其別皆六十有四。"[①]古代占筮之法是通過數蓍草變化的數目,得出八卦之

---

① 朱清國:《周易本義》,湖南大學出版社 2015 年版,第 1 頁。

象,再依卦象推測吉凶。但《連山》《歸藏》之法如何,現已不清楚,雖有種種解釋,皆不足信。現傳下來的占筮之法祇有《周易》一種。故張其成在《象數易學》一書中認爲,在漢代,孟喜、京房用象數解釋《周易》的共同特點是:"着重于卦象以及《周易》中的一些特定數字的研究,運用當時的天文、物候、曆法學知識解釋卦爻辭與卦爻象,力圖尋找到兩者的對應關係。在這種指導思想支配下,孟、京將當時的天文、物候、曆法學知識、陰陽五行學説與卦爻象數結合起來,認爲前者正是卦爻象數所象徵、比附的物象、理象。"[1] 象數易學在中唐時,已逐漸被人冷落。

　　直至宋代象數派代表陳摶、邵雍,推崇河圖、洛書,宣揚勢變説,倡導先天學,纔使象數學重新發展起來。清代易學家張惠言在《周易虞氏義·序》中提出:"自魏王弼以虚空之言解《易》,唐立之學官,而漢世諸儒之説微,獨資州李鼎祚作《周易集解》,頗采古《易》家言,而翻注爲多。其後古書盡亡,而宋道士陳摶以意造爲《龍圖》,其徒劉牧以爲《易》之《河圖》《洛書》也,河南邵雍又爲先天、後天之圖,宋之説《易》者翕然宗之,以至於今,牢不可拔,而《易》陰陽之大義,蓋盡晦矣。"[2] 對宋代象數易學的發展作了介紹與評論。

　　需要指出的是雖然《關氏易傳》與《元包經傳》都可視爲象數易學的代表作,但在《玉海》卷三六中,對兩書名字的表述却存在差異,稱《元包經傳》爲《唐周易元包傳》,稱《關氏易傳》爲《後魏關子明易傳》,這大概與兩書的内容不同相關。《玉海》卷三六"唐周易元包"條記:"衛元嵩《元包》十卷(後周人),唐蘇

---

① 張其成:《象數易學》,中國書店 2003 年版,第 98—99 頁。

② 趙爾巽等:《清史稿》,中華書局 1977 年版,第 13243 頁。

源明傳,李江注(書目同)。李江序:文質更變,篇題各異,夏曰《連山》,殷曰《歸藏》,周曰《周易》,而唐謂之《元包》,其實一也。包者,藏也,言善惡、是非、吉凶、得失,皆藏其書也。(李江謂:六五經而四八易,雖《太玄》莫之與京。)”大概《玉海》認爲《元包經傳》以闡述《周易》義理爲主,主體内容是蘇源明的傳及李江的注,《元包》的體例也與《歸藏》一脉相承,故題名《唐周易元包傳》;而《玉海》卷三六“後魏關子明易傳”條記:“書目《關子明易傳》一卷,唐趙蕤注,魏孝文使并州刺史王虬與子明著《疑筮論》數十篇。蕤云:亡篇過半,今無能詮次,但隨文解義,庶學者觸類而長,阮逸詮次刊正。……《文中子》録子明事,太和末穆公與談《易》,言于孝文帝。帝曰:且與卿就成筮論。子明曰:乾坤之策,陰陽之數,推而行之,不過三百六十六。演而伸之,不過三百八十四,天之道也。象生有定數,吉凶有前期,變而能通,故治亂有可易之理。(王氏易道宗於子明)。”認爲《關氏易傳》的主要内容爲關子明對易的討論,故題名《後魏關子明易傳》。

第二,安史之亂造成了書籍的大量損毁,導致很多作品失傳,《關氏易傳》“亡篇過半”也許與戰亂相關。

安史之亂對圖書典籍造成的破壞,在論述《元包經傳》相關問題時已經有詳盡説明,此處不再贅述。但需要注意的是,雖然趙蕤晚年隱居的巴蜀地區没有受到安史之亂的直接波及,但整個中晚唐時期,巴蜀地區也并非是一片净土。自安史之亂發生至唐末,巴蜀地區發生了多次地方叛亂,這些叛亂給當地百姓生活造成了巨大灾難。如唐肅宗至德二載(757)正月,劍南兵賈秀之亂;上元二年(761)四月,段子璋之亂;寶應元年(762)七

月,劍南兵馬使徐知道之亂;唐代宗廣德元年(763)年底,吐蕃
也曾攻陷蜀郡西北的松州、維州、保州,杜甫《歲暮》詩所云:"歲
暮遠爲客,邊隅還用兵。烟塵犯雪嶺,鼓角動江城。天地日流血,
朝廷誰請纓。濟時敢愛死,寂寞壯心驚。"就是記載此事而作。
另外還有永泰元年(765)閏十月,西川節度使郭英乂、西山兵馬
使崔旰之亂;唐德宗建中四年(783)十一月,劍南西山兵馬使張
朏之亂等,這些地方戰亂對巴蜀地區影響巨大。

　　趙蕤隱居地梓州在安史之亂後人口損失也异常嚴重,據唐
李吉甫《元和郡縣志》卷三三《劍南道下》載:"開元户一萬五千
四百七十八。鄉二十六。元和户六千九百八十五。鄉一十六。"
人口户數減少了一半還多,戰亂當然也會對圖書的保存與流傳
造成一定的影響。

　　另外,趙蕤長期偏處西南,隱居于梓州長平山,也可能會造
成《關氏易傳》流傳不廣。在唐代,梓州雖也算繁華,但離成都
較遠,到都城長安更是路途遙遠,這也在客觀上會造成《關氏易
傳》的傳播範圍較爲有限。正如金生楊在《漢唐巴蜀易學研究》
中所説:"從唐五代易學及社會整體情况看,唐五代重玄學易,術
數非時所好,而唐五代社會動蕩,書不獻于朝,不著録于史,難聞
于世也很正常。從趙蕤生活狀况看,他隱居不出,偏處西南一隅,
交通信息均爲不便,其書能得一綫之傳,其幸已極,不可苟求。
總之,趙蕤《關氏易傳注》一書至宋始出是可以理解的。"①

　　第三,《關氏易傳》長期被人認爲是僞書,且内容多有缺失或
奇字,使後人多對此書評價不高,這也影響了此書的流傳。

----

① 金生楊:《漢唐巴蜀易學研究》,巴蜀書社 2007 年版,第 310 頁。

自《關氏易傳》出現後,很多人認爲此書爲僞書或學術價值不高,如明宋濂《諸子辯》"孔叢子"條云:"近世之爲僞書者,非止咸也。若阮逸《關朗易傳》《李靖問對》,若張商英《素書》,若戴師愈《麻衣易》,亦往往不能迷明者之目,竟何益哉!"認爲此書沒有什麼實用價值。另如明人袁黃撰、袁儼注的《群書備考》在論述唐代易學時,提出:"至唐孔穎達作《正義》,獨取王弼之學;李鼎祚之《集解》,則取鄭而捨王;陸德明之釋文,則宗京而尚數。及宋程子之傳,朱子之《本義》出,而後理與象兩明焉。他若衛元嵩之《元包》,關子明之《易傳》,其僭妄而畔《易》者乎?"認爲此書是"僭妄而畔《易》者",對《關氏易傳》評價不高,這也會影響此書的流傳。因在前文"《關氏易傳》真僞辯"中已有相關介紹,故此處不再展開論述。

《關氏易傳》原書内容應該比現在所見要多,這在一定程度上影響了此書的完整性。據趙蕤在序文中說:"然恨此書,亡篇過半,今所得者,無能詮次,但隨文義解注,庶學者觸類而長,當自知之爾。"雖然還沒有資料可以說明具體丢失了哪些篇目,但觀現存内容,很可能是關朗對易學相關理論的闡釋。

《關氏易傳》中文字中多有奇字,也影響了讀者對此書的閱讀與理解。宋孫奕《履齋示兒編》卷二三《集字三》載:"《關子明易傳》十一篇,率多奇字,以'生'爲'㞒',以'象'爲'爲',以'一'爲'弌',以'三'爲'弎'。"具體例子如在"卜百年義第一"中傳文有"且東南之俗,其弊也剽",趙蕤在解釋"剽"時云:"猶僭竊浮淺也。"并進一步闡釋説:"江南六朝,文章剽淺,終之陳後主。江總浮靡放蕩,習以成俗,遂至亡國,故曰剽。"這種對"剽"的解釋與《説文解字》中"勡,劫人也"、《爾雅》中"鐘其中者謂之劑”完全不同。另如“統言意義第二”中趙蕤對“藏”的解釋説：“藏謂至賾深蘊，退密者也。”在其他資料中也未見相似記載。書中有這類文字及注解，也容易使人們對此書閱讀理解產生困難。

　　《關氏易傳》中對揲著過程沒有詳細記載，後人很難進行復制，也影響了後人對此書的閱讀興趣。此書祇是因關朗揲著布卦“得夬☰☱之革☱☰”進行展開，并沒有具體説明揲著的過程如何，趙蕤也僅在注文中云：“自夬六變至溉濟，凡二十四卦。夬九二化革六二，是二六十二，爲紀也。”但兩人都沒有對如何推演百年歷史興替進行介紹。在解卦過程中，也稍顯牽强，如通過“革六二以柔居中，離女之變”，就可以占出“二十四年戊申，天下當大亂。而禍始宮掖”。通過“九五、九三兩爻。上下有民，故分也”，就可以占出“高歡立魏静帝，號東魏；宇文泰立魏文帝，號西魏”。這樣二雄分中原事，顯得十分牽强附會。故趙蕤也説“此關氏占法，其精微未詳。”後人更是難以理解其揲著解卦方法，這肯定會對此書的傳播閱讀產生負面影響。尚秉和在《周易尚氏學》中認爲關朗所占“也是依照納甲法來推斷。……祇是書中沒有詳細著明所占之事與卦相應的道理，讓後人看了，祇見其神奇，而不知其晦明否塞之斷都是從卦象及五行詳細推斷而來”。①

　　從關朗占法來看，既説著數，又説卦象，他欲從著數、卦象的動、静中，來證明“《易》所以先知也”的論點。如用“革去故也，是以舊者不利”來解釋“東魏，舊也，故先亡”的歷史現象。這種

---

　　① 尚秉和原著，刘光本撰：《周易古筮考通釋》，山西古籍出版社 1994 年版，第 136 頁。

方式未免附會。潘雨廷曾在《讀易提要》卷三"《關氏易傳》提要"中多有記錄和評論,如對于"盈虛義"解讀説:"蓋以七十二候爲本,而順次十倍之。凡五乘七十二,得三百六十。五猶五行。三百六十又合六乘六之十倍,爲六氣,然合諸日月五星,未免附會。"另如對"時變義"解讀説:"謂卦時繫乎天,爻變由乎人。'時'謂乾坤之十二闢卦之消息,'變'謂屯至既濟六十一卦之六六之用,詳見'雜義'。下云:'六十卦循環相生,……四卦時之門户。'似指卦氣言。若云:'仲尼《序卦》相生,《雜卦》旁行不流,相生晝也,不流夜也。'惜語焉未詳。"[1]但遺憾的是,對于如何占易未能做詳細説明,也説明此種占筮之法的複雜,這也必然會影響《關氏易傳》的流傳。故潘雨廷在《讀易提要》中提出:"大總觀全書,有法乎王弼之《略例》,其間尚不乏可取者。然晦澀附會之處難免,且佚篇已多,又經後人之增補,故得失叢雜,讀是書者宜擇善而從,庶可免爲不經之説所誤也。"[2]認爲對此書要辨析而讀。

總之,盛唐以《元包經傳》《關氏易傳》《周易流演》爲代表的易學著作,是對初唐時期出現的《周易正義》進行理論上的修復,無論傳文還是注文均關涉治亂之理,具有"陳理亂於邦家""冀裨帝業""推國家之吉凶"的經世目的。此類象數易著的大量出現與傳承,是傳、注者在開天盛世背景下,參與政治活動、表達政治思想的産物,也是象數易學在盛唐背景下重新興盛的産物。安史之亂後,朝廷出于穩定統治的需要,刻意冷落象數易學,導致易學經世功能逐漸淡化,加之戰亂造成了書籍的大量損毁,有

---

① 潘雨廷:《潘雨廷著作集》(肆),上海古籍出版社 2016 年版,第 87 頁。

② 潘雨廷:《讀易提要》,上海古籍出版社 2003 年版,第 67 頁。

些作品"義實庸淺""詰以僻字""率多奇字"等原因,逐漸不爲人所知。但這些易學著作在盛唐的大量出現,不僅豐富了易學理論、保存了大量文字音義資料,也具有傳承思想文化及認識社會等方面的重要價值。

附：

關氏易傳

天水趙蕤　注

四明范欽　訂

蕤非聖人，五十安知天命。然從事於易，雖亂離中，未嘗釋卷。蓋天命深微，莫研其極，而子明之傳，蕤粗通之。然恨此書，亡篇過半，今所得者，無能詮次，但隨文義解注，庶學者觸類而長，當自知之爾。

傳張晊《河東先賢傳》，與此傳文義略同。蕤爲此傳，蓋關氏門人弟子，紀師事迹於《易傳》首，尊其道也。

關朗，字子明，河東解人也，有經濟大器。或以占算示人，而不求宦達。魏太和末，魏孝文帝年號，二十三年而崩。并州刺氏王虬，虬，文中子王通之先。奏署子明爲記室。嘗謂子明曰：“足下今之英賢也，不可使天子不識。”因言于孝文帝。帝曰：“張彝、郭祚昔嘗言之，事見張太素《魏書》言之。朕以卜葬之道，不足見爾。”虬曰：“此人言微道深，非彝、祚所能知也。”詔見，帝問《老》《易》，子明寄言玄宗，實陳王道，諷帝以慈儉清静爲本，而飾之以刑政禮樂。翌日，帝謂王虬曰：“卿誠知人，關朗管、樂之器，豈占算而已？”虬拜舞稱謝曰：“昔伊尹負鼎以干成湯，今關朗假占算而謁陛下，君臣感遇，固有所因。”自是使虬與子明著成《疑筮論》數十篇。即今《易傳》是也。孝文帝崩。明年，虬卒。子明遂不仕，居臨汾山，在汾州。授門人《春秋》《老》《易》，號關先生學。虬長子彦爲同州刺史，亦師焉。謂子明曰：“彦悲先君與先生志不就。”子明曰：“樂則行之，憂則違之，何悲乎？”彦凡就子明占興亡治亂，言無不應。然必先人事而後語卦。彦不能測，從容問曰：“先生每及興衰之際，必曰用之以道，輔之以賢，未可量也，無乃持二端乎？”子明曰：“象生有定數，吉凶有前期，變而能通，則治亂有可易之理。君子之於易，動則觀其變而玩其占，問之而後行，考之而後舉，欲令天下順時而進，知難而退。此占筮所見重於前王也。故曰危者使平，易者使傾。言《易》之變動而成功業也。善人少，惡人多。天陰、陽半，人善、惡混。然陽晝六時，晚昏皆爲陰所侵，其用事惟四時而已。卦六爻，初上皆無正位，其用事四爻而已。四分善人，六分惡人，故云善人少，惡人多。以正前文也。暗主衆，明君寡。古今列辟，亦善少惡多。堯、舜禪代，曠世不逢。堯、舜善君，所以禪也。伊、周復辟，近古亦絕。伊尹以太甲不善而放之，既善則復之，周公以成王不明則攝之，既明則歸之，其爲善亦均矣。此非運之不可變，化之不可行，蓋道攸世促。攸，長也。求才實難。或有臣而無君，或有君而無臣，故全之者鮮矣。仲尼曰：‘如有用我者，吾其爲東周乎？’此有臣無君也。章帝曰：‘堯作大章，一夔足矣。’此有君無臣也。是以文武之業，遂淪於仲尼。禮樂之美，不行於章帝。治亂之漸，必有所由。興廢之成，終罕所遇。《易》曰‘功業見乎變’，此之謂也。變則通也。何謂無二端？”彥曰：“周公定鼎于郊鄏，卜世三十，卜年八百，豈亦二端乎？”《史傳》并言七百，獨此言八百。蓋周以木德王天下，木生數三，成數八，故卜之三十世、八百年，必有術也。但聖人藏用，後人莫能知爾。以是明七百，《傳》之誤也。解在第十一篇。子明曰：“聖人輔相天地，準繩陰陽，恢皇綱，立人極，修策迥馭，長羅遠羈，昭治亂於未然，算成敗於無兆。固有不易之數，不定之期。假使庸王守之，賊臣犯之，終不促已成之期於未衰之運。故曰周德雖衰，天命未改。定鼎意也。聖人知明王、賢相不可必遇。聖謀睿策，有時而弊。故考之以典禮，稽之以龜策，即人事以申天命，懸曆數以示將來。或有以盛而更衰，或有過算而不及。或卜得合盛而反衰者，或卜得過數而反不及者，此蓋人事已弊於典禮，天命不靈於龜策。是故聖人之法，所可貴也。言貴人事。向使明王繼及，良佐踵武，則當億萬斯年，與天無極，豈三十世、八百年而已哉！過算餘年者，非先王之功，即桓、文之力也。過算,謂卜世三十而得三十七也。餘年謂卜年八百,而得八百六十也。先王,謂文王、武王也。桓、文,謂齊、晋,合諸侯,朝王室。天意、人事,豈徒然哉！故曰龜策不出聖謀。聖謀定將來之基,龜策告未然之事,遞相表裏,安有异同。"謂人謀、龜策,皆聖也,其用故同。彦曰:"大哉,人謀！"子明曰:"人謀,所以安天下也。夫天下,大器也。置之安地則安,置之危地則危。是以平路安車,狂夫審乎難覆；乘奔馭朽,童子知其必危。豈有周禮即行,曆數不延乎八百；秦法即立,宗祧能逾乎二世？噫,天命、人事其同歸乎！"彦曰:"先王所刻治亂興廢,果何道也？"子明曰:"文質迭用,勢運相乘。稽損益以驗其時,百代無隱。考龜策以延其慮,千載可知。未之思歟,夫何遠之有？"彦蹶然驚起,因書策而藏之,退而學易,王氏易道,蓋宗關氏焉。文中子贊《易》有七卜篇,蓋家傳關氏學也。子明既卒,河東往往立祠祭之,所著文集行於世。

卜百年義第一

　　同州刺史王彥問於關子,曰:"夫治亂損益,各以數至,苟推其道,百世可知。彥不佞,願假先生之筮,一以決之。"關子曰:"占算幽微,至誠一慮,多則有惑。請命著卦,以百年爲斷。"既而揲著布卦,得夬☰☰之革☰☰。自夬六變至溉濟,凡二十四卦。夬九二化革六二,是二六十二,爲紀也。捨著而嘆曰:"當今大運,不過二再傳爾。每一十二年爲一運。二再傳,二十四年。從今甲申,今爲所卜之年。甲申,魏宣武正始元年也。二十四年戊申,天下當大亂。而禍始宮掖,革六二以柔居中,離女之變。有蕃臣柄政,世伏其强。外卦兑,九四居三陽之中,有乾君之象。蕃臣,外也。若用之以道,則桓、文之舉也。魏宣武正始元年甲申,至十二年乙未而崩。明帝立,跨十二年,戊申亦薨。此大運再傳也。藩臣爾朱榮舉兵,投靈太后而專魏政。此世伏其强,禍始宮掖也。言用之以道者,二端之義。如不以道,臣主俱屠地也。"莊帝立,三年誅爾朱榮,朱榮子復殺莊帝,俱屠地之應也。彥曰:"其人安出?"子曰:"參代之墟,有異氣焉。若出,其在并之郊乎?"參、代,并之分野。彥曰:"此人不振,蒼生何屬?"子曰:"當有二雄舉而中原分。"二雄,九五、九三兩爻。上下有民,故分也。高歡立魏静帝,號東魏;宇文泰立魏文帝,號西魏。此二雄分中原之應也。彥曰:"各能成乎?"子曰:"我隙彼動,能無成乎?内卦我也,外卦彼也。内卦九二,化爲六二,隙之象也。外卦九四,舉三陽而決群陰,是動之象也。東西魏有隙,高歡建齊,宇文泰建周,動而成之應也。若無大賢扶之，恐皆不能成名。"不能建長久功名。彥曰："請刻其歲。"子曰："始於甲寅，卒於庚子，天之數也。"是時，天數轉至此，盡也。甲寅是魏分東西時也，庚子是後周滅於隋時也。然以卦言，夬之乾、兌，西北位也；變革之兌、離，乃轉南也。庚子，西北盡矣，故曰天之數。言夬決盡，則將有革命者也。離，南方之卦，而丙午應焉。義見下。彥曰："何國先亡？"子曰："不戰德而詐權，則舊者先亡。"革去故也，是以舊者不利。東魏，舊也，故先亡。彥曰："其後何如？"子曰："辛丑之歲，當有恭儉之主，起布衣而并六合。"革盡則變，亂窮則治，數窮則始，故必有布衣恭儉者出焉。易理然也。彥曰："其東南乎？"彥疑天數盡庚子，則地位起東南。恐東南有真主出，故問之也。子曰："必在西北。此以人事，易理然也。非執一端，故曰西北也。夫平大亂，未可以文治，必須以武定。且北，用武之國也。此言東南文弊，則西北武興。崆峒之人武，北主殺象也。且東南之俗，其弊也剽，剽，猶僭竊浮淺也。江南六朝，文章剽淺，終之陳後主。江總浮靡放蕩，習以成俗，遂至亡國，故曰剽。西北之俗，其興也勃。勃然武怒之象。參代异氣，應乎并州。其後，唐高祖起太原，平大亂，則武定之功也。況東南，中國之舊主也。自晋東遷，未亡中國。中國之廢久矣，天之所廢，孰能興之？"宋而江南弱。而中國有後魏，都洛陽。是江南舊號已廢，而中國別有新主也。彥曰："東南之歲，可刻乎？"子曰："東南不出，運曆三百。江南自吳孫權三分國，魏黃初元年壬寅，至陳宣帝太康十三年辛丑，正三百年。是歲，隋文帝受周禪，開皇元年也。然而陳宣帝次辛丑一年而崩，後主立七年國亡，皆出三百之外。蓋閏位餘氣也。言定三百者，以五行云也。大賢大聖，不可卒遇。能終其運，所幸多矣。陳無賢臣，幸延七年。且辛丑之歲，明王當興，定天下者，不出九載。己酉，江東其危乎？"隋開皇元年己酉，平陳，天下始一統。彥曰："明王既興，其道若何？"子曰："設斯人有始有卒，五帝三王之化復矣；若無三五之道，則必終之以驕，加之以亢，晚節末路，有桀、紂之主出焉。得天命者，必得人事。苟人事不修其道，則天亦廢之矣。隋文帝雖混一天下，而任非賢才，不行三五之道，齪齪於驕亢之政，果煬帝篡立，復大亂焉。天下復亂。夫先王之道，墜地久矣。自漢後，霸國分列，而王道墜地，故曰久矣。改張易調，其興實難。常主庸臣守之，所以難能改歸王道也。苟化虐政，其窮必酷。廢道浸久，極則必酷，易之理也。故曰大軍之後，必有凶年。廢耕故也。積亂之後，必有凶主。尚怯故也。理當然也。"人事當然。彥曰："先王之道竟亡乎？"子曰："何謂能亡也？王道如天地，雖有弊虧之變，而不能無天地也。夫明主久曠，必有達者興焉。上無明主行其道，則下當有達者修其文，仲尼、文中子是也。而能行其典禮，此三才五常所由繫也。繫于達也。孔子曰：'文不在茲乎？'此王道不能亡也。"關氏知王道久廢，當有聖人出焉。與文中子數門人，興唐室。彥曰："請推其數。"子曰："乾坤之策，陰陽之數，推而行之，不過三百六十六，成歲之數，三百六旬有六日也。引而伸之，不過三百八十四。演卦數也，三百八十四爻。終則有始，天之道也。此關氏占法，其精微未詳。噫，朗聞之，先聖與卦象相契，先聖，泛言古明王達者也。自魏以降，天下無真主，僭亂相仍。故黃初元年庚子，至今八十四載。魏黃初元年，至梁天監三年、後魏正始元年，歲次甲申。更八十二年丙午，陳後主至德二年，隋開皇六年也。三百六十六矣，當有達者生焉。應文中子生，是年文中子三歲矣。更十八年甲子，當有王者合焉。隋文帝仁壽四年矣。文中子至長安謁文帝，帝不能用，亦應王者合也。用之則王道振，不用則洙泗之教修矣。"孔子退居洙泗之間修王道。文中子不遇，亦然。彥曰："其人安出？"子曰："唐晉之郊乎？亦取上文西北義也。昔殷後不王，宋，殷後也。而仲尼生周，周後不王，斯人生晉。生周者，周公之餘烈也。仲尼終周公之道。生晉者，陶唐之遺風乎？晉魏之唐。天地之數,宜契自然。"丙午繫乎天,唐晋繫乎地。彦曰:"此後何如?"子曰:"始於甲申,止於甲子,仁壽四年,歲在甲子。正百年矣。過此,未之或知也。"卜以百年爲斷,至是止也。

統言易義第二

乾、坤,易之門也。乾、坤毀,則無以見易。故言易,必先述乾、坤也。易變動乎乾、坤之中也。惟變動則名易。天,動也,陽也,剛也,配地則變。有地則變天,故曰變。地,靜也,陰也,柔也,順天而行。行亦變也。行而變,變而通,此所謂易。解易名。孔子曰:"動靜有常,剛柔斷矣。方以類聚,物以群分,吉凶生矣。"言易始於動靜,終於吉凶。反復明上文。聖人所以前知,而行其道也。道不虛行,存乎其人。道謂理天下之道。是故天道曰陰陽,地道曰柔剛,人道曰仁義。行之則三,三才。變而通之則一。一貫也。子曰:"百慮而一致。"此言三才、五常,參同而用也。用之於既往之謂變,用之於未來之謂占。關氏易占,極變而已。觀其變,極其數,知其來,受命如響,乾、坤之神。極數窮神,乃可言易。夫易,極乎神而已矣。未通神,則未知易。子曰:"蓍之德圓而神,卦之德方以知。神以知來,知以藏往。"關引《繫辭》,展轉解釋。然則知之可及也,藏之不可及也。言知之非難,藏之難也,藏謂至賾深蘊,退密者也。非至聖、非神,孰能與於此。惟聖、神能藏其用也。蓍以數推,卦以象告。蓍數於圓,卦定於方。數主乎動,圓而推之。象主乎靜,事定則吉。動言乎遠,故可以知來。遠知未來。靜言乎邇,故可以藏往。近晦無迹。往來之交,逆順之際,此吉凶所以前知也。交際謂變處也,變吉、變凶,《易》所以先知也。變化所以會合也,總群變以會乎一,則聖人乘之御大器,是謂天人合應也。惟乾、坤當之。**數會乎上，象合乎下**。數則天命，象則人事。天人相與，其深微哉！董仲舒曰："天人相與之際，甚可畏也。"關氏極言深微，亦可畏也，慎之意也。

大衍義第三

　　大衍之數五十，其用四十有九，何謂也？曰：天數兆於一，生於二，成於三，凡數不出乎三，此天、地，自然而立也。三倍其究，亦此意也。圓物圍三則徑一，以形言之也。律命呂應，不出三微，此以聲言之也。畫卦，一體不出三爻，此以易言之也。故易數大衍，卦一以象三，其歸一耳。此天地人所以立也。衍於五，成於六，偶於十，此五行、六爻、十日所以錯綜也。五行生數即五，成數即六也。偶位五位偶合，故十也。六爻成數也，初止無定位，故五爲尊位。十日爲之，以甲、乙、丙、丁之類也。錯綜謂布算因除，互相求數也。天一，數之兆也。水生天一，坎中爻是也。雖明其兆，未可以用也。地二，數之生也。火生地二，離中爻是。有生則滋，《左傳》曰：物生而後有象，象而後有滋，滋而後有數。義與此同，滋猶滋蔓也。乃可以推之也。推策見數。天三，數之極也。極乎終則及乎始，兼兩之義也。初應四，二應五，三應上，二體相應，故曰兼也。子曰："兼三才而兩之。"又曰："六爻之動，三極之道也。"以上文解《繫辭》。五行：具下文。水生乎一，成乎六；大玄準易，蓋法於此。火生乎二，成乎七；木生乎三，成乎八；金生乎四，成乎九；土生乎五，成乎十。獨陽不生，獨陰不成。故天一必待地六而成之，地二必待天七而成之。不言木、金、土者，省文。其體雖五，而成必六。體即五行也，而數六虛也。六者非他，天地生成之謂也。人在其中矣。天數五，地數五。五者非他，三天兩地之謂也。地二、天三，合而爲五。其二不用者，六來則一去也，既成則無生也。如水生一，至六則成。六則一不用，其所實用爲五矣。有生於無，終必有始。又廣言有無之理，終始之用，慮學者執一，故詳廣言之也。既有，則無去矣。龔謂言如曉則夜去矣，老則壯去矣。觸類而明，無不然也。故大衍五十，其用四十有九者，入有去無之謂也。重疊解，具下文。張彝問曰：“何謂‘入有去無’？”子曰：關子“天生於陽，成於陰，陰成則陽去。若一氣生於十一月，成於四月，爲正陽之月。然既成則無生，故必五日。陰有則陽無去之也。生于陰，成於陽，陽成則陰去。若一氣生於五月，成於十月，爲純陰之月。然十一月，陽既有矣，而陰無去之也。六爻初上無位者，陰陽相去者也。天數以三兼二，上兼下也。地數以二兼三，下兼上也。奇偶雖分，錯綜各等。奇偶分爲：一奇、二偶、三奇、四偶之類。分也。錯綜各等，謂上以三兼二，下以二兼三等，共五也。五位皆十，衍之極也，五行互爲頭，輪之皆至十，極爲五十也。故曰大衍。”明小衍之則，止一而已矣。彝曰：“然則其用何謂四十有九，其一將不用乎？”子曰：“物有兩大，物喻萬事。必曰虛盈。此以日月言之，使門人易曉耳。日往月來，日行遲，月行速，當望則相盈，過望則相虛。雖日月同其右轉，然相望之際，則見日往西，月往東。晝極則夜進。此以天輪言之也，亦晝日、夜月之義也。盈於此則虛於彼，又解物不兩大之義也。如相望之際，天輪晝時，則日盈於此，而月虛於彼矣。天輪夜時，則月盈於此，而日虛於彼矣。又如見日，則晝爲此，夜爲彼；見月，則夜爲此，日爲彼。盈於小必虛其大。若月，大盡則三十一日，小盡則二十九日。一歲本剩六日，而減出六日爲閏月。此用所以不窮也。每一歲大之小之，出十二日；二歲，出二十四日；三歲，成一月餘六日。故五歲再閏，循環無已也。故曰其用四十有九也。”言揲蓍，本意法象兩儀、三才、四時并閏。一歲，既餘其日。大衍不窮，其數十一者，所以示其不窮也。彝曰：“凡衍天地之數，五十有五。今云五十，而又去其一，何謂也？”彝執滯於蓍草一物爾，未能弘通萬類。故感而未踰，又發問端也。子曰："蓍不止法天地而已，必以五行運於中焉。上文言五位，皆才是也。大偶而言，則五十也。上文謂小衍，則十，蓋小偶爾。今言大偶，則五十，是大衍也。小奇而言，則五也。五無偶也。凡天地之數，五十有五，奇偶小大，具言之爾。若舉大而去小，盈奇而虛偶，則小奇之五，大偶之一，皆盈而不用。"小、大偶共去其六也。六猶偶六日減六日也。彝書而藏之。嘆曰："吾乃知蓍可遺也。"神物，非謂蓍草一物而已，蓋聖人耳。

乾坤之策義第四

　　"乾之策二百一十有六，坤之策百四十有四，何謂也？"曰：
"陽爻九，一爻三十六策；陰爻六，一爻二十四策。三天兩地，舉
生成而六之也。自生至成，不出乎六。分陰分陽，故十二爲率。三其十二，
爲乾策，二其十二，爲坤策。下文亦然。三六而又二之，故三十六策，爲
乾；二六而又二之，故二十四策，爲坤。三其二十四，與二其三十
六，皆得七十二焉。三其七十二，則二百一十六，乾之策也；二其
七十二，則百四十四，坤之策也。三天兩地，轉相明也。陰陽三五，陽
三、陰二，相參成五，故曰三五。每一五而變七十二候，七十二變其五也。
二五而變，三十六旬；二五曰旬。三五而變，二十四氣，三五半月，曰
爲氣。凡三百六十五，周而復始。日行三百六十五度，一周天。日月軌
度，積於餘分，一度一軌。餘分，謂四分度之一也。六十出六，三年一閏，
多六日。以六五行，所以成閏。每一六以五行，成月也。兩其六五行，故
五歲再閏。三百六十者，歲功之用也。舉六甲成數，實用三百六十。奇
六者，虛一之義也。上篇大衍云：小奇之五，大偶之一。與此義同。夫生
於一，成於六。一六相虛，三五爲用，自然之道也。一六互相虛位，
則卦爻六位於初上，皆虛是也。六者，舉成數而虛之者也。其實用惟三、惟五
也。聖人立策衍數，必舉其三，伏羲始畫卦爲三爻。兩於六，文王兼三
才而兩之，故六。行於五，五行布於六爻，初上必虛其一。合於十。兩其五
行。推萬而變，無出乎此。"積算倍蓰，雖萬變，不出此數也。張彝問曰：

"二篇之策，萬有一千五百二十，當萬物之數，豈亦三天兩地乎？"
子曰："何謂不然。爻所以著象，策所以推數，象六、數五，三天、
兩地。體象，定位也；數變，推移也。先三十而六之，三天也。一百八十；
又二而六之，兩地也。一十有二，合百九十二。故二篇共三百八十
四爻。此解爻所以著象者也。陽爻六，一爻三十六策，六爻二百一十
六策。先三之，百八十爻，得六千四百八十策；又二之，十二爻，
得四百三十二策，共六千九百一十二策。陰爻六，一爻二十四策，
六爻百四十四策。先三之，一百八十爻，得四千三百一十策；又
二之，十二爻得二百八十八策，共四千六百有八策。是二篇合之，
一萬一千五百二十，蓋舉盈數而溢之也。萬數象萬物，大略也。溢謂
萬外有千百十一也。萬溢千，千溢百，百溢十，十溢一。此一、十、百、
千、萬，蓋五之義也。二篇獨無一者，亦虛之義也。溢，過算也，謂過虛也。
凡過盈爲溢，不及盈爲虛。"上下轉相明也。

盈虛義第五

張彝問曰:"何謂盈虛?"疊上篇問事。子曰:"當期之數,過者謂之氣盈,不及者謂之朔虛。六個三十一日,是過;六個二十九日,是不及。故七十二爲經。此所以立曆法也。五之爲期,五個七十二成歲。五行六氣,推而運也。包虛盈義。七百二十爲起法,倍從下文。七千二百爲統法,七十二萬爲通法。氣朔之下,收分必全盡,爲率;七千二百萬,爲大率,謂之元紀,歲、月、日、時,皆甲子。日月五行在子位之宿,當縮盈先後之中焉。"漢太初九年,冬至甲子朔,日月如合璧,五星如連珠。觀斯可以爲元紀也。是歲丁丑,差甲子者一十四年,此盈虛者也。

闔闢義第六

"闔户謂之坤，闢户謂之乾，一闔二闢謂之變，往來不窮謂之通，何也？"曰："坤，陰之母，無不容，在户爲闔；包容於內，皆闔義也。乾，陽之君，無不由，在户爲闢。由行於外，皆闢義也。闢往則闔來，闔往則闢來。此以户言之也。自外入內，開門爲往，閉門爲來也；自內出外，則閉門爲往，開門爲來。所以相變也。以氣言之爲啓、閉，以道言之爲離、合，以內外言之爲往、來。解上文往來不窮之意也。故卦有內外，人有出入。下體爲內卦，上體爲外卦，利用出入，以前民用。往來相交，內外相取，上下相刑，吉凶相分，君子小人相亨、相屯。君子亨，則小人屯。小人亨，則君子屯。此一闔一闢，相反而然也。闢變而闔，闔變而闢，往通則來，來通則往。故一闔一闢謂之變，往來不窮謂之通。凡言變，則不亨矣。蓋易窮則變，闔久則開，開久則闔，通用常久之道焉。故變則通，通則久，此之謂也。天左旋，西視之來，東視之往。日月右行，東視之來，西視之往。此以天、日明之。天氣下降，地氣上躋，上下往來，亦若東西之視。此文以上、下明之。卦乾來乎內，坤往乎外，君子闢，小人闔，此以人事明之。故名泰。反是名否。內爲主，外爲客。泰內君子，外小人。否卦反是，言無主矣。作易者，其闢君子之道，而通小人之闔乎？故名以君子名其卦。若君子泰，則曰泰卦；若君子否，則曰否卦。終不以小人取其卦名也。吉來則凶往，有變則能通，故曰："小往大來，吉，亨。"凡言往來，則上下、內外、出入、大小、吉凶相反，皆同也。

物不可以終通，故受之以否。否，關氏因言變之義，故又以卦名相明之。物不可以終否，故受之以同人。同，即通也。凡不同即不通，此關氏因言變之義。夫同於物者，物亦同之，故吉。《洪範》言：龜從，筮從，卿士從，庶民從，皆是吉。异於眾者，眾亦异之，故凶。眾叛親離，蓋不通天下，同人欲故也。君子同君子，而和小人。同謂不言而信，不期而會也。和謂恕其所不及，而使之必不傷和也。小人同小人，而和君子。小人苟合相黨，但懼彼君子之爲，故勉意事上。同似异，而必通。君子各任以所見，不待於外，而後徇之也。故乍見之，似各异也。終久同歸乎道，故曰必通。和似同，而必异。君子和小人，蓋恕之也；小人和君子，蓋懼之也。其和則同，而恕之、懼之，必异也。《易》曰："方以類聚，物以群分，則吉凶生矣。"此言君子、小人，各以群類相吉凶也。解上文吉凶相分。張彝曰："君子、小人，誠猶闔闢之義矣。然聖人以此洗心，退藏於密，吉凶與民同患，何謂也？"彝謂闢非闔也，君子非小人也。然則《繫辭》何以言吉凶與民同患乎？子曰："爾所謂，可與立，而未可與權乎。權者，變而合道者也。君子和小人，小人和君子，豈本性也？蓋接物而變己者也。物，事也。己，性也。君子之性，接小人之事，則上文"恕"之謂也；小人之性，接君子之事，則上文"懼"之謂也。恕下、懼上，而情所以和也。夫和天下，非權變安能通之。是以聖人洗心、藏密，蓋因權也。接物者，言接之而已，非同之也。故洗濯物心，無所漬污，謂之洗心。洗濯萬物之心。變己者，言反之而已，非异之也。反我之情，從民之故，非异我之道也。故藏晦於密，無所間然，藏謂用也。謂之退藏。民危者，平之；易者，傾之。無吉、無凶，同歸一致，此之謂與民同患。"易之道，無爲無思，百慮一致，所以一闔一闢，同乎一户也。

理性義第七

“窮理盡性，以至於命，何謂也？”曰：“性命之理，以天言之曰陰陽，以地言之曰柔剛，以人言之曰仁義。蓋乎一性也。人命合天地，故謂之天命。有生，有命。天地大德曰生，人有性，有命。有命，有性；天命，曆數是也；人命，道德是也。曆數昌，則道德亨；曆數否，則道德塞。是以有命者亨之、塞之，不離乎仁義之道，此謂之有性也。性有五，仁義爲首，故《易》曰：“立人之道，曰仁與義。”蓋舉剛而言之，乾卦純陽，則四德五性具矣。是以體仁、和義、合禮、幹智是也。以信在其中矣。四德在天，而曆數有亨、有塞；五性在人，而運命有否、有泰。然而天人相契，則性命合矣。乾道變化，各正性命，此之謂也。有性，有情。一必有二，陽必有陰，靜必有動，故性必有情。情者，二而不能一也，猶陰而不能陽也，動而不能靜也。在我爲一，應物爲二，內明爲陽，外昏爲陰。情靜、性動亦然也。情者，天之邪氣，人之亂行也。邪氣，水、旱、薄、蝕、妖、祥是也，此謂天命。亂行，僭竊、賊殺、怪力是也，此之謂人命也。邪氣胜正，亂胜治，則情勝性。此小人命亨，君子命塞。去邪、遠亂、制情，則元命立。元命者，天命、人命，合布爲名者也，易有元命也。元者，衆性之長，群陽之尊，天人之理也。解上文乾之四德，天元則人仁，天亨則人禮，天和則人義，天貞則人知、信。其理同矣。窮極此二者，則知生死之説，性命之理得矣。”二者謂天命、人命也。張彝問曰：“夫子之言性、命，則然也。何謂有亨、有塞？”彝未省上文所言時、命、否、泰。子曰：“亨之，塞之，遇其時。時也者，繫乎君天下者也。君天下，得君子之道，則時亨矣；得小人之道，則時塞矣。若否、泰二卦，以君子小人定其時也。然而，君子亨，則時治，命也；小人亨，則時亂，命也。時命一而已矣。天命歸善，則人命遇亨，君子得行其道；若天命歸惡，則人命遇塞，小人得行其道。二者皆屬乎命也。聖人知命適時，必先天理，故曰窮理也；聖人順天立性，故曰盡性也。時行則行，時止則止，故曰以至於命。有亨，有塞。時行，亨也；時止，塞也。今小人多，君子少，吾安敢言命！"子罕言命者，蓋亦時亂，小人多，故難言之也。惟君子能知命，是則卦以存否、泰二時，蓋爲君子設也，明矣。

時變義第八

卦以存時，爻以示變，時繫乎天，變由乎人。王弼曰："以爻爲人，以位爲時。"今關氏義同。蕤謂：天人和須，不可异也。卦以爻成，時以變生，雖云天時、人事，及其變，則合會一也。畫動，六時也；夜静，六時也。動則變，静則息。息極則變，變極則息。故動静交養，畫夜之道也。畫、夜，時相變也。乾、坤，分畫夜時也。畫六時，屬陽，故曰乾也；夜六時，屬陰，故曰坤也。屯、濟，時變之際也。時未定曰屯，時已定曰既濟。故乾、坤分時，屯、濟交變也。六六之用，其時變之周流也。《易》曰："變動不居，周流六虛。"蓋亦六時之義。是以六十卦，循環相生。極則變，變以久，不可禦也。《易》曰："易，窮則變，變則通，通則久。"又曰："言乎遠，則不禦。"禦，阻也。四卦時之門户，變則開闔也。乾、坤分時，如門户不移，易矣。屯、濟示變，如門户開闔，始終相及也。故三百六十變，一歲之畫也。三百六十爻。除四卦爲門户開闔，其用惟六十卦而已，上文周流六虛是也。作《易》者，乘時效變之謂乎？仲尼序卦相生，雜卦旁行不流。序卦六十循環，成歲功之序也；雜卦旁行一端，不復周流也。相生，畫也；不流，夜也。重叠解上文：畫動故相生，夜静故不流。有以知，相生者動，不流者静，遠而不禦矣。時變之義，如此而已。謂畫夜如此，六六而變之。

動静義第九

　　張彝問動静之象，子曰："天地者也。動象天，静象地。天常動，地常静。常動，柔克者也；常静，剛克者也。故曰動静有常，剛柔斷矣。"天陽能柔，爲常道也；陰而能剛，爲常道。常者，剛柔得人也。子曰："噫，子未知易矣。天地之道，無立人之事，安足爲易哉？易行乎天地之中者，人也。人參天地爲才，天地有儀象而已，有人才故曰三才。效天地爲爻。爻爲人。爻，效也。虚其位，實其用。六位爻，則謂之六虚。六爻之用，同乎一實而已。三才相參，六爻相效。位無定處，用有藏密。吉凶前知，非至神孰能與於此。聖人與天地合德，則曰三才。聖人作而萬物睹，則曰六爻者，效天下之動也。聖人或出、或處，用則行，捨則藏，故曰無定處，有藏密也。萬物化，聖人者也。故物不能自神，蓋神之者，人也。"凡萬物有靈异者，若人不貴之，則不靈不神也。此展轉詳言，以曉彝。張彝曰："聖人通神，則聞命矣。滔滔天下，豈盡通神哉？"子曰："人皆天地之靈，五行之秀也。靈全秀淳，則爲君子；靈秀不具，則爲小人。千人一靈，萬人一秀。千萬人，始有一靈秀者，言君子少也。故曰君子之道，鮮矣。然鼓之、舞之，盡在其神焉。浩浩元氣，鼓舞生人。無君子、小人，皆有神也。是故，神者，仁見爲仁，智見爲智，小人亦有智。君子見爲君子，小人見爲小人。殊途同歸，寂然不動。此聖人之作《易》，所以舉君子禦小人。約以存博，寡以治衆，是謂神德行也。陽卦多陰，陰卦多陽。陽一君而二民，此君子之道；

陰二君而一民，小人之道。皆本於陰陽。不期然而然者，神也。《繫辭》云："陰陽不測之謂神。" 德行常簡易者，無他道也。滔滔天下，通乎神而已矣。此所以神無方，易無中之謂也。至剛，非常道也；至柔，非常道也。道在剛柔間，則動靜不失中矣。動靜亦然，至動必多憂，至靜必多疑，不憂不疑，其惟有常乎？ 至常忘機，至寧忘樂，斯動靜之中也。中，常也。聖人有六動，動不失乎時中。卦六爻，曰六時。人動乎其中，靜乎其中，不可過，不可不及，故曰時中也。中也者，易之六用，動靜之適也。書之皇極，禮之中庸，氣之太一，人之太寧，皆動靜有常之謂也。易道無不包，詩、書、禮、樂，俱在其中矣。非知至至之，安能適其中哉。可以至則至之，是中也。乾卦曰："知至至之，可與幾也。" 知至則知幾，知幾則知動。幾者，動之微。知動則知神，知幾，其神乎。知神則知靜矣。" 神不行而至，不疾而速，是歸於靜也。老子曰："萬物芸芸，各歸其根，歸根曰靜，靜曰復命。" 此義合矣。

神義第十

　　張彝問曰："何謂神？"子曰："神也者，《易》之靈也。靈應冥契，不思而得，强名曰神。猶言神靈肦饗，靈應無迹者也。日月之明在乎天，而所明在地也。若空中無物，不見明也。明及於地，則物顯其光也。易之神在乎道，而所神在人也。故曰神而明之，存乎其人。又曰苟非其人，道不虛行。聖人以神道設教。神無方，道無迹，人無至。無方見《繫辭》，無迹見《老子》，無至見《文中子》，其幾一也。斯可以議易也。"張彝曰："然則天地至神，必待人而存乎。"彝言天地自有神，何存於體，滔滔一也。

雜義第十一

六爻相雜,惟其時、物也。君子用時,小人用物,易道備矣。相雜,謂君子、小人同乎一卦。用時者,謂適時之變,則用無不利;用物者,謂物物適情,雖微時,必變。天地萬物,賢愚雖殊,而無出易者矣。故曰備。屯六變而比,比六變而同人,同人六變而蠱,蠱六變而剝,剝六變而大過,大過六變而遁,遁六變而睽,睽六變而夬,夬六變而井,井六變而漸,漸六變而兌,兌六變而既濟,終焉。今《易》并至未濟終焉,而關氏此則以既濟爲終者,蓋未濟者,入屯之首也。天地不交,坎、離不接,是未濟也。天地始交,雲雷相遇,然後有屯也。文王、仲尼終之以未濟者,時可知戾。然終焉二字,疑非仲尼之辭,蓋後人傳之誤也。夫既者,盡也。盡濟,則終焉。此義爲得也。六六而變,未詳。天地之氣,相摩而鳴,相擊而形。凡鳴者,皆氣相摩擊也。形謂形于外也。人之動者,鳴乎言,形乎文。得其道則吉,失其理則凶。言成文曰辭,故曰辨吉凶者,存乎辭。爻有險易,辭各言其所之也。乾、坤,以卦之主也。六卦用,則乾、坤何爲乎?八卦,其致用惟六耳。故堯、舜垂衣裳而天下治,六官用,我無爲矣。此解堯、舜取諸乾、坤。小過,一時之用也。大過,一世之用也。此所以明分小大之義也。若杵臼者,一時之用而已,穀不常,在臼也;棟梁爲一世所居,不可撓也。豫者,備也。物備不憂乎用,事備不憂乎理。不憂則樂可知也,故豫,樂也。人事猶知,則能理也。屯,萬物生也。物生,無不屯者也。動物胎卵,植物勾屈。其物初生時,無不屯難也。事成,無不由難者也。不艱難而能成者，非功也。蓋已成而人不知其理也。需，須也。人之所須，莫大乎飲食。故需，養也。飲食，人之大欲。小畜，二卦之體，當小過一爻之義也。小畜，《繫辭》云：“密雲不雨，自我西郊。”小過六五爻云：“密雲不雨，自我西郊。公弋取彼在穴。”是義同小畜一卦。然則小之一也，畜過，異時焉。時可畜過。他皆仿此。臨，大也。所臨大，則天下之民尊，無不尊，至大也。此真主統天下之卦。故曰至臨，言無不至也。道無不至，則世無不尊。始盛者，由衰而益者也；始衰者，由盛而損者也。如貧賤者，得百金之資，九品之禄，則自爲盛也。蓋衰中得益者也。富貴者，減萬金之資，降一品之禄，則自爲衰也。蓋盛中得損者也。勢相形耳。故損益，盛衰之始也。言富貴、貧賤，才衰方盛，便覺其分別，由人心自然也。聖人以此，施之於典禮，推之於時運，必使濟其衰，戒其盛，行乎易中矣。《易》曰“危者使平”，濟衰也；“易者使傾”，戒盛也。卦爻二五居中，少悔吝。故禮爲皇極之門也，無不由門而出也。殷因於夏禮，所損益可知也。周因於商禮，所損益可知也。夏人尚忠，至忠則少敬。故殷人尚敬，蓋政弊則救之也。運衰，則盛之至也。至敬則不文，故周人尚文，亦救殷政之弊也。夫文者，和之也。和者，太過則蕩，不及則局促。是以循環相救者，禮也。三十年爲世，百世，三千年也，此言三王與禮，則時運可以推也。故夏以金德，垂四百餘年。殷以水德，垂六百餘年。周以木德，垂八百餘年。得其道也，數不能逃。金生數四，成九；水生一，成六；木生三，成八。夏得生數，殷、周得成數，故四百、六百、八百年，不能逃其數。所以然者，禮得其時也。後王不能應其數者，禮不行乎易中者也。《繫辭》謂行乎典禮者，蓋明相因、相益之道。後王若漢、晉而下，雖成正統，而不及三代之末者，蓋不行乎典禮，如三代之純懿者也。故以言之。蒙，昧者，厥道求乎明。暗者求明，昧者求賢。明夷，亦昧也，非不明，蓋傷之爾。名皆昧，而實不同。咸，天地之交也；恒，天地之久也。人不交，不久，故咸、恒，人道之統也，凡人相交，得其道，則久而不開；交不以道，非交也，故不久。下經以咸、恒爲首者，所以統其道也。天地之功者也。交修厥道，久乃成功。鼎，變新也，變無不動。動則觀其變之謂也。震，動也，動無不止。形躁好静。艮，止也，止無不漸。漸，進也。萬物無不有漸。漸，其聖人之進乎。漸進，如四時，無暴寒遽熱也。古者無爲而治，百姓日用而不知，其漸之然乎。“民可使由之，不可使知之”，蓋得漸之道也。兑，見也，以其陰柔外形乎。巽，伏也，以其陰柔内蘊乎。兑，陰爻在上，是形于外；巽，陰爻在下，是蘊于内。人悦必以形容，巽必以蘊蓄，陰陽之常理也。無妄而灾者，灾也；有妄而灾者，則其所宜，非灾之也。明乎外物者，自睽，故曰：睽，外也。離上，明外也，凡人外能明白，則無苟合，故曰睽也。明白内者，家自齊，故曰家人，内也。離下，明内也，凡人内能明白，則無亂行。君子泰，則小人否；小人泰，則君子否。故曰反其類也。君子以君子爲類，小人以小人爲類，否泰相反。履之而不處，其周公歟？需之而不進，其仲尼歟？此解《繫辭》履卦，因人事明之也。周公攝政而不處也，仲尼所順行其道也，道既不行，則反魯著書，有待而不進也。不處、不進，其時乎？不處者，以其時有主也；不進者，以其時無道也。

主要參考文獻

1.〔唐〕令狐德棻等:《周書》,中華書局 1971 年版。

2.〔唐〕魏徵、〔唐〕令狐德棻:《隋書》,中華書局 1973 年版。

3.〔唐〕李延壽:《北史》,中華書局 1975 年版。

4.〔唐〕吳兢:《貞觀政要》,中州古籍出版社 2008 年版。

5.〔唐〕趙蕤著,李孝國等注譯:《長短經:全注全譯》,中國書店 2013 年版。

6.〔唐〕杜佑:《通典》,中華書局 2016 年版。

7.〔唐〕孔穎達:《影印南宋官版〈周易正義〉》,北京大學出版社 2017 年版。

8.〔唐〕道宣:《續高僧傳》,《四朝高僧傳》,中國書店 2018 年版。

9.〔後晋〕劉昫等:《舊唐書》,中華書局 1975 年版。

10.〔五代〕王定保:《唐摭言》,上海古籍出版社 1978 年版。

11.〔宋〕王溥等:《唐會要》,中華書局 1955 年版。

12.〔宋〕司馬光編著,〔元〕胡三省音注:《資治通鑒》,中華書局 1956 年版。

13.〔宋〕陳亮:《陳亮集》,中華書局 1974 年版。

14.〔宋〕歐陽修、〔宋〕宋祁:《新唐書》,中華書局 1975 年版。

15.〔宋〕陳振孫:《直齋書録解題》,臺灣廣文書局 1979 年版。

16.〔宋〕王堯臣等編次:《崇文總目附補遺》,中華書局 1985 年版。

17.〔宋〕邵雍著,郭彧、于天寶點校:《邵雍全集》,上海古籍出版社 2016 年版。

18.〔元〕馬端臨:《文獻通考》,中華書局 1986 年版。

19.〔元〕脱脱等:《宋史》,中華書局 1977 年版。

20.〔明〕曹學佺:《蜀中名勝記》,重慶出版社 1984 年版。

21.〔明〕周嬰纂,王瑞明點校:《巵林》,福建人民出版社 2006 年版。

22.〔明〕郭子章著,謝輝點校:《郭氏易解》,上海古籍出版社 2017 年版。

23.〔清〕彭定求等編:《全唐詩》,中華書局 1960 年版。

24.〔清〕永瑢等:《四庫全書總目》,中華書局 1965 年版。

25.〔清〕趙之謙等纂:《江西通志》,京華書局 1967 年版。

26.〔清〕董誥等編:《全唐文》,中華書局 1983 年版。

27.〔清〕嚴可均輯,史建橋審訂:《全後周文》,商務印書館 1999 年版。

28.〔清〕全祖望撰,朱鑄禹彙校集注:《全祖望集彙校集注》,上海古籍出版社 2000 年版。

29.〔清〕黃宗羲撰,譚德貴校注:《易學象數論》,九州出版社 2007 年版。

30.〔清〕厲鶚輯撰:《宋詩紀事》,上海古籍出版社 2013 年版。

31.杭辛齋:《學易筆談》,吉林出版集團股份有限公司 2017 年版。

32.曾棗莊、劉琳主編:《全宋文》,上海辭書出版社、安徽教育出版社 2006 年版。

33.金生楊:《漢唐巴蜀易學研究》,巴蜀書社 2007 年版。

34.潘雨廷:《潘雨廷著作集》,上海古籍出版社 2016 年版。

35.潘雨廷著,張文江整理:《讀易提要》,上海古籍出版社 2017 年版。

36.趙洪聯:《中國方技史》(增訂本),上海書店出版社 2017 年版。

37.黃雲眉:《古今僞書考補證》,商務印書館 2019 年版。

38.余萬倫:《周易經解》,巴蜀書社 2019 年版。